云南新型城镇化与城乡融合发展研究

YUNNAN XINXING CHENGZHENHUA YU
CHENGXIANG RONGHE FAZHAN YANJIU

谢彦明　张连刚　张　静　著

中国农业出版社
北　京

图书在版编目（CIP）数据

云南新型城镇化与城乡融合发展研究 / 谢彦明，张
连刚，张静著 . —北京：中国农业出版社，2023.11
　　ISBN 978-7-109-31459-7

　　Ⅰ.①云…　Ⅱ.①谢…②张…③张…　Ⅲ.①城乡建
设－经济发展－研究－云南　Ⅳ.①F299.277.4

中国国家版本馆 CIP 数据核字（2023）第 231381 号

云南新型城镇化与城乡融合发展研究
YUNNAN XINXING CHENGZHENHUA YU CHENGXIANG RONGHE FAZHAN YANJIU

中国农业出版社出版
地址：北京市朝阳区麦子店街 18 号楼
邮编：100125
责任编辑：边　疆
版式设计：王　晨　　责任校对：周丽芳
印刷：北京科印技术咨询服务有限公司
版次：2023 年 11 月第 1 版
印次：2023 年 11 月第 1 版北京第 1 次印刷
发行：新华书店北京发行所
开本：787mm×1092mm　1/16
印张：9
字数：202 千字
定价：87.00 元

本书得到以下项目资助：

■ 西南林业大学农林经济管理博士点建设项目资助

■ 国家自然科学基金项目"农民合作社参与对乡村治理绩效的影响机理及效果研究"（72163030）

■ 云南省哲学社会科学基金一般项目"农业多功能性视阈下云南乡村振兴的逻辑、路径与策略研究"（YB2018083）

■ 云南省哲学社会科学基金一般项目"云南省家庭农场规模化经营效率、驱动机制与精准培育研究"（YB2022046）

■ 云南省研究生优质课程建设项目"农业政策学"

序

实施新型城镇化战略，促进城乡融合发展，是以习近平同志为核心的党中央着眼党和国家事业全局，深刻把握中国式现代化建设和工农城乡关系变化规律，顺应人民对美好生活的向往，对国民经济发展做出的重大决策部署，是"坚持以人民为中心"发展思想的重要体现。对于努力建成"民族团结进步示范区、生态文明建设排头兵、面向南亚东南亚辐射中心"的云南而言，深入实施新型城镇化战略，促进城乡融合发展，既是重大历史机遇，也是重大时代命题，更是必须完成的新时代答卷。

三位老师长期以来一直专注于"三农"领域的教学与研究工作，对云南"三农"问题不仅有深入的了解，而且更有自己独到的见解。《云南新型城镇化与城乡融合发展研究》便是作者立足云南"边疆、民族、山区、美丽"省情特点，探索云南特色新型城镇化与城乡融合发展的一部专著。

在研究的视野上，本书跳出了就城镇化论城镇化的狭隘格局，从城乡融合发展的国民经济大格局中思考城镇化与乡村振兴的出路。中华人民共和国成立以来，我国工农关系历经"以农支工、以工哺农"的阶段，城乡关系则历经"城乡分割、以乡支城、城乡统筹"的阶段。当下我国经济社会发展正处于"以工补农、以城带乡"的新阶段，作者基于经济发展阶段理论、产业结构理论、工业化和城镇化理论，从城乡关系动态演变的视角，揭示了云南省昭通市、临沧市、蒙自市、华宁县和隆阳区的经济发展阶段、城镇化发展水平、区际发展差异及城乡关系，并据此提出针对性的城乡融合发展任务，这无疑对加快形成"工农互促、城乡互补、协调发展、共同繁荣"的新型工农城乡关系具有重要启示。

在研究的内容上，本书广泛而深入地探讨了新型城镇化、城乡融合发展、乡村振兴及美丽县城、特色小镇、美丽乡村等方面的理论与实践，每个章节独立成章而又相互关联。这些内容紧紧地抓住了破解"三农"的一系列重点、难点问题，针对时代之问，做出了时代之答。更难能可贵的是，作者在云南省昭通市、临沧市、蒙自市的新型城镇化与城乡融合发展的重点任务中，提出了更具有可行性、操作性、落地性的具体工程、行动等专栏。在新型城镇化和城乡融合发展的政策保障方面，本书紧扣"人、地、钱"的制约瓶颈，从城乡户籍、城镇住房、土地利用和投融资等方面建构政策组合，使新型城镇化建设和城乡融合发展更有保障。

在研究的方法上，本书既有结构严谨、逻辑自洽、深入浅出的理论归纳与总结分析，也有描述性统计、指标体系构建等计量的分析方法。这充分彰显了研究的严谨性、科学性、合理性。值得一提的是，作者从城镇化水平与质量、城乡融合发展支撑能力、城乡基础设施一体化水平、城乡公共服务均等化水平和城镇化环境支撑能力等方面构建了昭通市和临沧市的评价指标体系，从而在量化评价上述地区新型城镇化与城乡融合发展水平的基础上，明确了新型城镇化与城乡融合发展的具体目标和重点任务。

《云南新型城镇化与城乡融合发展研究》是一部学术研究和规划应用相结合、规范分析与实证研究相印证，理论归纳与实践探索相得益彰的专著。阅读时让人印象深刻，当然这彰显了本书的写作风格和特点，值得我们共赏之、共鉴之。

一是结构严谨。论著的每个章节都按照新型城镇化与城乡融合发展的现状经验、主要问题、机遇挑战、基本思路、重点任务和政策建议的结构展开，确保了本书每个篇章结构的严谨性、渐进性和自洽性。更为重要的是，篇章结构这种循序渐进、层层深入的安排，既契合社会科学研究的一般化程序，又符合阅读者纵向的思维逻辑，更有利于云南新型城镇化和城乡融合发展问题研究的"破题"。

二是脚踏实地。坚持"从群众中来、到群众中去"的调研方法，始终是社会科学获得真知灼见的不二法门。在华宁县"十四五"新型城镇化发展基本思路及对策研究的重点任务中，作者提出的诸如"聚焦易达华宁、水韵华宁、科教华宁、健康华宁、智慧华宁的目标，全面推进现代立体综合交通网络建设，山、水、林、田、湖、草生态保育，教育创新、科技创新、产业创新，公共卫生医疗服务体系建设，城市管理数字化信息平台建设，全面提升全县城镇品质与功能"的顶层设计，便是他们坚持上山下乡、向下扎根、向上生长，用脚步丈量新型城镇化与城乡融合发展之路的生动例证。

三是学以致用。学以致用是每一个学者追求的最高境界，以体现所知所学的价值，就像费孝通从《江村经济》的精细素描到《乡土中国》的理论提升再到《乡土重建》的实践应用一样。据我了解，本书的作者深度参与了云南省昭通市、临沧市、怒江州、蒙自市、隆阳区、通海县、华宁县等州（市）、县（区）的"十四五"规划的前期研究课题和"十四五"规划的编制工作。在学习中应用，在应用中学习，通过在"干中学"的方式，深化了对新型城镇化与城乡融合发展本质、模式和路径的认知、理解和把握。

尽管本书在新型城镇化与城乡融合发展实践总结方面做出了先验性的探索，但相对于云南省新型城镇化与城乡融合发展的伟大实践和贯彻新理念、构建新格局、谋划新发展等方面，本书所呈现的还远远不够。希望作者百尺竿头更进一步，多出作品，多出好的作品，多出系列化的作品，在云南新型城镇化与城乡融合发展的伟大征程中留下浓墨重彩的一笔，无愧于教书育人的教师岗位、无愧于农经研究者的学者身份、更无愧于这个伟大的新时代。

中国林业经济学会副理事长、原国务院农林经济管理学科评议组成员

教授、博士生导师　陈建成

2023 年 10 月 12 日

前言

　　费孝通在《乡土重建》中指出,从理论上讲,乡村和都市本是相关的一体。乡村是农产品的生产基地,它所出产的并不能全部自消,剩余的若堆积在已没有需要的乡下也就失去了经济价值。都市则与乡村不同……都市是工业的中心,工业需要原料,工业原料有一部分是农产品,大豆、桐油、棉花、烟草就是很好的例子。都市里工业发达可以使乡村因地制宜,发展这类经济作物。从另一方面说,都市里的工业制造品除了供给市民外,很大一部分是输入乡村的。都市就是用工业制造品去换取乡村里的粮食和工业原料。城乡之间的商业愈繁荣,双方居民的生活丰富程度也愈高。这种看法没有人能否认。如果想提高中国人民生活水平,这个城乡相成论是十分重要的。中国大多数的人民是住在乡村里从事农业生产的,要使他们的收入增加,只有扩充和疏通城乡的往来,极力从发展都市入手去安定和扩大农业品市场,乡村才有繁荣的希望。可见,城镇与乡村互通有无、相辅相成。

　　目前,我国城镇化已经步入新型城镇化的发展阶段,新型城镇化是传统城镇化的高级发展阶段。传统城镇化更多强调的是"物的城镇化",集中体现为以城镇建设用地为表征的规模化数量型扩张,而新型城镇化更多强调"人的城镇化"。它不同于以量的扩张为主的"物的城镇化"的传统城镇化,新型城镇化的"新型"强调的是质量的提升,强调的是质与量的兼容,体现的是"以人为本"的核心发展理念。即通过宜业、宜居、宜游、宜心的新型城镇化建设,提高居民的舒适感、获得感和幸福感。可以说,新型城镇化是破解我国城乡二元结构、缩小城乡区域发展差距和工农发展差距、实现城乡融合发展的重要战略,对于实现我国农业农村现代化、乡村振兴和建设社会主义现代化国家具有重要意义。

　　本书主要基于昭通市、临沧市、蒙自市、华宁县和隆阳区的"十四五"规划,集新型城镇化、城乡融合发展、乡村振兴等前期课题研究成果而成,集中体现了笔者对上述地区新型城镇化及城乡融合发展的相关思考。本书主要运用经济发展阶段理论、新型城镇化理论、城乡关系理论和区域空间结构理论,重点分析了云南相关州市、县(区)新型城镇化的现状、成效和问题，并基于国内外经济发展机遇与挑战，明确了相关地区新型城镇化与城乡融合发展的思路和目标，提出了"十四五"时期新型城镇化和城乡融合发展的主要任务和政策建议。

本书一共分为五章。第一章主要以昭通市为研究对象，以昭通市新型城镇化与城乡融合发展为研究内容，应用经济发展阶段理论、新型城镇化理论、城镇化发展阶段理论和城乡关系理论，分析了昭通市新型城镇化与城乡融合发展的现状和成效，在明确昭通市新型城镇化与城乡融合发展机遇与挑战的基础上，提出了昭通市"十四五"新型城镇化与城乡融合发展的思路、目标和格局，从基础设施、城乡品质、产业基础、要素流动、城镇发展、改革创新、绿色发展和智慧城镇8个方面提出了重点任务，从农业转移人口市民化、城镇住房制度、土地利用机制、投融资机制和城镇管理体制5个方面提出了政策建议。

第二章主要以临沧市为研究对象，以临沧市新型城镇化为研究内容，应用经济发展阶段理论、新型城镇化理论和城镇化发展阶段理论，分析了临沧市新型城镇化的现状、成效、经验及问题，在明确临沧市新型城镇化发展的机遇与挑战的基础上，提出了临沧市"十四五"新型城镇化发展的思路和目标，从城市品质提升、中小城镇培育、全域乡村振兴和城乡融合发展4个方面提出了主要任务，从农业转移人口市民化、城镇住房制度、土地利用机制、投融资机制和创新示范区政策5个方面提出了政策建议。

第三章主要以蒙自市为研究对象，以蒙自市新型城镇化发展为研究内容，分析了蒙自市新型城镇化发展的现状和问题，提出了蒙自市"十四五"新型城镇化发展的思路，从滇南中心城市功能提升、山坝特色小城镇培育、美丽乡村建设和城乡融合发展4个方面提出了重点任务，据此提出了相应的政策建议。

第四章主要以华宁县为研究对象，以华宁县新型城镇化发展为研究内容，应用经济发展阶段理论、新型城镇化理论和城镇化发展阶段理论，研判了华宁县的经济发展阶段、城镇化水平和城镇化的经济意义，明确了华宁县新型城镇化发展的成效和问题，在明确华宁县新型城镇化发展机遇与挑战的基础上，提出了华宁县"十四五"新型城镇化发展的基本思路、空间布局和基本目标，从夯实基础设施支撑、泉润橘乡陶冶华宁、中小城镇培育、做大做强"三张牌"和持续推进乡村振兴5个方面提出了重点任务，据此提出了相应的政策建议。

第五章主要以隆阳区为研究对象，以隆阳区新型城镇化与城乡融合发展为研究内容，分析了隆阳区新型城镇化与城乡融合发展的成效和问题，明确了隆阳区"十四五"新型城镇化与城乡融合发展的指导思想、基本原则和主要目标，从"五网"互联互通建设、区域职能分工协作、现代化大城市建设、美丽乡村建设和乡村"三产融合"发展5个方面提出了重点任务，从区域经济体制改革、营商环境持续优化、农业支持保护政策落实和农业农村改革持续深化4个方面提出了政策建议。

在此，特别感谢云南财经大学城市与环境学院包广静副教授、云南省社会科学院张文韬副研究员，感谢他们在项目调研、资料收集、文本撰写等项目研究过程中给予的帮助。同时，感谢硕士生唐金朝、杨志、刘婷、佟元芃、赵娟、付先晗、任依依、杨登宇、刘帅诗、黄思思、郭瑞婧等同学在资料和数据收集、整理、分析以及部分文字撰写方面所付出的努力。由于研究能力有限，恳请全国各位同仁批评指正。

谢彦明　张连刚　张　静

2023 年 8 月于昆明

目 录
CONTENTS

序

前言

第一章 昭通市"十四五"时期新型城镇化与城乡融合发展研究 ····················· 1

  第一节 昭通市新型城镇化与城乡融合发展的现状 ····················· 1

  第二节 昭通市新型城镇化与城乡融合发展的成效 ····················· 4

  第三节 昭通市新型城镇化与城乡融合发展面临的机遇与挑战 ············· 8

  第四节 昭通市"十四五"时期新型城镇化与城乡融合发展的基本思路 ······· 11

  第五节 昭通市"十四五"时期新型城镇化与城乡融合发展的重点任务 ······· 16

  第六节 昭通市"十四五"时期新型城镇化和城乡融合发展的政策建议 ······· 32

第二章 临沧市"十四五"时期新型城镇化发展研究 ····················· 37

  第一节 临沧市新型城镇化发展的现状、成效与经验 ····················· 37

  第二节 临沧市新型城镇化发展的主要问题 ····················· 42

  第三节 临沧市"十四五"时期新型城镇化发展的机遇与挑战 ············· 43

  第四节 临沧市"十四五"时期新型城镇化发展的思路 ··················· 44

  第五节 临沧市"十四五"时期新型城镇化的重点任务 ··················· 47

  第六节 临沧市"十四五"时期新型城镇化的政策建议 ··················· 62

第三章 蒙自市"十四五"时期新型城镇化发展思路和重大举措研究 ··········· 69

  第一节 蒙自市新型城镇化发展的现状 ····························· 69

  第二节 蒙自市新型城镇化的主要问题 ····························· 72

  第三节 蒙自市"十四五"时期新型城镇化发展的思路 ··················· 74

  第四节 蒙自市"十四五"时期新型城镇化发展的重点任务 ··············· 76

  第五节 蒙自市"十四五"时期新型城镇化发展的对策建议 ··············· 88

第四章 华宁县"十四五"时期新型城镇化发展基本思路及对策研究 ··········· 92

  第一节 华宁县新型城镇化发展的研判 ····························· 92

  第二节 华宁县新型城镇化发展的成效 ····························· 93

  第三节 华宁县新型城镇化发展的问题 ····························· 96

  第四节 华宁县新型城镇化发展的机遇与挑战 ······················· 97

第五节　华宁县"十四五"时期新型城镇化发展的基本思路 ·············· 99

第六节　华宁县"十四五"时期新型城镇化发展的重点任务 ·············· 103

第七节　华宁县"十四五"时期新型城镇化发展的政策保障 ·············· 113

第五章　隆阳区"十四五"时期区域协调与城乡融合发展研究 ·········· 118

第一节　隆阳区"十三五"时期区域协调与城乡融合发展的成效 ·········· 118

第二节　隆阳区"十三五"时期区域协调与城乡融合发展的问题 ·········· 121

第三节　隆阳区"十四五"时期区域协调与城乡融合发展的思路 ·········· 122

第四节　隆阳区"十四五"时期区域协调与城乡融合发展的重点任务 ·········· 124

第五节　隆阳区"十四五"时期区域协调与城乡融合发展的政策保障 ·············· 129

第一章 昭通市"十四五"时期新型城镇化与城乡融合发展研究

新型城镇化是现代化的必由之路，是最大的内需潜力所在，是经济发展的重要动力，是一项重要的民生工程，是乡村振兴和区域协调发展的有力支撑。"十三五"以来，昭通市抓住城镇化加速推进的有利时机，坚持城乡融合、产城互动、节约集约、生态宜居、和谐发展的新型城镇化发展方向，以协调推进新型城镇化战略和乡村振兴战略为抓手，以缩小昭通城乡、坝区与山区发展差距与居民生活水平差距为目标，以解决新型城镇化"人、钱、地"问题为导向，优化城镇发展格局和空间，加快农村产权"确权、赋能、搞活"改革，完善城乡规划，强化设施建设，提高管理水平，提升城乡公共服务能力，推动昭通新型城镇化健康发展，走出了一条"以人为本、四化同步、优化布局、生态文明、文化传承"的符合昭通实际、具有昭通鲜明特色的新型城镇化和城乡融合发展道路，有效拉动了昭通市经济社会发展。

第一节 昭通市新型城镇化与城乡融合发展的现状

昭通市委、市政府高度重视新型城镇化与城乡融合发展建设，出台了《昭通市城市总体规划（2017—2035）》等一系列重大举措和政策措施，高位推进昭通市新型城镇化与城乡融合发展工作，主动服务和融入"一带一路"倡议和长江经济带、滇东北城市群等省级战略，依托"一主二副七点，一轴四区两带"的空间布局，以昭阳区为龙头，以水富市和镇雄县为重点，以巧家、永善、绥江、大关、彝良、盐津、威信县城及重点镇为节点，加快构建新型城镇化与城乡融合发展格局。

一、城镇化水平处于成长阶段

2015—2019年，昭通市常住城镇人口数量由158.50万人上升为199.29万人，年均增长8.16万人，常住人口城镇化率由29.19%上升到35.30%，年均提高1.22个百分点，但昭通市常住人口城镇化率仍远远低于云南省47.81%（2018年）和全国60.60%（2019年）的水平，昭通市城镇化水平尚处于城镇化成长阶段的加速期，城镇化水平有巨大成长空间（图1-1）。

图 1-1 2015—2019 年昭通城镇常住人口及城市化率趋势

根据城镇化 S 形曲线四阶段划分来看，2019 年昭通市城镇化正处于加速发展阶段前期。从普遍规律来看，未来城镇化增速将进一步加快（图 1-2）。

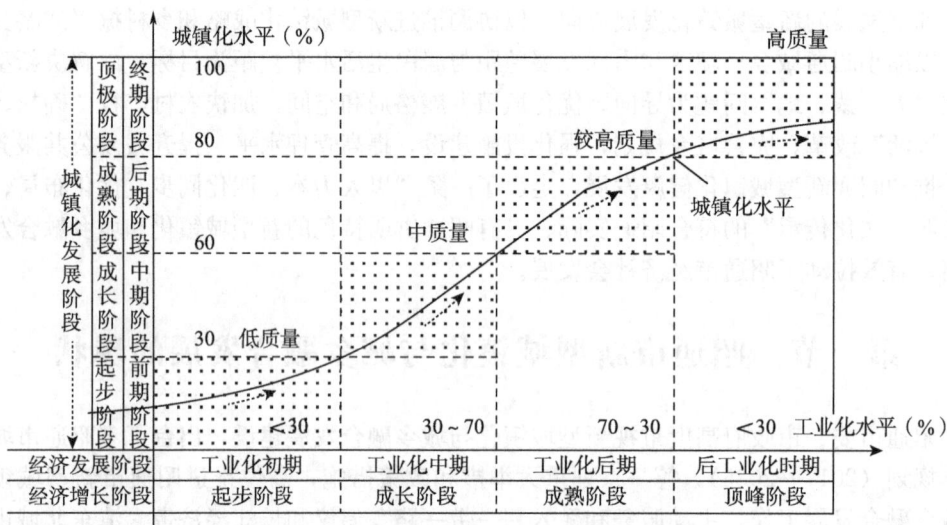

图 1-2 城镇化进程 S 形曲线四阶段划分

二、城镇化水平空间差异明显

2015—2019 年，昭通市整体城镇化水平稳定上升，但昭通市不同市、县（区）城镇化水平差距较大。从常住人口城镇化率水平来看，2019 年城镇化率低于 30% 的包括巧家县、盐津县、彝良县 3 个县，城镇化率在 30%～40% 的包括鲁甸县、大关县、永善县、镇雄县、威信县 5 个县，城镇化率在 40%～50% 的只有绥江县，城镇化率高于50% 的包括昭阳区和水富市。从城镇化率增长速度来看，年均增速在 0.5 个百分点以下的包括巧家县和水富市，年均增速在 0.5～1 个百分点的包括昭阳区、盐津县、永善县、绥江县、镇雄县、彝良县、威信县7个县（区），年均增速高于1个百分点的包括鲁甸县和大关县。可见，城镇化水平较低或较高的市、县（区）的城镇化发展处于起步阶段或成熟阶段，城镇化率的增长速率较慢；城镇化水平适中的市、县（区），城镇化率的增长速度则较快。水富市城镇化发展处于后期成熟阶段的减速时期，其他市、县（区）则处于成长阶段的加速时期，城镇化发展的潜力巨大（图1-3）。

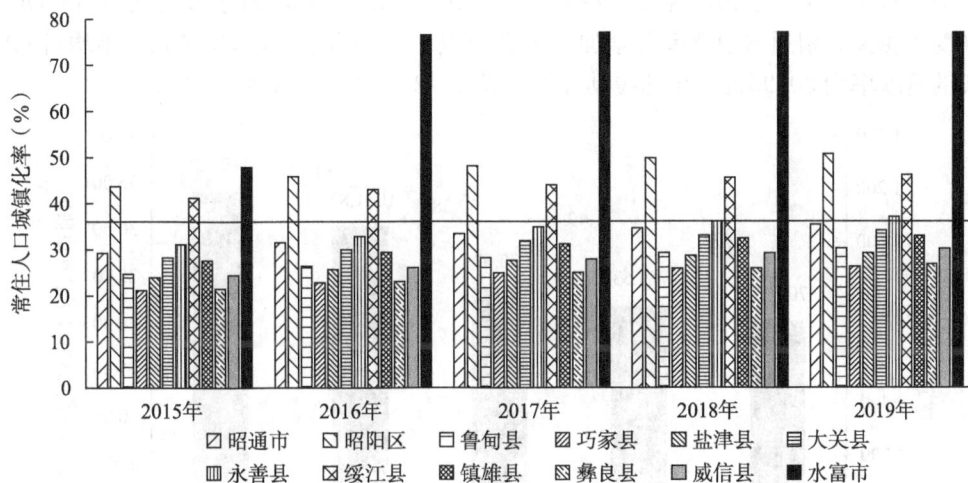

图1-3　2015—2019年昭通市不同市、县（区）常住人口城镇化率

从各市（县、区）公用市政设施建设情况来看，昭通市市政设施建设仍存在短板，市政设施水平提升空间仍较大。在城市路网密度、燃气普及率、建成区绿化覆盖率等方面，各市（县、区）间仍存在差距，整体城镇化质量水平仍需进一步提高（表1-1）。

表1-1　昭通城市（县城）市政公用设施水平

序号	地区名称	人口密度（人/平方千米）	供水普及率（%）	燃气普及率（%）	建成区绿化覆盖率（%）	建成区路网密度（千米/平方千米）	建成区排水管道密度（千米/平方千米）	生活垃圾处理率（%）
1	昭通市	5 242.62	100.00	71.26	32.50	3.97	6.41	46.58
2	鲁甸县	9 024.39	97.30	40.81	38.90	8.36	18.00	91.00
3	巧家县	6 224.59	96.42	43.70	15.27	4.45	10.61	100.00
4	盐津县	9 241.19	98.09	30.94	12.57	7.43	18.89	96.13
5	大关县	6 612.50	97.16	38.37	14.66	5.73	12.77	100.00
6	永善县	6 592.31	97.78	76.08	38.19	5.28	8.23	98.37
7	绥江县	5 396.04	100.00	52.75	44.60	4.92	33.45	96.50
8	镇雄县	8 870.00	96.43	19.62	13.15	2.13	7.54	97.59
9	彝良县	3 915.00	99.74	66.41	17.01	4.03	7.38	90.81
10	威信县	12 075.47	99.22	11.72	30.77	7.93	17.89	100.00
11	水富县	3 394.12	99.83	99.83	40.16	3.87	12.39	100.00

三、城镇化驱动经济快速增长

城镇化通过拉动投资、促进消费、增加政府购买等方式驱动 GDP 的增长。一方面，城镇化拉动了政府、企业等主体对城乡基础设施建设和公共服务的投资；另一方面，城镇化有效促进了农民由农村向城镇、由农业向工业和服务业的转移，提高了农民收入水平和消费水平，扩大了市场需求。测算表明，2015—2019 年，昭通城镇化率与 GDP 显著高度正相关，昭通城镇化率每增加一个百分点，GDP 增加 75.73 亿元，年均对 GDP 增长的贡献率为 30.95%，年均拉动经济增长 2.72 个百分点（图 1-4）。

图 1-4 2015—2019 年昭通市 GDP 与城镇化率

四、城乡二元经济结构明显

城乡二元结构明显主要表现在：**一是城乡居民收入差距较大。**2019 年，昭通市农村常住居民人均可支配收入为 10 555 元，城镇常住居民人均可支配收入为 29 930 元，城乡常住居民人均可支配收入之比为 2.84∶1，城乡收入差距小于云南平均水平（3.04∶1），但远远大于全国平均水平（2.64∶1）。**二是城乡生活水平差距大。**2019 年，昭通市农民人均生活消费支出为 9 407 元，城镇常住居民人均生活消费支出为 17 735 元，城镇居民人均生活消费支出是农村的 1.89 倍。**三是城乡基本公共服务水平差距较大。**以城乡低保的最低生活月平均保障标准为例，2019 年，城市居民最低生活保障标准为 7 320 元/（人·年），月人均补助水平为 406 元，农村居民最低生活保障标准为 4 200 元/（人·年），月人均补助水平为 256 元，城市居民月人均补助水平是农村居民的 1.59 倍。

第二节 昭通市新型城镇化与城乡融合发展的成效

"十三五"以来，昭通市面对城镇化水平还低于全国、全省平均水平，城镇化质量和速度仍需进一步提高，还存在中等城镇发育程度低、带动力弱、小城镇发展滞后、城乡公共服务差距大等问题。昭通市全面贯彻落实中央新型城镇化精神,立足昭通市"山区、革命老区、深度贫困地区、民族散杂区"四位一体的基本市情,扎实开展新型城镇化与城乡融合发展工作。"十三五"以来,昭通市新型城镇化与城乡融合发展成效显著。

一、农业转移人口市民化有序推进

深入贯彻执行《云南省公安厅关于全面深化户籍制度改革加快推进农业转移人口和其他常住人口落户城镇的通知》的精神,颁布实施《昭通市人民政府关于进一步推进户籍制度改革的工作方案》,确保全面放开放宽重点群体落户限制,全面放开中、小城市和建制镇城镇地区落户限制,各项户口登记政策措施落到实处。昭通市结合实际情况,积极引导就地、就近城镇化,把小城镇和移民安置点纳入城镇化建设体系,依托小城镇和移民安置社区,实现"就地就近城镇化、就地就近市民化、就地就近基本公共服务均等化"。2015—2019 年,昭通市户籍人口城镇化率由 22.62% 提高到 27.61%,城镇人口由 122.826 6 万人增加到 155.877 8 万人,转户 33.051 2 万人。依托云南省人口信息管理系统,把城乡分类属性为城镇地区的居(村)委会逐一设立社区集体户,保障人才、学生等重点群体及租赁合法稳定住所人员在城镇顺利落户。而且根据城市建设发展情况,适时启动城乡属性调整工作,确保城市建成区同步调整城乡属性,稳步提升全市户籍人口城镇化率。

二、城镇功能与宜居水平不断提升

立足建设"引领区域发展的滇川黔省际中心城市"和建成具有云南特色的现代化"美丽县城"目标定位,围绕"干净、宜居、特色"要素,颁布了《昭通市城市精细化管理工作实施方案》,坚持市级统筹、县级落实,聚焦城市管理协同共治机制、市政公用设施运行机制、公共空间秩序管理机制、市容环境综合治理机制等内容,推进"一支队伍管全部"的城市管理方式创新,全面提升城市环境综合治理。扎实开展好"强转树"专项行动工作,以法治思维和法治手段不断提高城市治理常态化、长效化、精细化水平,推动实现城市人居环境提档升级。围绕污水管网配套建设、污水处理厂提标改造、完善垃圾处理设施、公共厕所项目建设和中心城市黑臭水体整治,持续推进城市基础设施建设。全市 11 个市(县、区)城市供排水设施建设、城市道路建设、街道改扩建、城市绿化亮化、生活垃圾处理设施建设、停车场建设等不断加快,"四城同创"取得明显效果。建成国家级卫生城 1 个、国家级平安城 1 个、全国文明城市提名城市 1 个、省级卫生城 10 个、省级园林城 2 个、省级平安城 5 个、省级文明城 2 个,实现省级以上卫生县城全覆盖。城市居民生活体验度、便利性、获得感和幸福感不断提高。

三、特色小镇美丽县城创建成效显著

按照"一城三区、若干小镇、产城融合、城乡一体"的布局要求,积极推进昭阳区大山包极限运动小镇、省级盐津县豆沙关南丝路古镇、彝良县小草坝天麻小镇、水富市大峡谷温泉小镇、水富市邵女坪民族风情小镇等特色小镇创建。全市 11 市(县、区)结合自身发展基础,找准自己的目标定位,分批分次推进昭通市"美丽县城"建设。按照"大干大支持，不干不支持"的原则，努力克服等、靠、要的思想，积极筹集资金，在严格按照标准创建前提下，敢于创新，加快"美丽县城"建设。水富市成功获得2020年"云南省美丽县城"称号。特色小镇、美丽县城战略的实施，有效引领、带动了昭通市新型城镇化与城乡融合发展进程。通过强化"五网"基础设施建设和公共服务设施建设，乡镇整体发展水平和人居环境不断改善，短板不断补齐，城乡要素自由流动渠道逐步畅通。截至2018年，昭通市乡镇班线客运率达100%，乡镇卫生院提供中医药服务率达95%，建成乡镇客运站111个、乡镇电商服务站146个，实现乡镇移动通信100%全覆盖，乡镇有线互联网宽带100%全覆盖。

四、乡村人居环境持续改善

印发《昭通市开展"百村示范万村整治"行动全面实施乡村振兴战略工作方案》和《昭通市农村人居环境整治三年行动实施方案（2018—2020年）》，全面推进"百村示范、万村整治"行动，2019年昭通市累计启动建设特色示范型村庄323个、干净整洁型村庄13 865个。印发《昭通市农村人居环境整治村庄清洁行动实施方案》，持续开展"三清一改一提升"村庄清洁行动，2019年清理农村生活垃圾29.06万吨、水塘9 216个、沟渠3.28万千米、淤泥17.12万吨、畜禽养殖粪污等农业生产废弃物8.64万吨、残垣断壁8.59万处。印发《农村人居环境整治提升人海战工作方案》，有力推进农村人居环境整治，2019年拆危拆旧506.11万平方米，复垦复绿265.66万平方米，完成人畜混居单户改造9 229户，建设生猪代养场69个，清理农村生活垃圾13.94万吨、水塘3827个、沟渠5 131.39千米、淤泥4.84万吨、畜禽养殖粪污等农业生产废弃物2.37万吨、无保护价值的残垣断壁2.38万处。印发《昭通市农村"厕所革命"实施方案（2019—2020年）》文件，扎实有序推进农村"厕所革命"，2019年行政村村委会所在地完成公厕改建任务326座，农村无害化卫生户完成公厕建设任务200 277座，均超额完成目标任务。

五、城乡一体化成效显著

城乡要素市场建设一体化有序推进。昭通市通过城乡各种资源要素的合理流动和优化配置，增强了城市对农村的带动作用和农村对城市的促进作用，进一步缩小了城乡差距、工农差距和地区差距，使城乡经济社会实现均衡、持续、协调发展。通过统筹城乡基础设施布局和建设，使基础设施向农村进一步延伸，增强了城乡基础设施连接，推动了水、电、路、气等基础设施城乡联网、共建共享。通过建立健全城乡均等化公共服务体系，坚持以市场需求和就业为导向发展职业教育，加快发展农村学前教育，使农村基本公共服务标准和保障水平进一步提高、城乡教育资源配置进一步优化、城乡义务教育更加均衡。通过树立全域规划理念，统筹经济社会发展规划、城乡规划、土地利用总体规划、生态和环境保护规划，促进一体化的城乡发展规划编制、实施和管理体制的构建，实现了城镇建设与新农村建设良性互动。2015—2019年，城乡居民人均可支配收入之比分别为3.02∶1、2.97∶1、2.95∶1、2.92∶1和2.84∶1，呈现逐步缩小的趋势，低于2019年云南省城乡居民人均可支配收入之比3.04∶1的水平。

六、易地扶贫搬迁与新型城镇化有机结合

贯彻落实习近平总书记视察昭通时"三个更加"的重要指示精神,坚持"一方水土养不活一方人"问题导向,充分发挥党的政治优势、组织优势和密切联系群众优势,构建起党建引领、党政齐抓、组织兜底、社会参与、干群连心的高度组织化格局,推动易地扶贫搬迁群众搬得出、稳得住、能致富、能融入。实现易地搬迁扶贫集中安置点建设与新型城镇化有效衔接,打造了昭通靖安新区、鲁甸卯家湾、镇雄鲁家院子等众多实现建档立卡户市民化的成功典范。截至 2019 年,昭通市规划建设完成靖安和卯家湾等 389 个集中安置点,原三年行动计划任务 119 517 人已全部搬迁入住,新增任务 187 439 人在 2020 年春节前基本实现搬迁入住。对照国家发改委易地扶贫搬迁补短板和省委、省政府"50 个工作目标"的要求,按照"缺什么补什么"的原则,抓实安置点基础设施和公共服务设施配套建设工作。通过进城入镇、集中安置、一步到位,实现了人口分布重构、产业结构重组、生态环境重塑。

七、新型城镇化产业支撑不断夯实

"十三五"以来,昭通市通过打破传统产城分离的发展模式,树立功能复合理念,坚持产业和城镇"良性互动",统筹安排产业、人居、交通、市政和公共服务设施,构筑功能完备、设施现代、环境优美、出行方便、自然风光秀丽、人文气息浓郁、充满活力的产城一体新型城镇功能格局,走出了一条城市产业化、园区城镇化、市区公园化的产城融合发展之路,以城带产、以产兴城、产城融合效果显著提升。2019 年,昭通市工业园区完成工业总产值 430 亿元、同比增长 19%,主营业务收入 428 元、同比增长 22%;昭通市工业园区规模以上工业增加值完成 170 亿元、同比增长 20%,较 2015 年增加 55.2 亿元,工业园区已成为拉动昭通市经济增长的重要引擎。2015—2019 年昭通工业增加值和增速快速增长(图 1-5)。

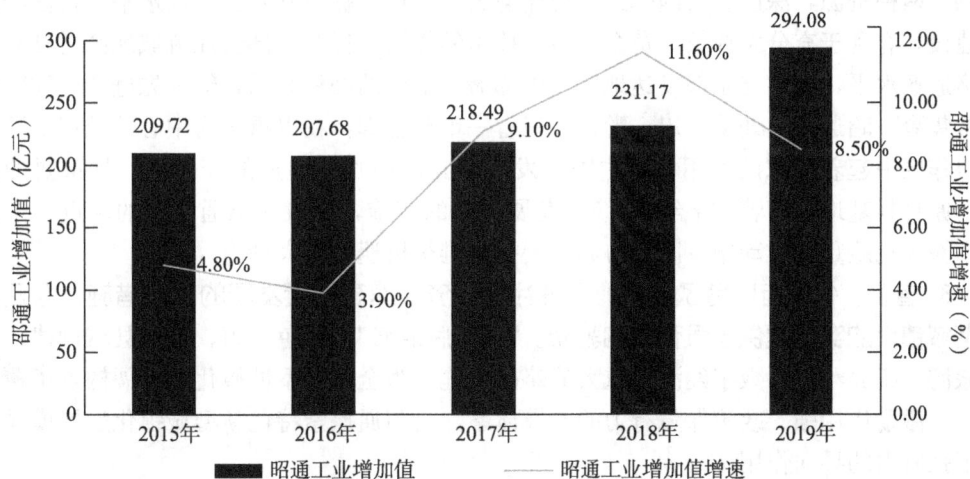

图 1-5 2015—2019 年昭通工业增加值及增速趋势

第三节　昭通市新型城镇化与城乡融合发展面临的机遇与挑战

一、存在的机遇

1. **国家、省的决策部署，为昭通加快新型城镇化与城乡融合发展指明了路径方向。**党的十八大以来，党中央把城镇化提到前所未有的高度，提出了"走中国特色新型城镇化道路、全面提高城镇化质量"的新要求。2013 年 12 月，中央召开城镇化工作会议，明确了推进城镇化的指导思想、主要目标、基本原则、重点任务。之后国家相继制定出台了《关于深入推进新型城镇化建设的若干意见》《国家新型城镇化规划（2014—2020年）》等一系列政策文件，进一步明确了我国推进新型城镇化的指导思想、发展目标、主要任务。2017 年 12 月，中央经济工作会议进一步强调，要提高城市群质量，推进大、中、小城市网络化建设，增强对农业转移人口的吸引力和承载力，加快户籍制度改革落地步伐。国家发改委《2019 年新型城镇化建设重点任务》明确要坚持推进高质量发展，加快实施以促进人的城镇化为核心、提高质量为导向的新型城镇化战略。2019年 4 月，《中共中央　国务院关于建立健全城乡融合发展体制机制和政策体系的意见》出台，为重塑新型城乡关系、走城乡融合发展之路、促进乡村振兴和农业农村现代化指明了方向。

2. **政策红利的梯度效应，为昭通加快新型城镇化与城乡融合发展带来了有利机遇。**当前，国家正在深入实施"一带一路"倡议和长江经济带建设、新一轮西部大开发、乡村振兴等战略，各类政策、资金、资源、要素等不断向西部地区倾斜，为昭通加快新型城镇化与城乡融合带来了千载难逢的机遇。新一轮西部大开发深入实施，有利于促进发展空间由东向西、由南向北梯次拓展，促使重大基础设施和公共资源加快向中西部地区倾斜，推动全国人口和城镇化布局更加全面均衡发展。"一带一路"倡议的提出，使西部地区成为新时期我国对外开放的前沿，有利于西部地区城市充分利用国际、国内两个市场、两种资源，深度参与国际经济合作与竞争，切实提高开发、开放水平。长江经济带建设，有利于充分发挥长江黄金水道支撑引领作用，提高西部长江流域地区对外交通网络通畅水平，密切与东部发达地区、中部潜力地区的经济联系，促进先进产业和生产要素集聚。昭通市地处滇、川、黔、渝三省一市接合部，在以重庆为中心的长江上游经济协作区中起着特殊的作用，是中国开发从东到西沿长江递进的着力点，是重要的能源、原材料基地，随着数字经济、5G 发展战略的实施，必将为昭通在新的起点上全面提高城镇化质量、推动城乡区域协调发展提供难得机遇和强大动力。

3. **省委、省政府出台了一系列促进社会经济快速高质量发展的政策措施，为云南新型城镇化的实施提供了强有力的驱动。**"三张牌战略"，特色小镇、美丽县城创建，全域旅游、康养小镇、数字经济等重大战略的实施，为全省新型城镇化的发展构建了覆盖面广、激励作用强、政策保障有力的支撑体系，为昭通探索特色新型城镇化发展模式提供了强有力的导向作用。

4. **开放新视野、发展新动力、民生新诉求，为昭通新型城镇化创造了良机。**放眼2050 年，世界贸易重心逐渐重回环印度洋地区，南亚、东南亚国家经济快速崛起，将带来巨大的消费市场,并与我国广大的腹地和产业基础形成互补。昭通必须立足大国优势,面向西南,主动构建开放新格局,走向开放前沿。伴随工业文明向生态文明转型,绿色、健康、可持续正逐渐成为新时期城市发展的共同主题。"优质人居环境"更加成为未来城市发展的"稀有资源"和"核心吸引力"。生态环境和城市品质将成为昭通未来提升创新能力、培育高端城市功能的重要支撑。创造人人共享的城市和满足人民日益增长的美好生活需要成为城市发展的中心目标。昭通具有优越的人居环境本底条件,未来更需要关注"不平衡"的民生发展、聚焦"不充分"的民生发展。关注社会结构、年龄结构变化所带来的生活消费需求的变革,从而扬长、补短,打造宜居品质都市新形象。

5. **资源条件优势的突显,为昭通加快新型城镇化提供了良好基础。**昭通市的水能资源约占云南省的 20%,居云南省第一。随着作为三峡配套工程的溪洛渡、向家坝、白鹤滩电站建设,昭通成为中国新兴的水电基地。昭通市矿产资源丰富,有全国第二大褐煤田,是全国五大硫铁矿区之一。有色金属储量丰富,是云南三大有色金属基地之一。昭通市复杂的地形、气候、土壤条件和生态环境,孕育了丰富多彩的动植物资源。昭通历史悠久,是我国南方丝绸之路的重要节点,历史上形成了独具特色的"朱提"文化。昭通名人辈出,是罗炳辉、龙云、卢汉、张希鲁、姜亮夫的故乡。昭通民风独特,拥有彝、苗、回等 23 个少数民族。昭通旧城区仍保存着相对完整的古城格局。优良的资源条件,为昭通新型城镇化与城乡融合发展战略的深入实施提供了有利的资源保障。

二、面临的挑战

1. **农业转移人口市民化任务依然繁重。**由于吸引农民落户仍然存在政策偏差和体制门槛,人地挂钩、人钱挂钩等政策尚未完全落地,多元化成本分担机制不完善,市、县(区)各级地方政府推进农民工市民化的积极性还有待提高。城市向进城务工农民,尤其向边缘、弱势群体提供基本公共服务的能力不足和质量不高的问题突出,进城常住农民难以享受与城市居民一样的教育、医疗、就业公共服务,致使农业转移人口就业能力偏低和收入水平较低,与进城务工农民"进得来、留得下、过得好"的目标还有较大的差距,农业转移人口市民化的任务依然繁重。2015—2019 年,昭通常住人口城镇化率分别为 29.19%、31.49%、33.38%、34.55%和 35.30%,距离"十三五"规划目标45%还有较大的差距,同期户籍人口城镇化率分别为 22.62%、22.39%、26.36%、26.98%和 27.61%,二者存在 6.57、9.10、7.02、7.57 和 7.69 个百分点的差距。昭通市各市(县、区)城镇化水平差距较大,2019 年,昭通市户籍人口城镇化水平最高的水富市达 40.57%,最低的盐津县户籍人口城镇化水平仅为 15.97%。

2. **城乡发展不均衡的问题突出。**昭通是全国"贫中之贫、坚中之坚"的深度贫困地区,截至 2019 年末,昭通市有 7 个县(区)纳入摘帽考核,镇雄县未摘帽,104 个贫困村未出列,还有未脱贫人口 15.99 万人,分别占全国(266 万人)、全省(44.2 万人)的 6.01%和 36.18%。昭通市农村基础设施严重滞后,农业布局分散、发展规模小、层次低,经济社会发展整体水平亟待提升,城乡基础设施差距大、公共服务不均等、产业发展不均衡和居民收入差距大等城乡发展不平衡、不协调的问题较为突出。

2015—2019 年，昭通城镇常住居民人均可支配收入分别达 21 773 元、23 645 元、25 560 元、27 632 元和 29 930 元，年均增速为 8.36%，农村常住居民人均可支配收入分别达 7 212 元、7 951 元、8 675 元、9 474 元和 10 555 元，年均增速为 10.18%，预计可以完成"十三五" 32 000 元和 11 600 元的规划目标。城乡居民人均可支配收入之比达 3.02∶1、2.97∶1、2.95∶1、2.92∶1 和 2.84∶1，尽管呈现逐步缩小趋势，但远远高于 2019 年全国城乡居民收入比 2.64∶1 的水平。同时，由于城乡居民人居可支配收入基数差距大，绝对值差距不断拉大，由 14561 元增加到 19 375 元。

3. 城乡持续发展的产业支撑薄弱。昭通市支柱产业培育滞后，传统产业转型升级缓慢，新兴产业发展不足，产业发展质量不高、速度不快、带动力不强的问题较为突出。昭通市三次产业结构不尽合理，产业结构合理化和高级化水平亟待提高。2019 年，昭通市产业结构为 16.5∶38.5∶45.0，滞后于云南省 13.08∶34.28∶52.64 的水平。城乡一二三产业的发展普遍存在"小散弱"的问题，距离农业规模化、工业集聚化和旅游品牌化还存在较大的差距，三产融合程度低。2019 年，昭通市农产品加工业总产值与农业总产值之比为 0.5∶1，严重滞后于全省 1.11∶1 的水平。昭通拥有多元文化融合而成的独特"朱提文化"，更是云南文化的三大发祥地之一，但囿于资源配置混乱、市场化程度低、融资渠道不畅和开发程度不高，昭通文化旅游产业的发展与璀璨的文化底蕴大相径庭，2019 年，昭通市旅游总收入 319.54 亿元，同比增长仅为 2.5%，接待国内外游客 4 386.02 万人次，仅占全省的 3.03% 和 5.48%，文化旅游业的竞争力逐渐下降。

4. 乡村基础设施和公共服务短板明显。昭通乡村基础设施和公共服务建设资金缺口较大、建设任务重。乡村已硬化道路中窄路基路面占比较大，骨干重点水利工程支撑不足，防洪抗旱减灾能力弱，农村地区季节性、区域性、工程性缺水问题突出，全市耕地有效灌溉率仅为 31%。农村公共服务设施总量不足，设备简陋，共享率低，农村公共服务存在明显短板。全市九年义务教育只实现了基本均衡，学前教育和高中教育普及率低。2019 年，学前三年毛入园率为 79.69%，高中阶段毛入学率为 75.00%，建制村标准化村卫生室覆盖率为 79.45%，村卫生室能够提供中医药服务率为 65%，按 1 名/千人的标准，昭通市应配备乡村医生约 6 000 名，但实际仅有 4 533 名。村庄建设缺乏统一的建设管控，规划不合理、执行不严格，乡村建设规划覆盖率、乡镇规划覆盖率、实用性村庄规划覆盖率、村庄规划管理覆盖率分别仅有 9%、53%、0.7%、47%。农村垃圾处理仍以粗放型填埋方式为主，农村"一水两污"基础设施设备非常滞后，投入严重不足，运营十分艰难。农村居民的公共环境意识不强，农村人居环境治理长效机制尚未建成。

5. 资源环境约束的矛盾较为突出。由于历史上开发早，昭通市人口稠密，人口密度居全省之首，随着昭通市城镇化进程的进一步推进，经济社会发展对资源环境的压力与日俱增，资源环境的约束进一步加大。主要表现在以下四个方面。一是城镇化对土地资源的需求不断增加，城镇土地利用集约度不高、土地增减挂钩的实施难度较大等问题日益突出，保护耕地与保障发展的矛盾不断加剧。二是昭通市地处云贵高原过渡带，水资源总量丰富，但时空分布不均，有 75%～90% 降水量主要集中在 5—10 月，洪枯变化大，特殊的地理环境导致季节性、区域性、工程性、资源性缺水情况突出，水资源与立体式的城市、人口、耕地及经济发展布局不匹配。三是昭通市山高坡陡，坝区比例位居全省后列，可利用土地资源非常有限，东部属于喀斯特地区，西部位于金沙江干热河谷地带，水土流失和石漠化面积大，地质灾害等自然灾害危险性大，生态环境非常脆弱。2019 年，森林覆盖率仅为 42.2%，较全省 60.3% 的森林覆盖率低 18.1 个百分点，水土流失面积、石漠化面积分别占市域面积的 39.05% 和 15%。四是受昭通高原山地特殊地形地势的影响，部分城镇发展难以形成规模，带动性较弱。随着新型城镇化向纵深推进，所面临的资源环境约束将越来越明显。

第四节　昭通市"十四五"时期新型城镇化与城乡融合发展的基本思路

一、总体思路

依据《国家新型城镇化规划（2014—2020 年）》《滇东北城镇群规划（2011—2030）》《云南省新型城镇化（2014—2020）》《国务院关于深入推进新型城镇化建设的若干意见》《云南省最新关于深入推进新型城镇化建设的实施意见》《2019 年新型城镇化建设重点任务》和《中共中央　国务院关于建立健全城乡融合发展体制机制和政策体系的意见》的主旨与精神，昭通市新型城镇化应从速度型扩容向"量质并重"型转变，坚持从昭通基本市情出发，按照"五位一体"总体布局和"四个全面"战略布局，牢固树立"创新、协调、绿色、开放、共享"的发展理念，主动服务和融入云南省"民族团结进步示范区、生态文明建设排头兵、面向南亚和东南亚辐射中心"三大定位，借力"背靠云南、面向四川、融入黔渝、联动东盟"的全方位高水平对内对外开放的优势，围绕全面提高城镇化质量和水平，坚持以人的城镇化为核心，有序推进农业转移人口市民化。以滇东北城镇群为主体，推动山坝大、中、小城镇协调发展。以城乡基础设施一体化和公共服务均等化为着力点，促进全域城乡融合发展。以生态综合承载能力为支撑，提升城市可持续发展水平。以体制机制创新为保障，改革释放城镇化发展潜力。加快建设形成"一主两副、三区多点"的城镇空间结构，全力打造生态环境高品质、现代经济高质量、城镇文化高特色、市域治理高水平、人民生活高宜居的全省山区新型城镇化样板市，探索走出一条具有昭通特色的"城乡共建、城乡共兴、城乡共荣、城乡共享"的新型城镇化与城乡融合发展道路。

二、基本目标

1. **城镇化水平和质量稳步提升。**到 2025 年，常住人口城镇化率达到 50% 左右，户籍人口城镇化率达到 45% 左右，户籍人口城镇化率与常住人口城镇化率差距缩小 2 个百分点左右。城乡融合发展经济支撑能力、基础设施一体化水平、公共服务均等化水平和资源环境承载能力不断提升，城市发展品质逐步提升，高质量的新型城镇化稳定推进。

2. **城镇化空间格局更加优化。**"一主两副、三区多点"为主体的城镇化战略格局进一步优化，昭鲁中心城市作为核心城市集聚经济、人口能力明显增强；水富衔接长江经济带的门户作用进一步突显，镇雄加强与贵州的产业协调发展，在更大范围内实现合作与联动发展的功能进一步增强，绥江、永善、盐津、大关、巧家、威信、彝良等特色县城成为推动城乡协调发展的重要增长极。城镇规模结构更加合理，中心城镇辐射带动作用更加突出，小城镇服务功能更加完善。

3. 城乡可持续发展经济支撑能力持续提升。 到 2025 年，昭通市 GDP、城乡居民人均可支配收入比值、第二产业增加值、第三产业增加值、农产品加工业总产值与农业总产值之比、城镇常住居民人均可支配收入、农村常住居民人均可支配收入、工业园区工业总产值占 GDP 比重和单位 GDP 能耗下降率等城乡可持续发展经济指标持续改善。

4. 城乡基础设施一体化水平取得明显进展。 到 2025 年，昭通市农村集中供水率、农村自来水普及率、农村水质达标率、城镇污水处理率、城镇生活垃圾无害化处理率、城镇保障性住房建设（万套）等城乡基础设施一体化水平取得明显进展。

5. 城乡公共服务均等化水平取得明显进展。 到 2025 年，昭通市城乡基本医疗保险覆盖率、基本养老保险参保人数、失业保险参保人数、工伤保险参保人数、生育保险参保人数、人均受教育年限（年）、九年义务教育巩固率和高中阶段毛入学率等城乡公共服务均等化水平取得明显进展。

6. 城乡融合发展资源环境承载能力持续提升。 到 2025 年，昭通市森林覆盖率、水资源利用率、人均蓄水库容、耕地保有量、粮食生产能力、城镇绿色建筑占新建建筑比重、建成区绿地率和绿化覆盖率等城乡融合发展资源环境承载能力持续提升。

7. 城乡融合发展的体制机制基本接轨。 围绕昭通市新型城镇化与城乡融合发展，发挥首创精神。到 2025 年，基本实现城乡之间的居民待遇公平与经济社会发展成果共享；户籍制度、公共财政制度、城乡土地制度、城乡就业制度、社会管理制度、住房保障制度、生态环境保护制度等重点制度改革取得实质性进展，阻碍昭通市城乡融合发展的体制机制障碍基本消除。

昭通市"十四五"时期新型城镇化与城乡融合发展指标如表 1-2 所示。

表 1-2　昭通市"十四五"时期新型城镇化与城乡融合发展指标体系表

	指标	2018 年	2019 年	2020 年	2025 年目标值	属性
城镇化水平与质量	常住人口城镇化率（%）	34.55	35.30	40.55	50	预期性
	户籍人口城镇化率（%）	26.98	27.61	32.64	45	预期性
	转移农村富余劳动力（万人）	198.5	224.61	225	225	预期性
	城镇登记失业率（%）	3.40	3.73	4.00	<4.3	约束性
城乡可持续发展支撑能力	GDP（亿元）	1 061.87	1 194.2	1 215	2 000	预期性
	城乡居民人均可支配收入比值	2.92	2.84	2.7	2.4	预期性
	第二产业增加值（亿元）	397.82	459.22	520	800	预期性
	第三产业增加值（亿元）	329.1	537.81	475	765	预期性
	农产品加工业总产值与农业总产值之比	0.40	0.50	0.60	1.10	预期性
	城镇常住居民人均可支配收入（元）	27 632	29 930	32 000	46 400	预期性
	农村常住居民人均可支配收入（元）	9 474	10 555	11 600	17 530	预期性
	工业园区工业总产值占 GDP 比重（%）	33.86	36.01	38.00	48	约束性
	单位 GDP 能耗下降率（%）	0.60	-5.00	-10.00	累积 10	预期性

（续）

	指标	2018 年	2019 年	2020 年	2025 年目标值	属性
城乡基础设施一体化水平	农村集中供水率（%）	89.00	95.80	96.00	100	约束性
	农村自来水普及率（%）	85.00	92.00	95.00	98	约束性
	农村水质达标率（%）	68.00	71.00	74.00	100	约束性
	城镇污水处理率（%）	85	95	96.00	100	约束性
	城镇生活垃圾无害化处理率（%）	76.56	90.00	90.00	100	约束性
	城镇保障性住房建设（万套）	累计 4.02	累计 4.44	累计 5.3	累计 5	约束性
城乡公共服务均等化水平	城乡基本医疗保险覆盖率（%）	96.50	96.50	96.50	98 以上	约束性
	基本养老保险参保人数（万人）	319.8	319.8	319.85	320.00	约束性
	失业保险参保人数（万人）	13.12	14.14	15.00	15.00	约束性
	工伤保险参保人数（万人）	19.00	25.99	26.00	30.00	约束性
	生育保险参保人数（万人）	16.88	17.00	17.50	20.00	约束性
	人均受教育年限（年）	9.4	9.6	9.8	11	预期性
	九年义务教育巩固率（%）	94.35	95.00	96.00	97 以上	预期性
	高中阶段毛入学率（%）	72.18	75.00	86.50	90.00	预期性
城乡融合发展资源环境承载能力	森林覆盖率（%）	36.74	42.20	43.00	48	预期性
	水资源开发利用率（%）	5.00	5.80	6.00	10	预期性
	人均蓄水库容（立方米）	150	156	160	180 以上	预期性
	耕地保有量（万公顷）	56.33 以上	56.33 以上	56.33 以上	60 以上	约束性
	粮食生产能力（万吨）	206.5	200 以上	200 以上	200 以上	约束性
	城镇绿色建筑占新建建筑比重（%）	30	35	40	60	预期性
	城镇建成区绿地率（%）	22.45	23.67	25.00	33	预期性
	绿化覆盖率（%）	28.20	29.00	30.00	38	预期性

三、发展格局

1. 加快昭鲁大一体化进程，提升中心城市引领作用。全面推动昭通中心城市由中等城市向现代大城市转型。努力建设综合实力较强、特色产业兴旺、文化魅力彰显、生态环境优美、人民生活富裕的"引领区域发展的川滇黔省际中心城市"。到 2025 年，城市常住人口达到 60 万人以上，建成区面积达 60 平方千米以上。把昭鲁中心城市作为引领昭通新型城镇化发展的主体空间区域，加快城乡融合发展，建立完善跨区域协调发展机制，探索建立城市群管理协调模式、成本共担和利益共享机制，促进昭鲁一体化加快发展，着力推进基础设施、产业发展、市场体系、基本公共服务和社会管理、城乡融合、生态环保六个一体化建设，高水平构建"两型三化"现代产业体系，高层次扩大对内对外开放，高品质提升城市人居环境，着力构建优势互补、良性互动、特色突出、协调发展新格局，全面提升四城整体竞争力、综合经济实力和辐射带动力，将该区域城镇群打造成为昭通促进人口聚集、优化资源配置、统筹城乡协调发展和加快工业化、新型城镇化进程的核心城镇群。昭阳片区重点优化城镇发展质量，发挥好政治、经济、文化中心的作用，进一步强化商业中心、居住中心、区域性商贸集散中心、旅游服务中心和宜居社区的功能和作用。鲁甸片区结合渝昆高速、昭通新机场建设，打造高原农特产品产业园和物流园；靖安片区近期将结合易地搬迁城镇化安置，大力发展以马铃薯、大棚蔬菜种植为主的高原特色现代农业，远期将主要依托水电铝及多晶硅等项目，打造"硅铝"全产业链加工基地及滇东北生态"硅谷"。

2. **完善城镇规模结构，构建多极协同发展支撑。**以建设"滇东北城镇群"和"引领区域发展的滇川黔省际中心城市"为抓手，高起点规划、高标准建设、高水平管理，主动服务和融入"一带一路"倡议和长江经济带等战略规划，加快塑造昭通"一主两副、三区多点"的城镇化空间布局，形成以昭通中心城市为核心，以镇雄、水富两个市域副中心城市为重点，以渝昆廊道沿线发展区、金沙江沿线发展区和镇彝威发展区的"三区"为依托，以巧家、永善、彝良、威信、盐津、绥江、大关县域中心城市的"多点"为亮点的城镇群主体形态。完善昭通市城镇规模结构，突出中心城市辐射带动作用，增强小城镇服务功能，优化城镇体系结构，促进山坝城镇协调发展，增强城镇承载能力和综合实力，强化滇东北城镇群昭鲁中心城市聚集要素、资本、人口的能力，把滇东北城镇群打造成为云南省区域发展的重要增长极。

3. **发展特色乡镇，打造城乡融合新载体。**坚持以市场为导向，瞄准产业发展新前沿，顺应消费升级新变化，利用小城镇所处区域的自然资源、基础设施和市场条件及其自身的优势，强化企业主体、市场化运作，统筹布局教育、医疗、文化等公共服务设施，配套建设居住、商业等设施，加快建设一批新兴产业集聚、传统产业升级、体制机制灵活、人文气息浓厚、生态环境优美的特色小镇，培育新的经济增长点，引导农业转移人口就近就地城镇化。到2025年，分批每年打造3～5个市级特色小镇，基本建成24个特色小镇，力争2～3个特色小镇进入省级示范特色小镇名单。

加快昭阳永丰、盐津豆沙、大关黄连河等旅游型特色小镇发展，突出特色资源开发和传统文化传承，培育具有一定知名度的旅游名镇。引导镇雄塘房、水富两碗、绥江南岸、威信麟凤等工业型特色小城镇和彝良小草坝、鲁甸龙头山、昭阳盘河、昭阳洒渔、巧家药山、永善黄华、镇雄以勒等现代农业型特色小镇发展，发展地域特征突出、专业性强、资源综合利用率高的现代加工业，引导企业聚集发展，走特色化、专业化、品牌化、可持续发展道路。促进镇雄泼机、大关天星、巧家蒙姑、盐津普洱、彝良牛街等商贸型特色小城镇发展，建设规模较大、功能齐全、辐射面广的综合市场或专业市场，配套发展仓储、物流及运输业；发展服务型产业和劳动密集型加工业，建设区域性商品、物资集散中心和中转站。

4. **深入实施乡村振兴战略，健全城乡融合发展体制机制。**坚持农业农村优先发展，按照产业兴旺、生态宜居、乡风文明、治理有效、生活富裕的总要求，以农业供给侧结构性改革为主线，建立健全城乡融合发展体制机制，全面深化农村改革，统筹推进农村经济建设、政治建设、文化建设、社会建设、生态文明建设和党的建设，加快推进乡村治理体系和治理能力现代化，加快推进农业农村现代化，走中国特色社会主义乡村振兴道路，推动农业全面升级、农村全面进步、农民全面发展，谱写新时代云南乡村振兴新篇章，开创新时代云南"三农"工作新局面。到 2020 年，昭通市乡村振兴取得重要进展，制度框架和政策体系基本形成；到 2035 年，昭通市乡村振兴取得决定性进展，农业农村现代化基本实现；到 2050 年，昭通市实现乡村全面振兴，与全国同步全面实现农业强、农村美、农民富。

5. 分步有序推进区域乡村振兴，发挥引领区示范作用。昭鲁地区、水富市、绥江县、威信县要率先振兴，发挥引领示范作用，加快昭鲁一体化建设，建立城乡融合发展的体制机制和政策体系，强化城镇产业的集聚辐射功能，使乡村振兴与新型工业化、新型城镇化有机结合。到 2025 年，部分率先基本实现农业农村现代化，2035 年全部实现农业农村现代化。推动重点区提档升级，绥江、永善、大关、盐津、彝良、威信、镇雄的村庄，涵盖全市大部分村庄，重点加快特色产业发展，提升基础设施和基本公共服务水平，加大城乡人居环境整治力度，持续改善生产生活条件。到 2035 年全市乡村全部基本实现农业农村现代化。

昭通市新型城镇化与城乡融合发展空间布局（表 1 - 3）。

表 1 - 3　昭通市新型城镇化与城乡融合发展空间布局

县（区）	新型城镇化和城乡融合发展空间结构
昭通市	总体空间结构为"一主三副七点，一轴四区两带"，"一主"——昭鲁中心城市；"两副"——水富、镇雄；"七点"——绥江县、盐津县、永善县、巧家县、大关县、威信县、彝良县；"一轴"——中部城镇发展轴；"四区"——以昭鲁中心城市为中心的核心发展区、以三个副中心城市为中心的三个重点发展区；"两带"——沿金沙江城镇带、新型工业化城镇带
昭阳区	总体空间结构为"一城三区、若干小镇、城乡结合、产城融合"。昭阳片区是昭通市域的政治、经济、文化中心，是昭通中心城市的商业中心、居住中心、区域性商贸集散中心、旅游服务中心和宜居社区在内的综合性服务城区。鲁甸片区将结合渝昆高速、昭通新机场建设，打造高原农特产品产业园和物流园。将结合易地搬迁城镇化安置，大力发展以马铃薯、大棚蔬菜种植为主的高原特色现代农业，远期将主要依托水电铝及多晶硅等项目，打造"硅铝"全产业链加工基地及滇东北生态"硅谷"
鲁甸县	总体空间结构为"一园四片区"。"一园"即鲁甸工业园，"四片区"即茨院现代仓储物流加工产业片区、文屏高原特色绿色食品产业片区、桃源清洁载能和绿色冶金化工产业片区、G85 鲁甸立交高新技术产业片区
巧家县	总体空间结构为"一核三轴六重点"的城镇空间格局，构建"中心城区—重点乡镇——般乡镇"三级城镇等级体系。一核是巧家中心城区核心，是城镇发展核心，推动中心城区与金塘镇一体化发展。三轴是金沙江城镇发展轴、鲁巧高速城镇发展轴和牛栏江城镇发展轴。金沙江城镇发展轴：沿金沙江形成的南北向轴线，依托白鹤滩水电站建成后高峡出平湖的壮美景观，着力推动一二三产融合发展。鲁巧高速城镇发展轴：沿鲁巧高速走势形成的东西向轴线，依托交通优势，带动沿线乡镇集聚发展，优化沿线城镇空间布局。牛栏江城镇发展轴：沿牛栏江形成的南北向轴线，开发牛栏江沿线旅游资源，拓展县域村镇发展空间。辐射全县域各乡镇的金塘、大寨、药山、老店、马树、蒙姑 6 个重点镇
镇雄县	总体空间结构为"一心、一带、两轴、两翼、两区"。一心，以县城联动周边五个卫星集镇，构筑产城融合发展之心；一带，围绕赤水河生态保护与绿色发展，强化流域上下游联动，打造赤水河生态协作发展带；两翼，统筹县域东西部发展，打造以勒、牛场两个副中心；两区，根据产业发展布局，分别打造以牛场为中心的西部生态发展示范区和以勒为中心的东部陆海开放产业聚集区

（续）

县（区）	新型城镇化和城乡融合发展空间结构
彝良县	总体空间结构为"一心、两强、三重、四区和五带"空间布局。一心：继续坚持县城政治、经济、文化中心。两强：小草坝旅游强镇，海子交通枢纽强镇。三重：农特产品深加工三大重镇（小草坝、牛街、奎香）。四区：角奎、洛泽河、钟鸣、奎香四大工业区。五带：宜昭线、彝岔线、彝牛线、彝海线、彝镇线经济带。五片：北部片区（小草坝、龙海、牛街、柳溪、洛旺）、东北部片区（荞山、海子）、西北部片区（钟鸣、两河、龙安）、中心片区（角奎、洛泽河）、南部片区（龙街、奎香、树林）
威信县	总体空间结构为"一核、一网、两园、两廊、三带"集聚。"一核"，即以县城扎西为核心，建设成为长江经济带重要的交通枢纽和商贸、物流、旅游集散地。"一网"，即依托即将建成的隆黄铁路优势，着力构建辐射城乡和外接滇川黔的物流网络。"两园"，即建设以麟凤工业园区为主的煤电工业园区和以双河工业园区为主的农产品深加工工业园区。"两廊"，依托旧城至水田南北大通道的南北经济走廊和依托三桃、长安、庙沟等乡镇气候资源优势的高原特色农业经济走廊。"三带"，即赤水河红色旅游经济带，白水江生态休闲旅游经济带，南广河文化休闲旅游经济带
盐津县	总体空间结构为"一河、两岸、四组团"的空间布局形态。一河指关河，两岸指关河两岸，"四组团"即盐津县城由盐井老城片区、黄葛槽片区、黄毛坝片区（盐津火车站所在区域）和水田坝新区（新县城）四个城市片区构成
大关县	总体空间结构为"1123"，第一个"1"是"一廊"，即昭水经济走廊；第二个"1"是"一园"，即大关工业园区；"2"是两团，即翠华、天星以现代物流和旅游为主的两个组团；"3"是三带，即"果蔬产业带""林畜产业带""牧薯产业带"
永善县	总体空间结构为"一心、两带、三区"。"一心"指县城辐射带动中心，"两带"指金沙江库区经济带和山区特色产业经济带，"三区"指大兴、莲峰、黄华、务基为重点的矿产开发区，以溪洛渡、细沙、桧溪为重点的加工制造区。使永善建设成为清洁能源基地、特色农业重点县、长江上游生态屏障、新兴旅游目的地
绥江县	建成绥江—宜宾城市经济带，成为金沙江流域最具经济活力的区域城市经济带，形成以县域中心城市、重点中心镇、开发区和工业小区之间联系紧密、有机组合的城镇群，实现生态环境优越、经济健康、区域整体联动发展。城镇发展形成"一点两轴"城镇空间布局，一点包括核心圈层和外围圈层。核心圈层：由绥江新城、新滩组成县域核心圈层；外围圈层：包括南岸、会仪、板栗等。两轴包括一条金沙江城镇发展主轴和国道213城镇发展次轴
水富市	优化县域城镇体系，形成结构布局合理、资源要素集约、基础设施完善、功能互补协调的"一区、一港、两园、五组团"城镇空间布局。一区：水富临港经济开发区；一港：水富港；两园：水富临港物流园、水富工业园；五组团：云富组团、高滩组团、温泉组团、文星—笆篓坝组团和楼坝组团。着力促进城市拓展、港口建设与园区提升三者互动融合，加快形成以港口为核心的组团式城市发展格局

第五节　昭通市"十四五"时期新型城镇化与城乡融合发展的重点任务

　　昭通"十四五"新型城镇化的进程已经过渡到量质并重的关键阶段，应抢抓国家深入实施新型城镇化发展战略的政策窗口期，积极主动融入"一带一路"倡议、长江经济带等重大战略,以规划为引领、产业为支撑,坚持组团式发展,按照"昭鲁为核心、县城为重点、集镇为支撑"的思路,坚持做大做强中心城市、做精做优县城、做特做靓乡镇、做好做美乡村,构建昭通"深度融合、特色彰显,无所谓城、无所谓乡"的城乡融合新格局,把滇东北城镇群打造成为滇川黔区域综合交通枢纽、云南融入长江经济带的重要门户、中国面向南亚和东南亚开放的重要经济走廊、中国西部新型载能产业和高原特色生物产业基地、长江上游重要生态屏障和中国西南新兴健康旅游目的地。把昭通中心城市打造成为"一城三区、若干小镇、产城融合、城乡一体"的"苹果之城"和"引领区域发展的川滇黔省际中心城市"。

一、强化基础支撑,提升完善城镇功能

统筹推进全域路网、管网、水网等基础设施及公共服务建设,破解城、镇、乡、村互联互通瓶颈,有效支撑全市城乡融合发展。

1. **狠抓五网基础设施建设。** 围绕建设"滇川黔渝区域综合交通枢纽"目标,统筹各种运输方式,着力构建昭通"一沿两纵两横"对外通道和"一核两极多中心"综合交通枢纽格局,打造便捷、智慧、富民、绿色、安全、美丽的交通运输体系。完成昭通机场迁建并转场,积极开展永善、镇雄通用机场前期工作。着力构建"两横五纵一枢纽"铁路主网架,做好叙毕铁路、渝昆高铁续建,力争新开工攀昭毕铁路、昭六铁路,加快推进东巧铁路、沿金沙江铁路、内昆铁路,加快推进昭通经会泽至昆明段工程前期工作,推进内昆铁路昭通站扶贫物流园区铁路专用线、水富港铁路专用线、水富市文星物流园区铁路专用线和旅游轨道交通建设。聚焦"县县通高速"目标,启动高速公路互联互通工程,完成"十三五"结转的大永高速、都香高速、昭阳西环高速、镇七高速、沿江高速等项目建设,开工鲁甸至巧家、威信至彝良、麻柳湾至彝良、永善至盐津、会泽至巧家、水富至绥江等高速公路,推进威信至遵义高速公路项目前期工作。加快提升国道、省道技术等级,重点实施G247、G213、S301等路线提升改造。持续推进"四好农村路"、水富至巧家滨江美丽公路建设,建设一批通乡镇高等级公路,加强资源路、旅游路、产业路升级改造,实现具备条件的自然村通硬化路。完成金沙江水富至巧家航道整治,建成大湾头、新世纪、月亮湾、穿心店、葫芦口等24个码头,建成向家坝、溪洛渡、白鹤滩三座电站翻坝转运系统。加快云计算、大数据、互联网、物联网、5G等新一代信息基础设施建设,推进以昭阳为中心、连接省内外、辐射滇东北城市群的光纤骨干网建设,提高网络传输能力和覆盖率。加快推进昭鲁中心城市轨道交通建设。以有轨电车走廊作为昭通城市走廊的发展主轴,以车站作为城市的发展节点,进行产业园区、商业、居住、办公、公共设施等土地高强度混合开发和合理空间布局,有效串联起"靖安新区—昭阳区—鲁甸县"昭通城市走廊,加速推进昭通一体化进程。

2. **稳步推进城市地下管网改造与建设。** 统筹城市地上地下设施规划建设,积极开展城市地下空间开发利用规划编制工作,加强城市地下基础设施建设和改造,合理布局电力、通信、广电、给排水、燃气等地下管网,加快实施既有路面城市电网、通信网络架空线入地工程。有序推进昭阳区北部片区供水及输水管线工程、生活垃

圾无害化处理厂、河道两岸景观绿化、再生水利用及污泥处置工程等项目，建设完成昭阳、镇雄、盐津3县（区）综合管廊项目，积极启动昭通其他市、县（区）地下综合管廊建设。

3. **推进海绵城市试点建设。**以"生态融城、绿色建城"为理念，按照"自然积存、自然渗透、自然净化"理念，持续推进昭通市、县（区）海绵城市建设，实现"水资源、水安全、水文化、水环境和水生态"全面的"五水"共治。有序推进昭通市、县（区）海绵城市项目，充分发挥昭通城镇天然水体优势，在新区建设、老旧城区改造、各类园区以及成片开发区充分"引水入城""引绿入城"。在老城区结合棚户区、危房改造和老旧小区有机更新，妥善解决城市防洪安全、雨水收集利用等问题。加强海绵型建筑与小区、海绵型道路与广场、海绵型公园与绿地、绿色蓄排与净化利用设施等协同建设。

4. **提升城镇基本公共服务水平。**全面加强全市教育、医疗、体育、文化、旅游等公共服务领域建设。基本公共教育均衡再完善，探索教育集团化发展，建立现代职业教育体系，进一步扩大托幼、幼教向社会领域开放。提高学校体育场地设施开放率和经常参加体育锻炼人数比例，打造一县一品牌体育赛事，为实现昭通体育产业跨越式发展夯实基础。围绕区域医疗中心建设，提升基础办医质量，打造高水平医院。健全以社区、乡村卫生服务为基础的城、镇、乡医疗卫生服务体系。加强以全科医生为重点的基层医疗卫生队伍建设。加快形成以市大型综合和专业医院为核心、以乡镇卫生院为支撑、以乡村卫生室为基础的城、镇、乡全覆盖的医疗卫生服务体系。努力补齐文化旅游公共服务发展短板，稳步推进全市重点景区交通、汽车营地、旅游厕所、智慧旅游等基础设施建设。加快推进昭通市级文化馆、图书馆、大剧院项目规划建设，达到国家一级馆建设标准。

聚焦疫情暴露出的公共医疗卫生短板，建立全市应对突发急性传染性疾病预防、控制和治疗体系。建立和完善突发急性传染病应对机制，落实防控措施减轻突发性传染病危害，加强突发急性传染病监测预警体系建设，提高早期预警能力，提高实验室监测能力，为突发急性传染病诊断提供技术支持，建立健全突发急性传染病应对处置人员培训机制，提高突发急性传染病应急处置能力，做好应对突发急性传染病的物资和技术储备，切实提高全市应对突发急性传染性疾病的能力。

5. **提升城镇现代治理水平。**探索建立完善的城市精细化管理制度体系，做到城市管理法制化、城市管理作业标准化、考核评价制度化。全面整合城市管理职能，落实相关责任，实施城市精细化管理工作。进一步落实事权下放，实现事、责、权、利四统一，切实推进日常监管和执法重心下移，解决在城市管理中存在的"看到管不到，管到看不到"问题。强化城市公共安全体系建设。加强源头治理、健全防控机制、提升监管效能、强化保障能力、突出统筹推进，把安全作为制定各种规划的前提，加快推进城市安全基础设施建设。以安全发展示范城市创建活动为引领，建立健全城市安全发展和运行管理体系，提升城市安全文明程度，协同有关部门建立城市安全风险信息管理平台，绘制城市安全风险空间分布图，强化对重大城市安全风险的"线上"监测预警和"线下"治理管控。

二、彰显昭通特色，重塑城市环境品质

依托昭通独特的资源条件，根据地区自然历史文化资源禀赋，注重区域差异性，提倡形态多样性，建设具有历史记忆、文化脉络、地域风貌、民族特点的美丽城镇。

1. **彰显山水形胜，打造昭通山水田园城市。**充分尊重自然山水环境，把传统山水园林思想与美丽城镇建设结合起来，尊重原有地形地貌，强化城市、乡镇与山水环境的有机联系，保持城市依山而建、傍水而居的优美风貌，构建具有昭通特色的山水园林城镇。在城镇建设过程中，根据昭通坝区、山地、河谷、高原、丘陵等多种地理地貌特点，沿河滨、溪谷、山脊、沟渠等建设绿色生态廊道，促进生态空间与城镇生产生活空间的融合，打造显山露水、城水相依、城山相偎、人与自然融合的特色城镇。以保护坝区优质耕地和保障区域生态安全为前提，合理利用水域、耕地、林地及其他生态建设用地，扩大城镇生态绿色空间。依托昭通独特的资源条件，挖掘发展潜力，创新发展模式，加快建设特色小镇，大力培育特色产业，着力打造一批现代农业型、工业型、旅游型、商贸型、生态园林型特色城镇，带动农业现代化和农民就近城镇化。

2. **突出民族特色，打造民族特色城市。**加强彝、苗、回等23个少数民族的传统民居建筑研究，系统挖掘梳理具有鲜明昭通地域特色的建筑符号、建筑材料和建造工艺，延续民族村庄聚落特色，提高民族地区建筑设计水平，形成与城镇历史、文化、经济、社会、环境相适应的建筑风格和城镇风貌。加强少数民族文化的保护和开发利用，采取与民族发展、文化旅游、文化产业、文化贸易有机结合的方式，加快推进特色旅游小城镇建设，打造形成一批主题鲜明、交通便利、环境优美、服务配套、吸引力强、在国内外有一定知名度的特色旅游小城镇。加强对全市非物质文化遗产的保护，积极推荐具有重大保护价值的项目申报国家级、省级非物质文化遗产项目，打造传统民俗节庆活动、民族工艺、地方戏剧等非物质文化遗产品牌，提升非物质文化遗产保护利用水平。

3. **传承历史文脉，打造历史文化名城。**加强对全市历史文化名城、名镇、名村、名街保护与管理，以不同类型和特色的历史文化名城、名镇、名村、名街展现昭通历史发展的多民族文化历史积淀，为新型城镇化发展奠定坚实的基础。昭通文化体系是一种融汉文化、彝文化、伊斯兰文化和苗文化等为一体的多元文化体系，和整个东南亚、南亚文化有关系。因此，昭通独特的民族文化底蕴必须在城市建设中得到体现。昭通城市是现代的，同时也是传统的。"现代"的一面体现在新的规划、新的建设，而"传统"的一面则是指昭通特有的金沙乌蒙文化特色和历史文脉。具体而言，就是要在城市建筑、园林绿化和公共空间三方面体现人文特色，即通过传统特色民居建筑的保护，提炼民族文化元素作为符号运用于现代建筑设计中，传承民族造园艺术和地域风格景观规划，强化公共场所的民族特色和归属感，让昭通多样化地理环境和民族文化背景下丰富多样的历史聚落遗产展现魅力风采。加强传统村落和文化街区保护建设，注重保持建筑以及周边环境的整体空间形态和内在关系，充分体现昭通历史文化名城风貌、地方民族文化特色、历史文化元素符号。深入挖掘、传承优秀乡土文化，把昭通文明优秀遗产和现代文明要素结合起来，让活的乡土文化生生不息。

专栏1：昭通市、县（区）城市功能和品质提升重大行动

1. 国家级和省级工业园区集聚引领示范行动。 借助数字经济、智能经济、生物经济、绿色经济四大新经济形态引领产业转型升级的重大战略机遇，促进昭通市、县（区）工业园区转型升级。

(1) 昭通园中园转型升级行动。 借鉴保山"园中园"模式，打破行政区划限制，实行共建共享。聚焦昭通具有比较优势的高原特色农产品加工产业、水电铝材硅材等新材料产业、生物医药和大健康以及文化和旅游产业，面向世界500强企业、国内500强企业、境内外上市公司和独角兽企业，内连外引、对标对表开展精准招商，促进昭通高原特色农业、水电铝材产业、水电硅材产业等传统产业迭代升级。

(2) 昭通空港经济培育行动。 依托昭通新机场，合理布局发展空运型产业、出口加工产业、旅游服务产业及航空运输配套服务型产业，培育发展昭阳区临空经济、空港经济和临空城市，把昭通打造成西南地区面向南亚、东南亚和云南对接内陆重要的区域性航空枢纽、航空门户、通勤通用航空基地。

(3) 昭通总部经济培育行动。 依托水电铝材一体化和水电硅材一体化项目，打造硅铝"全产业链加工基地及滇东北生态"硅谷，借鉴成都市、县（区）协同招商模式，加强昭通市、县（区）招商引资协作，探索研发基地、总部在昭通，产品转化基地在县（区）的模式，促进昭通总部经济跨越式发展，提高中心城市辐射带动力。到2025年，将昭阳工业园创建为国家级工业园，2~3家市级工业园区升级为省级工业园。

2. 昭通中心城市"山水林田湖草"生态保护修复工程试点项目重大行动。 昭通城区融"山、水、田"自然景观特色和历史人文景观特色于一体，昭通中心城区位于昭鲁坝（云南省第四）中部，昭鲁坝边缘由乌蒙和五莲两大山脉支系环绕，外围有白刀岭、九龙山、锦屏山、文屏山，边缘有凤凰山、元宝山、花果山，有利济河、瓦窑河、中沟河、秀水河、嘟噜河、桃源河和省耕塘、柳树闸、永丰、乔家屋基、荷花池、砚池山、桃源等水库湖泊，拥有"山护城立、城依山起、水随城流、城临水筑、田融城绿、城共绿生、文亮城生、城蕴人文"的城市景观特色，依托昭通核心城市山、水、田、林、草资源，积极开展昭通市、县（区）全国第四批"山水林田湖草"生态保护修复工程试点项目创建与申报。

3. 昭通"苹果之城"打造提升重大行动。 昭通围绕建设一个"引领区域发展的滇川黔省际中心城市"目标，按照"一城三区、若干小镇，产城融合、城乡一体"的格局定位，对500多平方千米的昭鲁坝区实施整体规划布局，在保护田园风光、尊重历史文化的同时，打造一座百万人口与百万亩果园高度融合，城在园中、园在城中、半城苹果满城香的"苹果之城"，以新理念、新技术、新品种推进"此苹果非彼苹果"理念高标准规模化种植苹果，以每年10万亩左右的速度推进，以苹果营销和塑造为龙头，推动一二三产业融合发展，包括种植、加工、物流、营销、科研、旅游，整体化推进，同步进行。让苹果的元素深深嵌入城市血脉中，让昭通苹果不仅仅成为一个产业，更成为一个城市的品牌形象，彰显"秋韵昭通、苹果之城"特色魅力。

4. **昭通中心城市鲁甸片区打造重大行动。**按照昭通中心城市发展"一城三片区"的总体发展规划,把握"昭鲁一体化"重大战略机遇,以朱提文化公园为中心,将桃源乡和茨院乡纳入县城规划区范围,在昭鲁连接线上合理布局路网,提升生态环境,科学规划产业园区(4个万亩工业园区)、公共资源区(7平方千米的千顷池湿地恢复工程),着力打造十分钟经济圈,加快鲁甸现代物流中心、高原特色绿色食品加工中心和休闲康养中心建设,实现鲁甸砚池新城跨越式发展,不断提升巩固鲁甸的昭通重要城市发展组团地位与作用,把鲁甸打造成为宜居、生态的美丽县城,加快形成昭鲁一体格局。

5. **云南门户水富"港园城"打造重大行动。**充分发挥水富"万里长江第一港、七彩云南北大门"的独特区位优势,完善基础设施配套,全面提升水路、公路和铁路联运水平和无缝联运,充分发挥好云南融入"长江经济带门户"作用,引领昭通市、云南全省融入长江经济带,合理规划水电铝材、水电硅材等重点产业及发展方向,协同发展,引导人口、产业向核心区域聚集,加速建成"港园城"三位一体协同发展,把水富打造昭通、云南融入成渝地区双城经济圈和长江经济带的前沿门户,变滇东北城镇群发展由昭鲁中心城市单核驱动成为"昭—富"双核驱动模式,更好引领云南融入长江经济带建设发展。

6. **滇东北区域医疗中心和国家级区域医疗中心创建行动。**以"减轻昭通群众外出就医负担和应对突发性公共卫生疫情"为导向,打造省级滇东北区域医疗卫生中心和国家级区域医疗中心。按照"强化公益性、兼顾社会性、突出联动性、发挥示范型"总体要求,立足昭通市、面向滇东北、辐射川滇黔,紧扣"两个1""四个5",围绕"一园三区四配套"的总要求,全面推进区域医疗中心建设,打造"大专科小综合"的办医格局,重点考虑在"肿瘤、心脑血管、儿童科诊疗、妇产医学、重急症医学"等类别中选择对接优质医院,确定专科设置。通过对口帮扶,依托市级医院或医疗技术强、服务能力佳的综合医院和专科医院,打造省级高水平医疗卫生中心,向区域内群众提供高水平综合性或专科性医疗服务,培训和指导区域内基层医疗卫生人员,带动区域内医疗技术水平更快更好发展,把省级重点区域医疗中心建设打造成国家级区域医疗中心,并引领示范带动昭通市县、镇、乡和村医疗体系转型升级。

三、夯实产业根基,促进产城融合发展

树立功能复合理念,坚持产业和城镇"良性互动",打造功能完备、设施现代、环境优美、出行方便、自然风光秀丽、人文气息浓郁、充满活力的产城一体新型城镇功能格局。

1. **优化产业结构布局。**优化区域产业布局,推进产业布局与城镇化布局有机衔接,推动重大产业向城市群和城镇集聚,强化中心城市产业分工协作,增强中小城市和小城镇产业承接能力,形成大、中、小城市和小城镇龙头带动、分工合理、特色突出、错位互补、体系完善的现代产业发展格局,全市"一轴、两带、四区"的产业布局进一步优化。

优化城镇产业内部结构,发展现代农业调优一产,积极开展区域特色农业合作。依

托滇中经济圈和成渝经济区的人才技术优势，推动农业科技化进程，打造新型科技农业。将滇东北建设成为两大经济圈的特色农副产品供应基地。发展特色新型工业调强二产，向南承接滇中城市群的产业转移，争取重大项目的入驻，与滇中城市群在重化工领域联动发展，合力打造产业集群，承接技术扩散，培育创新产业。向北以水富为重要门户，加强与宜宾、泸州、成渝双城经济圈的联系，与四川省进行天然气的输配及天然气化工业的协调发展，努力打造为成渝双城经济圈与昆明联系的重要节点。向西积极与金沙江沿岸城市共同构建金沙江经济带，发展特色旅游业以及农特产品加工工业，形成绿色产业发展带。发展现代服务业调快三产，通过产业新型化和转型升级推动产城融合健康协调发展。大力发展区域性商贸物流产业，促进区域商品物流贸易。共同建设滇、川、黔交界处特色旅游经济区。启动建设昭通大山包—大关黄连河—盐津豆沙关—水富—宜宾蜀南竹海—乐山—重庆的旅游休闲黄金走廊项目。

2. 做大做强优势产业。打造"绿色能源牌"，做优做强绿色能源产业。坚持水、火、气并举，有序发展光伏、风力、生物质发电产业。加快煤炭转型升级步伐，重点发展电极材料、碳化硅及碳素新材料，加快推进彝良天力碳电极项目、云天墨睿科技石墨烯导热膜项目和水富中晟负极材料项目，走资源合理开发、综合利用之路，延长煤炭产业链条。依托昭通列入国家级页岩气示范区机遇，充分借鉴重庆市页岩气产业发展经验，围绕页岩气勘探开发、管道建设、车船应用、化工产业、装备制造等产业集群，有序推进页岩气全产业链开发布局。依托长江三峡集团、云南能源投资集团、云南能源投资集团昭通产业公司等省内外知名能源企业，发挥溪洛渡、向家坝、白鹤滩电站绿色水电能源优势，培育和引进铝材、硅材、铅锌等新材料产业领军企业，着力发展新材料、改性材料和材料深加工，加快发展清洁载能产业，积极开展昭通水电铝材一体化、水电硅材一体化省级示范基地创建，把昭通市绿色清洁能源优势转化为经济优势、发展优势。

打造"绿色食品牌"，做大做强高原特色现代农业。积极培育专业合作社、家庭农场、种养大户等新型农业经营主体，围绕苹果、马铃薯、天麻、竹子、花椒、特色养殖（生猪、肉牛）等高原特色农业重点产业，借鉴推广"有机天麻"认证经验，积极推进花椒、竹笋等国家有机产品认证示范区创建，不断提高昭通市"三品一标"农产品认证面积，形成一批具有昭通特色、高品质、有口碑的"昭通名品"。以"6个百亿元"高原特色产业为依托，大力发展绿色食品精深加工产业，打造全省绿色食品加工示范基地。

打造"健康生活目的地牌"，做精做强文化旅游产业和大健康产业。加快川滇黔社会养老示范中心建设，提升完善"健康生活目的地牌"支撑体系。以大山包、小草坝、黄连河景区等优质旅游资源为重点，以"一部手机游云南"为平台，加快全市旅游产业的数字化转型，加快形成"智慧旅游"增长引擎。依托昭通特色优势生物资源，围绕天麻等经济附加值高、市场潜力大的特色中药材基地建设，引进龙头企业、品牌企业建设中药材科技示范园、规范化生产基地，示范带动昭通市不同优势区域的中药材规范化生产，打造一批具有昭通特色的健康产品原料品牌。积极发展天麻系列产品、高原特色中成药和特色生物制药产业，大力促进从"现代中药"到"医学科研、诊疗"，再到"康养、休闲"全产业链的生物医药和大健康产业的转变。

聚焦昭鲁中心城市北部新城和南部新城开发，促进房地产市场稳定健康有序发展，打造"候鸟式"康养的理想"栖息地"。按照"宜居、宜业、宜游、宜养"的要求，按照"设施完善、功能完备、环境优美、宜居宜业"的原则，以兴产业、聚人气为依托，打造布局合理、富有特色、充满活力、生态宜居的旅游及养老型产业，全面提升城乡人居环境质量，促进昭通中心城市、县城和小城镇协调发展。遵循城市发展推动者、高端品质引领者、功能配套补充者的三大功能定位，通过精准招商引资吸引万科、融创、绿地、俊发、官房等省内外知名房地产企业来昭投资发展置业，积极开展集休闲、商业、医疗、教育、居住、智能为一体的城市新地标建设，促进昭通市房地产业和康养产业转型升级，把昭通打造成为全国康养示范基地。

3. **打造产业发展平台**。以昭阳省级工业园区、滇粤产业园区为引领，水富、镇雄、彝良、鲁甸等工业园区为支撑，把园区作为产业发展要素的集聚区、企业技术创新基地、对外开放和承接产业转移的平台，促进主导产业向园区集中、承接产业向园区转移、关联产业在园区配套，积极打造产业发展平台。支持综合竞争力较强的省级园区升格为国家级开发区，支持符合条件的园区扩区调区，鼓励有条件的乡镇发展非农特色产业园区，不断提升园区规模和层级。创新园区开发模式，充分发挥市场作用，积极引进大企业、社会资本参与投资建设和运营，加强与长三角、珠三角和京津冀等经济发达地区的合作，积极探索与四川、重庆、贵州等地区开展跨区域产业园区建设。

4. **完善园区功能配套**。推进中心城区优质公共服务资源向园区转移，统筹基础设施建设，将医疗、卫生、教育等社会事业建设项目纳入园区规划建设，提高园区的综合承载能力和吸引力。加快产业园区研发设计、技术转化、设备共享等公共服务平台建设，促进资源优化配置和专业化分工协作，形成社会化、市场化、专业化的公共服务体系和长效机制。发挥市场配置资源的决定性作用，强化政府的公共管理主体地位和服务职能，理顺各类产业园的隶属关系，扩大园区自主管理权限，增强各类产业园区发展的积极性和主动性。

专栏 2：省级工业园区产业发展导向

1. **昭阳工业园区**。园区规划面积 58.57 平方千米，由"一园四片区"组成，包括：箐门片区、海坝片区、白沙片区和后海片区。箐门片区产业发展规划为：生物制药、农产品加工、商贸物流、电子产业、轻工业及其他相关产业。海坝片区产业发展规划为：绿色建材及能源发展产业。白沙片区产业发展规划为：以铝产品及下游产业链延伸配套产业为主的新型载能产业。后海片区产业发展规划为：机械加工等相关先进制造业。

2. **鲁甸工业园区**。园区规划面积 37 平方千米，由"一园四片区"组成，包括：文屏片区、茨院片区、桃源片区和大水塘片区。园区以矿冶化工为主导产业，以高原特色绿色食品加工、商贸物流为辅助产业，其中：文屏片区产业发展定位为"高原特色绿色食品加工园"；桃源片区产业发展定位为"矿冶、化工、建材园区"；茨院片区产业发展定位为"商贸物流园区"，同步建设高投绿色建筑产业园；大水塘片区产业发展定位为"高新技术产业园"。

3. 水富工业园区。园区规划面积 9.32 平方千米，由"一园三片区"组成，包括：云富笆篓坝片区、楼坝上泉片区和张滩片区。园区以清洁载能产业为主导产业，以新型化工、新材料为辅助产业，其中：云富笆篓坝片区重点发展新型化工产业；楼坝上泉片区重点发展清洁载能产业；张滩片区重点发展新材料产业。

4. 彝良工业园区。园区规划面积 8.8 平方千米，由"一园三片区"组成，包括：新场片区、钟鸣片区、大桥片区。园区以矿冶加工为主导产业，以硅产业、天麻生物制药为辅助产业，其中：新场片区重点发展矿冶加工；钟鸣片区重点发展硅产业；大桥片区重点发展天麻产业。

四、要素双向流动，推进城乡融合发展

以协调推进昭通乡村振兴战略和新型城镇化战略为抓手，以缩小城乡发展差距和居民生活水平差距为目标，围绕城乡基本公共服务普惠共享、城乡基础设施一体化发展、乡村经济多元化发展和农民收入持续增长等方面，建立健全城乡融合发展体制机制，切实推进城乡要素自由流动、平等交换和公共资源合理配置，拓宽城市资源流向农村的通道，让资金、技术、人才等要素再汇聚到农村，推动城乡融合发展。

1. **推进城乡要素合理配置。**以完善农村产权制度和要素市场化配置为重点，推进体制机制创新，激活主体、要素、市场，推动城乡融合发展；不断加大资金投入和人力资源开发，构建财政优先保障、金融重点倾斜、社会积极参与的多元投入格局。制定财政、金融、社会保障等激励政策，加大政策支持力度、提升创业培训、优化创业服务和加强人才支撑，进一步推动返乡入乡创业，吸引各类城市人才返乡、下乡创业。鼓励原籍普通高校和职业院校毕业生、外出农民工及经商人员回乡创业、兴业。引导规划、建筑、园林等设计人员入乡。鼓励农村集体经济组织探索人才加入机制，吸引人才、留住人才。

实施金融入昭工程，引进市外股份制银行、保险公司在昭设立分支机构，重点引进兴福系村镇银行入驻昭通，实现村镇银行县域全覆盖。支持辖区内银行、保险金融机构下沉服务重心，设立县域支行、营业室、支公司。重点支持富滇银行实现县域网点全覆盖，支持中国工商银行在巧家县设立支行，支持邮储银行发挥网点辐射带动作用。支持昭信融资担保公司实现县域网点全覆盖。

完善乡村金融服务体系，依法合规开展农村各类资产抵押融资，做好农地抵押贷款业务全市推广工作，允许有条件的地区继续探索宅基地使用权抵押。借鉴贵州湄潭经验，开展集体经营性建设用地使用权、农民房屋财产权抵押融资以及承包地经营权、集体资产股权等担保融资。设立市级融资担保基金，创新多元化"乡村振兴贷"，扩大农业保险覆盖范围，深入实施金融服务"村村通"工程，稳步推进农村信用社改制工作。

2. **缩小城乡基本公共服务差距。**继续巩固与提升义务教育优质均衡发展水平，积极推进镇雄、彝良两县国家评估认定工作，谋划义务教育发展优质均衡工作。紧紧围绕提升学前教育普惠水平，提高义务教育质量，加快普通高中普及攻坚、深化职业教育产

教融合,扩大高等教育发展规模,全面加强教师队伍建设等重点工作。建立昭通市统筹规划、统一选拔的乡村教师补充机制,通过稳步提高待遇等措施增强乡村教师岗位吸引力,推行乡村教师"县管校聘",深入实施"三支一扶"、特岗教师等计划。增加基层医务人员岗位吸引力,鼓励市级医院与乡镇卫生院建立县域医共体,鼓励城市大医院与乡镇医院建立对口帮扶、巡回医疗和远程医疗机制。推进城乡低保制度统筹发展,健全低保标准动态调整机制,确保动态管理下应保尽保。

建立公共文化服务群众需求征集和评价反馈机制,推动服务项目与居民需求有效对接。按照市级达到"四馆两场"标准,乡(镇)达到"一站一场一台一栏"标准,行政村达到"两室一场一台一栏"标准,加强乡村文化活动阵地建设,提高城市、县城、小城镇、中心村公共服务联动性。到2025年,市、县(区)各建成1个体育场(馆)或全民健身中心、1个国民体质测定与运动健身指导站,乡镇、行政村公共体育场设施实现全覆盖,实现行政村体育设施全覆盖,行政村以上老年体协组织全覆盖。在行政村(社区)实施数字农家书屋建设。

3. **完善城乡基础设施,提升城市安全监管能力。**以市、县(区)全域为整体,推进城乡基础设施的统一规划、统一建设、统一管护,实现城乡基础设施一体化发展。统筹规划城乡基础设施,统筹布局道路、供水、供电、信息、物流、防洪和垃圾污水处理等设施。明确乡村基础设施的公共产品定位,构建事权清晰、权责一致、市县(区)级统筹负责的城乡基础设施一体化建设机制,健全分级分类投入机制。对城乡道路、普通公路等公益性设施管护和运行投入,一般公共财政预算按规定予以支持。明确乡村基础设施产权归属,由产权所有者建立管护制度,落实管护责任。

专栏3:昭通城乡融合发展补短板重大行动

1. **巩固和完善农村综合改革全面行动。**借鉴昭阳、盐津、镇雄三个县(区)农村综合改革工作优秀县(区)经验,以五权确权登记颁证持续推进行动为抓手,在昭通农村综合改革试点行政村(自然村)的基础上,紧紧围绕农村集体产权制度、农业经营制度、农业支持保护制度、城乡融合发展体制机制和农村社会治理制度等五大领域,以土地流转、城乡融合发展、合作股份改革、民族团结示范、乡村治理体系、产权抵押贷款、人居环境提升等为主要内容开展改革,先行先试,形成在昭通市和全省可复制、可推广的改革经验,为全面推进昭通市农村综合改革探索路子做出示范引领,积极推进昭通市农村综合改革向纵深领域发展和拓展,充分释放农村制度改革红利。

2. **城乡人居环境提升行动。**深入推进昭通"百村示范、万村整治"。坚持规划引领、示范带动,夯实基础、补齐短板,切实做到坚决管住当前,有效消化过去,科学规划未来,切实解决制约城乡人居环境综合治理的瓶颈、难题和短板,确保提升城乡人居环境整治工作取得实效。以集镇(街道)为抓手,以创建卫生乡镇、卫生村社为龙头,开展全面大整治。持续开展昭通城乡"四治三改一拆两增"、村庄"七改三清"和乡镇"两污"工作。①农村生活垃圾治理提升行动。采取多种模式推动农村生活垃坂全处理，原则上每户有垃圾桶，每个村（组）至少有1个以上垃圾收储设施，每个乡镇有相应的垃圾收运车辆和转站，积极推进农村生活垃圾分类源头减量。②全面推进乡村厕所革命行动。以"水冲厕＋装配式三格化粪池＋资源化利用"方式为主，引导农民参与厕所管护，积极推动专业化、市场化服务。探索厕所粪污、畜禽养殖废弃物一并处理，推动资源化利用。③建好"四好农村路"。启动建设一批"森林乡村"，扎实推进美丽乡村、美丽公路、美丽社区、美丽校园、美丽军营、美丽企业、最美庭院创建活动，积极加快昭通美丽乡村、美丽社区创成、推进和创建工作，依托昭通"一环两横四纵六联络的高速公路网"体系，打造全市、全省乃至全国的最美丽公路网络体系。

3. **返乡创新创业强化行动。**借鉴云南红河返乡创业户籍创新政策，在城镇积累一定的资金、资源、技能后返乡创业的，只要在农村地区实际居住并具备一定的生产生活资料（土地承包经营权、宅基地使用权、集体收益分配权），允许其返回原籍农村地区落户。利用昭通昭阳区、镇雄县被国家发改委批准为全国返乡创业试点地区的契机，依托昭通市电子商务创业园、昭通学院大学生创新创业园、镇雄创业园等省级、市级创业园、众创空间，充分发挥昭通百万劳务输出人口的优势，筑巢引凤吸引有技能、有资源、有人脉的外出务工人员返乡创业。建立返乡外出务工人员创业服务窗口，整合创业政策咨询、创业孵化、创业培训等服务功能，做好外出务工人员等人员返乡创业服务，促进务工能人返乡创业。结合实际，先后评定一批市级、省级和国家级充分就业示范社区和创业就业示范村，为返乡农民工创业搭建创业平台，建立专门的返乡农民工创业指导服务窗口，为创业者提供政策咨询、创业培训、项目筛选、创业指导、资金扶持、法律服务等"一站式"服务。

4. **农业生产废弃物资源化利用行动。**加强养殖场污染物排放监管，落实倒逼责任制度。推进畜牧养殖市、县（区）治理，实现治理全覆盖。坚持市场导向，积极培育农业生产废弃物资源化利用主体，加快农村清洁能源开发利用，提高农村清洁用能比重。

5. **城乡绿色建筑行动。**以绿色、循环、低碳理念指导城乡绿色建筑建设，严格执行建筑节能强制性标准，扎实推进既有建筑节能改造，集约节约利用资源，提高建筑的安全性、舒适性和健康性，围绕建筑节能、绿色建筑、绿色建材、装配式建筑四个板块积极开展建设领域能耗"双控"，实行能源消耗总量和强度"双控"行动，不断提高昭通市绿色建筑比重。

五、培育中小城镇，催生新兴增长极

发挥中心集镇在连接城乡发展中的桥梁纽带作用，加强以县、乡镇政府驻地为中心的生活圈建设，培育一批镇区人口超过2万人的重点镇、示范镇、特色小镇，吸引带动农民到镇区生活就业，推动镇村联动发展，以镇带村，以村促镇。积极培育发展壮大乡镇主导产业，促进产镇融合发展。积极推进重点集镇建设，加快特色小镇发展，稳步推进一般乡镇建设。

1. **提升县城和重点镇基础设施水平。** 使城镇发展与基础设施建设有机结合，优化城镇街区路网结构，促进城镇基础设施建设与公路、铁路、航空枢纽、现代物流产业园发展衔接与配套，形成方便快捷的城镇交通网络。强化城镇各级道路建设，打通城镇断头路，促进城镇街区道路微循环，完善和优化城市路网结构。加快推进城镇天然气输配、液化和储备设施建设，提高城镇天然气普及率。推进守望、新滩、奎香、黑树、茂林、玉碗、中和、小河、水磨、水田等一般乡镇建设，补齐基础设施和公共服务设施短板。因地制宜发展特色产业，提升商贸集市功能，推动农业转移人口就地、就近城镇化。

2. **围绕"做特做靓乡镇"，加快推进集镇和特色小镇建设。** 统筹布局教育、医疗、文化、旅游、体育等公共服务基础设施，配套建设居住、商业等设施，改善镇域生产生活环境，增强特色城镇就近、就地吸纳人口和集聚经济的能力，打造一批现代农业型、旅游型、生态园林型特色城镇，带动农业现代化和农民就近城镇化。强化镇区道路、供排水、电力、通信、污水及垃圾处理等市政基础设施和重点景区交通、汽车营地、旅游厕所、智慧旅游、游客综合服务中心等旅游服务设施建设。加快建设国家级昭通大山包极限运动小镇、省级盐津豆沙关南丝路古镇、彝良小草坝天麻小镇、水富大峡谷温泉小镇和镇雄县以勒小镇，积极启动昭阳区洒渔苹果特色小镇、镇雄县云笋之乡·翠竹特色小镇、水富邵女坪民族风情小镇、威信县扎西"红色记忆"特色小镇、大关翠华贡茶特色小镇等市级特色小镇创建，推动国家级和省级特色小镇加快发展数字经济，开展数字小镇建设试点。努力打造形成一批少数民族风情浓郁、林果主导产业特色鲜明、交通便利、环境优美、服务配套、吸引力强、在省内外乃至国内外有一定知名度的特色旅游小镇。

3. **加快拓展重点乡镇功能。** 推进靖安、北闸、洒渔、盘河、龙树、龙头山、老店等省级、市级重点乡镇发展，在用地保障、基础建设和产业发展方面给予优惠政策及配套扶持。开展昭通市特大镇功能设置试点，破解制约镇域经济发展的体制机制障碍。以下放事权、扩大财权、改革人事权及强化用地指标保障等为重点，赋予镇区人口10万人以上的特大镇部分县级管理权限，允许其按照相同人口规模城市市政设施标准进行建设发展。同步推进特大镇行政管理体制改革和设市模式创新改革试点，减少行政管理层级、推行大部门制，降低行政成本、提高行政效率。加快完成鲁甸撤县设区、镇雄撤县设市及改乡设镇步伐，加大撤乡设镇、撤镇设街道办事处、村改居力度，对吸纳人口多、经济实力强的城镇，赋予同人口规模相适应的管理权，探索市、县、区、街道、乡镇等行政管理与审批权限适度下放，积极培育发展一批中小城镇，支撑滇东北城镇群体系。

专栏4：昭通特色小镇创建提升重大行动

1. **昭通大山包极限运动小镇创建提升行动。** 坚持"山上做减法、山下做加法"的理念，处理好保护与开发的关系，保护山上、适度开发山腰、重点放在山脚，并且结合果园城市的打造，把相应的内容和功能往凤凰山片区周边区域扩展，实现凤凰山片区与大山包景区、两万亩稻田荷花田园风光、中心城市、鲁甸片区的联动。大山包以游览观光为主，凤凰山片区以休闲、康养、运动、娱乐、吃住行为主。规划主题鲜明、创意新颖、时尚科幻，围绕"凤凰印象"，既考虑了凤凰山上的功能配套，又突出了凤凰山片区作为昭通旅游引爆点、中心城市大客厅的作用，实现了历史文化、康体休闲、运动健身、观光娱乐、极限运动体验的融合；借助建筑风貌、历史人文、文化特色、文化内涵，展现好昭通深厚的文化底蕴和鲜明的历史特点，充分应用先进的科技手段，打造大众化的旅游体验项目，提升凤凰山片区的生命力和吸引力，把大山包极限运动小镇打造成为世界极限运动小镇。

2. **彝良小草坝天麻小镇创建提升行动。**按照生产、生活、生态"三态合一"的原则，选用乌蒙山国家级自然保护区的特色植物，把小镇建设成为展示乌蒙山植物多样性的窗口，依托小草坝"天麻之乡"和"世界天麻原产地"的资源和品牌优势，重点围绕小草坝枫叶大酒店、2万亩方竹示范栽植、天麻良种两菌培育、天麻国际交易中心、大彭养生庄园环湖客栈、万物生百万生态土鸡加工和好医生双乌天麻产业园等项目。紧扣天麻产业，通过科技赋能，构建以"前端研发、中端示范、后端深加工"为主体的产业链，精准聚焦制约天麻产业做大、做强、做精的核心难题，实现天麻产业高端要素的集聚发展，全面提升小镇发展的软实力与"内功"；以旅游市场需求为导向，强化小镇的农文旅融合，以天麻为核心，开发一系列的文创产品，塑造小镇的"天麻文化IP"。把天麻小镇打造成为中医药健康旅游为主题，集生态观光、乡村旅游、农业休闲、自驾旅游、康体运动等于一体的有效旅游产品供给体系的集中展示与交易平台。

3. **水富大峡谷温泉小镇创建提升行动。**以山水为背景，顺应新型旅游消费者的需求，按照"轻旅游"（指一种轻装、轻便、轻松的旅行）的开发思路，突出整个温泉的环境、品质、格调、主题、特色，以"高端、精品、精致"为定位，遵循"返璞归真"的理念，主打生态温泉品牌，形成小镇的标识。针对不同的年龄、消费能力、偏好提炼消费需求，跟进需求开发特色产品，形成定制化、经典化套餐，不断完善质量，提升品质，培养"温泉粉"。强调"温泉＋"，积极整合周边的城镇、山地、田园、村落、河流等自然旅游资源，建筑文化、饮食文化、生态文化等文化特色，并引入医疗、养生等新技术，培育温泉旅游综合体、温泉康养基地、温泉露营地等新业态，形成高、中、低多层次的温泉旅游产品体系，培育温泉旅游产业链，把西部大峡谷小镇打造成为引领云南的"1＋N"温泉综合开发新模式、新业态。

4. **镇雄以勒小镇创建提升行动。**依托以勒高铁枢纽交通组织与设计、以勒镇道路专项规划、以勒物流园区概念规划、站前大道及高速公路连接道路概念设计方案、城南汽配城设计方案和城区夜景照明设计方案，联动编制产业、文化、旅游"三位一体"，生产、生活、生态"三生融合"，工业化、智慧化、城镇化"三化驱动"，充分依托以勒镇是全省所有乡镇中唯一一通两条铁路、两条高速公路（成贵高铁、隆黄铁路及宜毕高速公路）集镇的交通优势和区位优势，围绕现代商贸物流、生态旅游，避暑康养、文化娱乐等服务业，把"旱码头"以勒小镇打造"宜商、宜业、宜居、宜游"的云贵川省际区域陆港小镇。

5. **昭阳区洒渔苹果小镇创建提升行动。**牢牢把握好以苹果产业为依托的路径选择，以农业现代化和农文旅融合发展为主旨，强化苹果产业的科技赋能和融合化大苹果产业生态体系的构建，打造产业特色鲜明、人文气息浓郁、生态环境优美、创新创业充满活力、多种功能融合、体制机制灵活的苹果小镇；坚持"苹果产业现代化"和"苹果＋"两条腿走路，进一步提升苹果产业发展的深度，推进高端化、国际化、特色化、生态化和科技化，拓展苹果产业发展的广度，打造创意苹果旅游，打造苹果文旅IP。把洒渔苹果小镇打造成为代言、引领未来昭通乃至全国苹果产业发展的新模式。

6. **水富邵女坪风情小镇创建提升行动。**按照"跳出邵女坪看邵女坪"的思路，充分发挥和利用好长江水电移民、毗邻宜宾的旅游市场区位和作为云南"北大门"重要组成部分的地理区位三大优势，以小镇为基点，以云南为背景，以长江移民为记忆，做足"位置的价值文章"。紧紧围绕休闲度假小镇的总体定位，紧扣湖滨、民族风情主题，通过温泉资源的引入，构建以水上运动、温泉康养、风情体验为核心的产品体系。建筑风貌上按照不同建筑的位置、功能定位等，形成"一体多元"的建筑风貌体系，提升和丰富小镇的视觉，打造标识性的景观，把邵女坪风情小镇打造成为民族风情型湖滨度假小镇。

7. **盐津高铁小镇创建行动。**依托渝昆高铁盐津南站位于县城以南的庙坝镇黄草村，柿子镇通过柿凤公路（盐津县柿子镇至镇雄县罗坎镇凤翥村）和县城相连，车站距盐津县城直线距离15千米（车行距离25千米），距离庙坝镇6千米，距周边柿子镇约8千米，豆沙古镇约20千米的区位优势，充分发挥小镇片区人气旺盛、商贸繁荣、文化气息浓郁的人文优势，统筹规划盐津高铁小镇站前民族广场、十里白水江风光游、风情民宿客栈区、高铁小镇特色街巷区、盐津非遗文化传承馆、僰人文化公园、水岸特色民居业态区、第一湾半岛观光廊道、观景台等业态发展和区块布局，以油菜花和鳌色花卉种植为基础，以庙坝酒文化为灵魂，重点打造1.5平方千米的高铁小镇旅游核心区，再现豆沙关五尺道的繁荣景象。

六、深化改革创新，激发城乡发展活力

以改革为引领，以创新为驱动，统筹推进各重点领域改革，探索开展各项体制机制和城镇发展模式创新，全面激发新时代昭通城镇发展的动力与活力。

1. **深化重点领域改革。**全面深化户籍制度改革，充分尊重城乡居民自主定居意愿，促进有能力在城镇稳定就业和生活的农业转移人口举家进城落户，与城镇居民享受同等权利、承担同等义务。深化土地管理制度改革，优化土地利用结构，提高土地利用效率，合理满足城镇化用地需求。深化城镇住房制度改革，加快建立多主体供应、多渠道保障、租购并举的住房制度，推动形成总量基本平衡、结构基本合理、房价与消费能力基本适应的住房供需格局，有效保障城镇常住人口的合理住房需求。加快财税体制和投融资机制改革，逐步建立多元化、可持续的城镇化资金保障机制。深化城镇社会保障制

度改革，把进城落户农民完全纳入城镇社会保障体系，扩大农民工参加城镇职工工伤保险、失业保险、生育保险比例，实现具有稳定劳动关系的农民工工伤保险全覆盖。

2. **创新城镇发展模式。**按照"试点先行、典型引路、以点带面、整体推进"的原则，开展智慧城市、低碳城镇等各项促进新型城镇化的试点工作，为新型城镇化积累发展经验。探索开展城市管理权限下移，赋予区、街道更大的管理责任和权限。探索"政府主导、企业运作、社会参与、共建共享"的多元化政企合作模式，推动新型城镇化水平不断提高。优化行政区划，有序推进县改市、县改区、乡改镇，适当扩大市区和县城及重点建制镇管辖范围。

3. **优化创新创业环境。**鼓励高校、城市（区）、龙头企业和科研院所建设高水平创新创业示范基地、小微企业创业基地。鼓励城市、园区设立中小企业孵化公共服务平台，落实商事制度改革各项措施，为小微企业和个人创业者提供低成本、便利化、全要素服务的"大众创业空间"，为城乡劳动力创造更多就业机会。完善落实支持返乡农民工、高校毕业生、科技人员创业政策，支持各城市因地制宜建立符合本地产业发展方向的创业基地，充分调动高校院所科技人员、青年大学生以及"草根能人"创新创业积极性。加强信息资源整合和政策集中发布，鼓励大型企业建立技术转移和服务平台，降低创新创业门槛，营造创业创新良好氛围。

七、践行绿色发展，增强城乡发展能力

把生态文明理念全面融入新型城镇化进程，强化生态建设和环境保护，科学规划城镇规模，合理控制开发边界，形成节约资源和保护环境的空间格局、产业结构、生产方式和生活方式，切实增强城镇可持续发展能力。

1. **加快绿色城市建设。**大力促进分布式太阳能、风能、生物质能、地热能多元化和规模化生产应用，着力打造一批新能源示范城市。严把开发区和城镇生产性用地土地审批、出让关，进一步提高土地资源利用效率。实施绿色建筑行动计划，完善绿色建筑标准及认证体系，扩大强制执行范围，加快既有建筑节能改造，大力发展绿色建材，强力推进建筑工业化。发展绿色交通系统，合理控制机动车保有量，统筹规划城市步行和自行车交通系统建设，不断提高公共交通分担率，鼓励、方便市民绿色出行。

2. **大力发展绿色经济。**按照布局集中、产业集聚、土地集约、生态环保的原则，完善城镇功能分区，构建城镇产业体系，优化城镇产业结构，加快建设一批绿色经济试验示范区。以节能减排、循环经济、清洁生产、生态环保等为抓手，推进重点领域、行业、城镇节能减排工作，严格控制高耗能、高排放行业发展，持续降低能源、土地、水资源消耗强度，控制碳排放总量和主要污染物排放总量。大力发展循环经济，加快建立覆盖全社会的资源循环利用体系。加强城市固体废弃物循环利用和无害化处置，完善废旧商品回收体系和垃圾分类处理系统，构筑生活垃圾综合处理及资源再生利用产业链。

3. **加强生态环境保护。**加强自然水系保护与生态修复，利用城市修复和生态恢复、水污染防治、饮用水源保护、雨水收集利用等措施，切实保护良好水体和饮用水源，保护水生态环境。按照"全流域整体规划、系统保护、上下联动、要素协同、突出重点、分步实施、关键突破、持续共享"的原则，重点开展水环境治理与生态修复、生物多样

性保护、水土流失治理及农地生态功能提升、废弃矿山生态修复和地质灾害防治、机制创新与能力建设五大重点工程建设。

重点依托长江经济带废弃露天矿山的生态修复治理项目，统筹实施全市昭阳、巧家、永善、绥江、水富、镇雄、威信植被恢复、山体修复、工程修复等各类工程，实现昭通市长江干线两侧 10 千米范围内，历史遗留工矿废弃地复垦利用率提高，矿山地质灾害隐患呈下降趋势，群众生命财产安全保障提升，矿山生态状态改善，露天矿山扬尘下降，露天矿山视觉污染得到较大改善。

按照"以水定产、以水定城、以水定人、以水定需"的发展总要求，打破行政区划、合理分配资源。加大中心城市供排水工程和供排水设施建设力度，保障城镇供水安全。着重从金沙江边区、河谷区、平坝丘陵区、一般山区和高山阴湿区 5 个区域进行分块布局，统筹推进防汛抗旱减灾体系，构建以防洪安全为核心的防洪减灾网。全面推进水资源合理配置和高效利用体系，构建以供水安全为核心的供水安全保障网。持续推进水生态和河库健康保障体系建设，构建人水和谐的生态水网。持续推进利于水利科学发展的信息化体系建设，构建以服务水利现代化为核心的智慧水利网。

4. **改善城乡人居环境。**持续开展全市城乡人居环境提升行动，为群众营造山清水秀、环境优美、生态宜居的人居环境。深入推进城市"双修"工作，有序实施城市修补和有机更新，修复被破坏的山体、河流、湿地、植被。统筹抓好城市"四治三改一拆一增"，扎实开展公园绿地建设提升、城市门户节点提升、街道景观综合整治、夜景照明系统升级等工程，不断改善城市面貌。以供水设施和污水设施建设、生活垃圾处理设施建设、沿街建筑立面控制、绿化美化、环境卫生整治等为重点，加大小城镇面貌整治力度，切实解决小城镇环境"脏、乱、差"问题。深入推进农村"七改三清"，全面改善农村生产生活环境。

八、建设智慧城镇，提高城镇管理水平

聚焦城乡居民生产、生活便利化，协同推进智慧城市、智慧县城、数字小镇建设，努力提高城镇智慧化、智能化、精细化水平，全方位赋能城市化管理。

1. **推进新型智慧城市创新发展。**鼓励昭阳区、鲁甸持续投入新型智慧城市建设，打造云南特色、全国领先的新型智慧城市标杆。将新型智慧城市规划与其他规划"多规合一"，推动地上建筑物、构筑物、市政公用设施，园林绿化、环境卫生、地下管线、综合管廊等城市设施数字化展示、可视化管理。推进"市民一卡通"建设应用，整合城市公共交通、医院、景区、社区等各领域的一卡通服务，形成统一支付入口，实现智慧城市各应用场景中畅享、互通服务。开展以智慧服务终端、智慧充电桩等为载体的智慧建筑、智慧社区的示范应用，建设高效、智能的城市服务网络。建设昭通市智慧城市统一服务入口，与"一部手机"系列应用、各行业重点服务应用的数据、业务对接，打造面向政府、企业、个人的统一门户，推进智慧城市各项服务的归一化管理与服务。

建设城市管理"数字化"信息平台，用先进的信息技术手段和城市管理模式，整合城市管理、社会管理各业务部门资源，汇聚数据信息融合。围绕市政设施、环境卫生、园林绿化、城市秩序等城市管理内容，构建集信息采集、案卷处理、视频监控、联合指

挥等多维一体的综合性城市管理平台,实现城市管理信息多部门协同工作。同时为社会公众提供全民城管服务,实现"以人为本"的城市管理理念,全力打造和谐型、开放型、智能型、效能型、服务型城市管理新模式。

2. **加快推进数字特色小镇创建工作。**坚持"政府主导、企业主体、群众参与、市场化运作",充分结合 5G、物联网、区块链等信息技术,突出昭通特色,对昭通市特色小镇开展数字化改造,打造智慧停车、智慧安保、智慧管网、增强现实、5G 体验厅等创新应用,形成一批以数字旅游、数字古城保护、数字文化等为核心的特色小镇品牌。

3. **建设昭通特色数字化"美丽县城"。**面向县城内人口密集的区域进行 4G 优化补点扩容,实现县城 4G 覆盖更广、信号更稳、速度更快。积极开展县城 5G 网络试点,实现 5G 网络覆盖全市每个县城。持续规范新建小区和办公楼光纤设置,加快老旧小区光纤网络接入改造,确保全县光纤接入能力达到 200 兆/秒。县城内火车站、汽车站、机场、图书馆、博物馆、主要旅游景区景点等公共场所实现免费 Wifi 的全覆盖。按照智慧城市建设理念,加快推进县城数字化平台建设,并与"一部手机"系列应用开展对接,为全域旅游发展、城市精细化管理、各地特色农产品走向市场提供更高效、更便捷、更优质的服务。

第六节　昭通市"十四五"时期新型城镇化和城乡融合发展的政策建议

以滇东北城镇群昭通中心城市建设为中心,紧扣"健康"和"新型"两个关键,利用昭通空间上在滇、川、贵的区位叠加优势,基于"人、地、钱"的问题导向,在城乡户籍、城镇住房、土地利用、投融资和招商引资等方面创新体制机制,为昭通市新型城镇化和城乡融合发展提供政策保障。

一、持续推进农业转移人口市民化

基于农业转移人口市民化进程中"转得出、留得下、过得好"的问题导向,分类推进农业转移人口市民化,让农民转得"放心",落实户籍变动与农村"三权"脱钩,让农民转得"安心",推进基本公共服务全覆盖,让农民转得"贴心"。

1. **分类推进农业转移人口市民化,解决什么样的"人"市民化的问题。**推动昭通市及周边原有居民市民化,统筹推进城中村、城边村、城郊接合部、城镇建成区、棚户区、旧工业园区、旧工矿厂区改造和"村改居"工作,推动原有居民全部市民化;鼓励稳定就业生活的城镇非户籍人口市民化,按照"进得来、留得下、有保障、能发展"的工作思路,推进有意愿和有能力的外来务工人员、返乡农民工等在城镇落户。引导搬迁撤并的部分农村居民市民化,坚持易地扶贫搬迁、生态宜居搬迁、重大项目建设搬迁、村庄集聚发展搬迁与新型城镇化结合,积极开展美丽乡村建设示范行动,引导和推动搬迁撤并农村人口向县城、集镇聚集。精准识别进城常住的建档立卡农村贫困人口,降低落户门槛,提高落户便利性,维护落户人口农村权益,促进有能力在城镇稳定就业生活的农村贫困人口就近、就地落户城镇。

探索建立城乡统一的户口登记制度，全面推行流动人口居住证制度，在昭通市公安派出所设立公安一站式落户服务办证点，加快推进户籍制度改革和农业转移人口市民化，并积极推动已在城镇就业，有能力并且愿意的落户农业转移人口落户，配套落实基本公共服务全覆盖，健全完善住房保障机制，推进户籍变动与农村"三权"脱钩，使进城农民工权益得到进一步保护。

2. 全面保障农民进城人口权益，解决"人"的后顾之忧。加快户籍变动与农村"三权"脱钩，不得以退出"三权"作为农民进城落户的条件，促进有条件的农业转移人口放心落户城镇。切实维护进城落户农民土地承包经营权、宅基地使用权、农房所有权、林权和农村集体经济收益分配权，保留其集体资金、资产、资源收益分配权，支持引导其依法、自愿、有偿转让农业产权。

3. 推进基本公共服务全覆盖，解决"人"过得好的问题。优化配置城乡公共服务资源，实现基本公共服务均等化和全覆盖。保障符合条件的未落户农民工在流入地平等享受城镇基本公共服务。对吸纳农业转移人口较多城镇的公共服务能力建设给予倾斜支持，增强城镇公共产品供给能力。基本形成昭通市城乡义务教育资源均衡配置机制，按照人口动态监测情况布局城乡教育资源，落实"两为主、两纳入"要求，保障农民工随迁子女以流入地公办学校为主接受义务教育，以普惠性幼儿园为主接受学前教育，推进农民工随迁子女在流入地免费接受中等职业教育政策的实施。促进市域内医疗卫生服务一体化管理，将农业转移人口纳入社区卫生和计划生育服务体系，加强农民工聚居地的疾病监测、疫情处理和突发公共卫生事件的应对措施。把进城落户农民完全纳入城镇社会保障体系，做好基本医疗保险关系转移接续和异地就医结算工作，加快建立覆盖城乡的社会养老服务体系，关爱城市特殊困难群体。进一步扩大对居住证持有人的公共服务范围，提高服务标准。

二、完善城镇住房制度

建立购租并举的城镇住房制度，完善城镇住房保障体系，加快发展专业化住房租赁市场，建立多元化互为补充的住房保障体系，努力解决"人"住得好的问题。

1. 建立购租并举的城镇住房制度。以满足新市民的住房需求为主要出发点，建立购房与租房并举、市场配置与政府保障相结合的住房制度，健全以市场为主满足多层次需求、以政府为主提供基本保障的住房供应体系。严格落实政府住房保障责任，通过鼓励用人单位自建以及依托市场租赁、实行公共租赁住房先租后售、建立农业转移人口住房公积金制度、购房税费减免、强化房贷金融支持等方式，解决转户进城的农业转移人口住房困难问题。把转户进城的农业转移人口住房问题纳入城镇住房建设规划和住房保障规划统筹安排解决，拓宽资金渠道，建立各级财政保障性住房稳定投入机制，调整布局结构，加大面向产业聚集区的公共租赁住房建设力度，并将城镇保障性住房建设延伸到乡镇。每年将至少1/3可分配公共租赁住房房源用于解决农业转移人口住房问题。农民工集中的开发区和产业园区可建设单元型或宿舍型公共租赁住房，农民工数量较多的企业可在符合规定标准的用地范围内建设农民工集体宿舍。探索由集体经济组织利用农村集体建设用地建设公共租赁住房。

2. **完善城镇住房保障体系。**住房保障采取实物与租赁补贴相结合并逐步转向租赁补贴为主。加快推广租赁补贴制度，采取市场提供房源、政府发放补贴的方式，支持符合条件的农业转移人口通过住房租赁市场租房居住。完善商品房配建保障性住房政策，鼓励社会资本参与建设。归并实物住房保障种类。完善住房保障申请、审核、公示、轮候、复核制度，严格进行保障性住房分配和使用管理，健全退出机制，确保住房保障体系公平、公正和健康运行。

3. **加快发展专业化住房租赁市场。**推进住房租赁规模化经营，鼓励成立经营住房租赁机构，并允许其通过长期租赁或购买社会房源，直接向社会出租，或根据市场需求进行装修改造后向社会出租，提供专业化的租赁服务。支持房地产开发企业改变经营方式，从单一的开发销售向租售并举模式转变。鼓励有条件的房地产开发企业，在新建商品房项目中长期持有部分房源，用于向市场租赁，或与经营住房租赁的企业合作，建立开发与租赁一体化、专业化的运作模式。可以通过购买方式，把适合作为公租房或者经过改造符合公租房条件的存量商品房，转为公共租赁住房。

三、完善土地利用机制

规范推进城乡建设用地增减挂钩，建立城镇低效用地再开发激励机制，因地制宜推进低丘缓坡地开发，完善土地经营权和宅基地使用权流转机制，解决昭通新型城镇化"地"的问题。

1. **规范推进城乡建设用地增减挂钩。**积极推进城乡建设用地增减挂钩工作。充分发挥增减挂钩政策在促进城乡统筹方面的优势作用，全面推行城乡建设用地增减挂钩政策。建立增加城镇建设用地与吸纳农村转移人口相挂钩机制，对吸纳农业转移人口多的城镇在城乡人居环境提升、城镇重大基础设施等项目用地方面给予优先支持。在符合土地利用总体规划的前提下，推进和规范增减挂钩工作，按时归还增减挂钩指标的地区，市级分解下达增减挂钩指标时给予倾斜支持。

2. **建立城镇低效用地再开发激励机制。**建立健全"规划统筹、政府引导、市场运作、公众参与、利益共享"的城镇低效用地再开发机制，盘活利用现有城镇存量建设用地，建立存量建设用地退出激励机制，允许存量土地使用权人在不违反法律法规、符合有关规划的前提下，按照有关规定经批准后对土地进行再开发。完善城镇存量土地再开发过程中的供应方式，鼓励原土地使用权人自行改造，涉及原划拨土地使用权转让需补办出让手续的，经依法批准，可采取规定方式办理并按照市场价缴纳土地出让价款。推进昭通中心城市和水富市、镇雄两个副中心城市等市、县（区）老城区棚户区、旧厂房、城中村的改造和保护性开发，发挥政府土地储备对盘活城镇低效用地的作用，加强农村土地综合整治，健全运行机制，规范推进城乡建设用地增减挂钩，总结推广工矿废弃地复垦等做法，在政府、改造者、土地权利人之间合理分配改造的土地收益。

3. **完善土地经营权和宅基地使用权流转机制。**加快推进农村集体土地确权登记颁证工作，依法维护农民土地承包经营权，赋予农民对承包地占有、使用、收益、流转及承包经营抵押、担保权能，保障农户宅基地用益物权，改革完善农村宅基地制度，慎重稳妥推进农民住房财产权抵押、担保、转让，严格执行宅基地使用标准，禁止一户多宅。探索农户对土地承包权、宅基地使用权、集体收益分配权的自愿有偿退出机制，支持引导其依法、自愿、有偿转让上述权益，提高资源利用效率，防止闲置和浪费。在符合规划和用途管制前提下，允许农村集体经营性建设用地出让、租赁、入股，实行与国有土地同等入市、同权同价，积极创新探索整块用地直接入市、零星用地整理入市、城中村腾出入市等多种方式。建立农村产权流转交易市场，推动农村产权流转交易公开、公正、规范运行。

四、创新投资融资机制

深化政府和社会资本合作，加大政府投入力度、强化金融支持，解决昭通新型城镇化建设"钱"的问题。

1. **深化政府和社会资本合作**（PPP）。进一步放宽准入条件，健全价格调整机制和政府补贴、监管机制，广泛吸引社会资本参与城市基础设施和市政公用设施建设和运营。鼓励民间资本通过直接投资、与政府合作投资、政府购买服务以及购买地方政府债券等形式，参与城镇公共服务、市政公用事业等领域的建设。加快市政公用事业改革，完善特许经营制度和市政公用事业服务标准，促进市政公用服务市场化和服务项目特许经营。建立健全城市基础设施服务价格收费机制，让投资者有长期稳定的收益，加快昭通PPP项目库项目尽快落地和实施。根据经营性、准经营性和非经营性项目不同特点，采取更具针对性的政府和社会资本合作模式，鼓励公共基金、保险资金等参与项目自身具有稳定收益的城市基础设施项目建设和运营。

2. **加大政府投入力度**。坚持市场在资源配置中的决定性作用，更好地发挥政府作用，明确新型城镇化进程中的政府职责，优化政府投资结构，安排专项资金重点支持农业转移人口市民化有关配套设施建设。健全市、县（区）、街道、乡镇、行政村政府间事权与支出责任相适应机制。编制公开透明的政府资产负债表，探索通过发行地方政府专项债券等多种方式拓宽城市建设融资渠道。重点依托昭通的市（区、县）各级城市建设投资公司，积极探索实施PPP和地方政府专项债结合，撬动社会资本投资，发挥协同合力效应，创新昭通新型城镇化多元化融资模式。

3. **强化金融支持**。争取中央和云南省级专项建设基金，扩大支持新型城镇化建设的覆盖面，安排专门资金定向支持昭通中心城市、美丽县城、特色小镇、田园综合体和美丽乡村的基础设施和公共服务设施建设，切实保障渝昆高铁站前广场、昭通新机场基础设施、滇东北医疗中心、水电硅、长江大保护等项目推进实施。重点依托昭通市开发投资有限责任公司，探索利用财政资金和社会资金设立昭通新型城镇化发展基金，整合政府投资平台设立新型城镇化投资、融资平台。进一步完善政府引导、市场运作的多元化投融资体制，建立透明规范的城市建设投融资机制，重点依托昭通市、水富和镇雄等市、县（区）城市建设投资公司，积极对接云南省城市建设投资集团有限公司（云南城投）、中国城投建设集团有限公司等市级、省级和国家级城市建设战略投资者，采取银行贷款、委托贷款、永续债、公私合营（PPP）、打捆式开发、资源转换式开发以及债转股、IPO等直接融资方式，拓宽新型城镇化建设融资渠道。

4. **建立工商资本入乡促进机制。**深化"放管服"改革，强化法律规划政策指导和诚信建设，打造法治化、便利化基层营商环境，稳定市场主体预期，引导工商资本为城乡融合发展提供资金、产业、技术等支持。完善融资贷款和配套设施建设补助等政策，鼓励工商资本投资适合产业化、规模化、集约化经营的农业领域。通过政府购买服务等方式，支持社会力量进入乡村生活性服务业。支持城市搭建城中村改造合作平台，探索在政府引导下工商资本与村集体合作共赢模式，发展壮大村级集体经济。建立工商资本租赁农地监管和风险防范机制，严守耕地保护红线，确保农地农用，防止农村集体产权和农民合法利益受到侵害。

五、创新城镇管理体制

牢固树立"三分建设，七分管理"的理念，逐步完善地方性法规体系，严格依法行政，努力实现工作重心由"单一规划、建设城市"向"管理经营城市"的转变，实现城市管理从"人为分割、封闭运行"向"综合执法、社会参与"的转变。在重点抓好城市管理综合行政执法的基础上，要严格按照"属地管理、条块结合、以块为主"的思路，推进城镇管理重心下移，确立街道对辖区负总责的地位，科学划分"市、区、街、居"四级城管责权利，强化基层属地管理责任和"人民城市人民管、管好城市为人民"的意识，充分发挥街道办事处、社区居委会和广大居民参与城镇管理的积极性，建立起"市政府宏观决策，县（区）政府全面负责，街道办事处具体实施，社区居委会配合落实"的城镇管理新机制。建立健全规划实施的约束和评估机制，引入第三方评估机构对新型城镇化规划制定和年度实施计划、指标完成情况、任务执行情况等规划实施成效进行评估，把评估结果作为领导干部考评和地区奖励的依据。

第二章 临沧市"十四五"时期新型
城镇化发展研究

第一节 临沧市新型城镇化发展的现状、成效与经验

一、临沧市新型城镇化发展的现状

研究采集临沧市"十三五"期间人均 GDP、产业结构、城镇化率的数据，依据钱纳里工业化不同阶段划分的标志值，应用定量分析方法，对临沧市经济发展阶段、城镇化水平、城镇化特征以及城镇化与 GDP 的关系等关键问题做出判断，对临沧市"十四五"新型城镇化发展做出问题的精准识别、思路的精准定位和主要任务的精准响应。

1. **经济发展处于新型工业化的初期。** 截至 2018 年，全市 GDP 达 630.02 亿元，在全省 16 个州（市）中排名第 11 位，临沧市人均 GDP 为 24 892 元（约 3 764.8 美元），为全球平均水平（11 296.8 美元）的 33.33%，全国平均水平（9 900 美元）的 38.03%，按照世界银行的分类标准，临沧市属于典型的下中等收入地区。按照钱纳里对工业化发展阶段划分的人均 GDP 标准，临沧市国民经济发展处于工业化中期的初级阶段。目前，临沧发展工业经济的时机已经成熟，要加快推进全市工业跨越发展，通过工业化推进农业现代化，为临沧新型城镇化注入持续动力，实现临沧高质量发展。

2. **城镇化水平整体处于中期加速期。** 2015—2019 年，全市常住城镇人口数量由 92.48 万人上升为 109.71 万人，年均增长 4.3 万人，常住人口城镇化率由 36.86% 稳步上升为 43.09%，年均提高 1.56 个百分点，距离"十三五"常住人口城镇化率达 46% 的目标有一定差距，城镇户籍人口数量由 56.28 万人上升为 60.62 万人，年均增长 0.87 万人，户籍人口城镇化率由 22.43% 上升为 23.81%，年均提高 0.28 个百分点，距离"十三五"户籍人口城镇化率达 35% 的目标有较大差距。全市城镇化水平仍远低于 2019 年云南省城镇化率 48.91% 和全国城镇化率 60.60% 的水平，滞后于钱纳里工业化中期城镇化应达到 50%～60% 的标准值。根据 Northam 经典城镇化理论，2019 年临沧市城镇化水平尚处于城镇化中期加速期，城镇化水平有着巨大的提升空间，城镇化发展已经从速度型扩容向量质并重转型（图 2-1）。

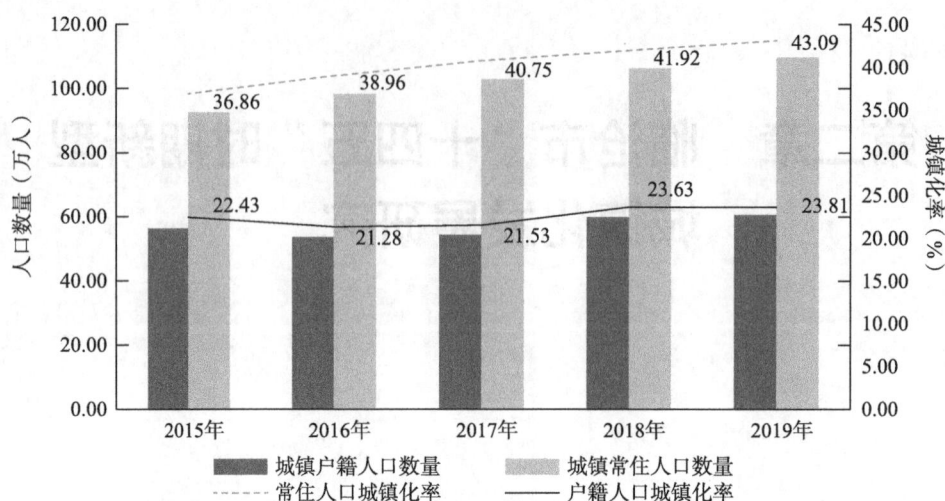

图 2-1 2015—2019 年临沧城镇常住、户籍人口及城市化率

3. 市、县（区）城镇化水平差异明显。"十三五"以来，临沧市整体城镇化水平稳定上升，但全市不同市、县（区）城镇化水平存在较大差距。从城镇化率水平来看，2017 年，城镇化率在 30%～40%的包括云县、永德、镇康、双江和沧源 5 个县，城镇化率在 40%～50%的包括凤庆和耿马 2 个县，临翔区的城镇化率高于 50%。可见，临翔区城镇化发展处于中期加速的后期减速阶段，其他市、县（区）城镇化发展已经全部逾越城镇化的起步阶段，处于中期加速阶段，城镇化发展的空间巨大（图 2-2）。

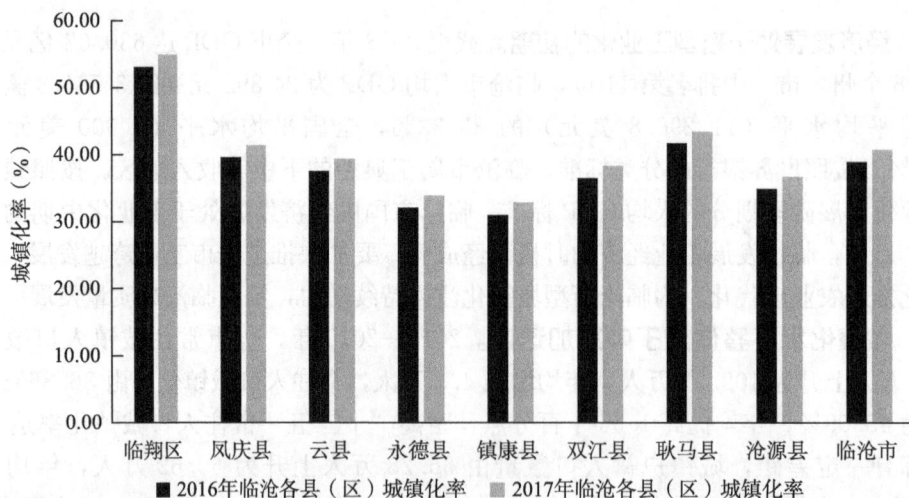

图 2-2 2016—2017 年临沧市市、县（区）常住人口城镇化率

4. 城镇化驱动 GDP 快速增长。城镇化是现代化的必由之路，是培育强大国内市场的重要支撑，也是乡村振兴和城乡融合发展的强力支撑。一方面，城镇化有效拉动了政府、企业等主体对城乡基础设施和公共服务的投资；另一方面，城镇化有效促进了农民由农村向城镇、由农业向工业和服务业的转移，提高了农民收入水平和消费水平，扩大

了国内外市场需求。可见，城镇化通过拉动投资、促进消费和增进贸易的方式驱动 GDP 增长。临沧市常住人口城镇化率与 GDP 的研究表明，二者显著高度正相关，城镇化率每增加一个百分点，GDP 增加 36.91 亿元（图 2-3）。

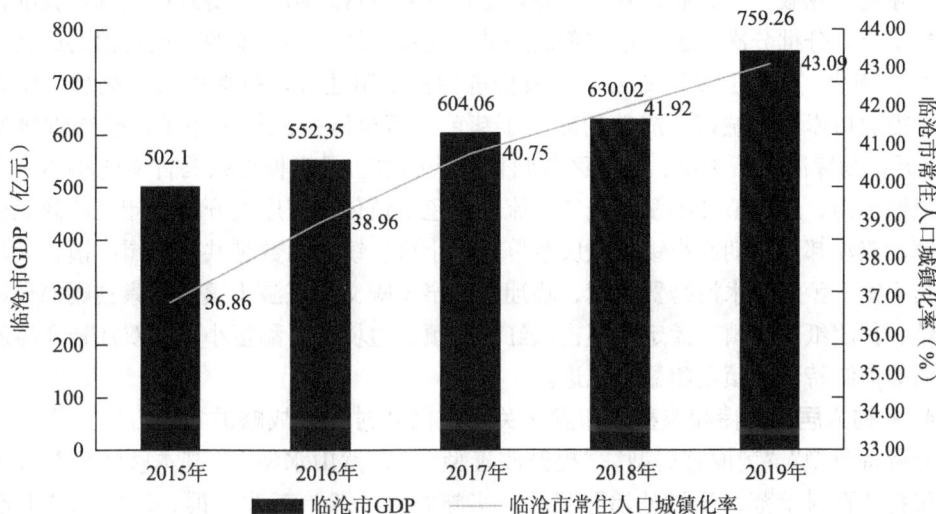

图 2-3 2015—2019 年临沧市 GDP 与常住人口城镇化率关系

二、临沧市新型城镇化发展的成效

"十三五"以来，全市立足"沿边、民族、山区、生态"的基本市情，依托边境经济合作区和建设国家可持续发展议程创新示范区国家级平台，主动服务和融入"一带一路"、孟中印缅经济走廊和中国—中南半岛战略，临沧新型城镇化建设取得了可喜的成绩。

1. **农业转移人口市民化有序推进。** 依据《临沧市推动农业转移人口和其他常住人口在城镇落户方案》，有序推进农业转移人口市民化，全面放宽重点群体落户限制，全面放开城镇地区落户限制，制定农业转移人口市民化财政支持、城镇基础设施投资补助、城镇建设用地、城镇基础设施项目融资、"三权"维护及自愿有偿退出、农转城住房保障、基本医疗保险、养老保险、农民子女教育和居住证等配套政策制度，推进"就地就近城镇化、就地就近市民化、就地就近基本公共服务均等化"。到 2018 年底，全市户籍人口城镇化率由 2015 年的 22.43% 提高到 2018 年的 23.63%，年均实现 9 122 人进城落户。

2. **城市宜居水平不断提升。** 按照"干净、方便、有序、活力、安全"的要求，扎实推进"六城同创"，提升城乡人居环境，不断提高临沧城乡居民的归属感、获得感和幸福感。截至 2019 年，实施临沧主城区"不通路"打通工程，累计打通 12 条，改造主城区交通要道 3 条。全市改造旧住宅 66 万平方米、旧厂区 32 万平方米，查处违章建筑 48 万平方米，新增绿地面积 21 万平方米，建成区绿地率 35.8%，城市人均公园绿地面积 10 平方米。建成城市天然气管道 29 千米，海绵城市、地下综合管廊、城市公厕等设施建设不断加快。施行《临沧市城乡清洁条例》，启动临沧主城区黑臭水体整治工作，建成污水管网 35 千米。城市居民生活体验度、便利性、获得感和幸福感不断提高。

3. "美丽县城"和特色小镇创建成效显著。按照"大干大支持，不干不支持"的省级政策导向，克服"等、靠、要"思想，全市 8 县（区）结合自身发展基础，找准自己的目标定位，分批分次推进全市"美丽县城"建设。凤庆县、沧源佤族自治县成功获得 2020 年云南省"美丽县城"称号。积极推进特色小镇建设，打造民族文化型、生态自然型、沿边口岸型小城镇。成功创建翁丁葫芦小镇全国一流特色小镇，获得省级奖补 1.5 亿元。勐库冰岛茶小镇、临翔区昔归普洱茶小镇、凤庆鲁史茶马古文化小镇、南美拉祜风情小镇、凤庆滇红小镇等全省一流的特色小镇创建有序展开，临翔区博尚亚微电影小镇、双江邦丙布朗族小镇、凤庆茶尊养生小镇、镇康阿数瑟共享田园小镇、耿马边地风情小镇、孟定清水河跨贸小镇、临翔区碗窑土陶文化旅游小镇、镇康县赐福彝风边陲小镇、芒团纸艺小镇、孟定下坝古法红糖小镇、边境侨乡甜蜜小镇、双江景亢傣族冰糖小镇等市级特色小镇创建稳步推进。

4. 乡村人居环境持续改善。印发《关于贯彻乡村振兴战略的实施方案》文件，围绕"旅游特色型""美丽宜居型""提升改善型""自然山水型""基本整洁型"五类村庄，依托"百村示范、千村整治"工程，实施农村"四治三改一拆一增"和"七改三清"环境整治行动及村容村貌提升改造，全市乡村人居环境持续改善。截至 2019 年，生活垃圾收集处理自然村覆盖率达 98%，污水治理自然村覆盖率达 16.1%。全面推进农村"厕所革命"，30～50 户自然村 1 座以上公厕覆盖率达 35%，50 户以上自然村 2 座以上公厕覆盖率达 46.3%，"无害化卫生户厕"覆盖率达 27.4%。累计完成 500 个人居环境整治示范村、400 个鲜花盛开村庄、191 个易地搬迁安置点、317 个沿边小康村等美丽乡村的创建。

5. 城乡一体化水平持续改进。统筹城乡基础设施布局和建设，推动水、电、路、气等基础设施城乡联网、共建共享。建立健全城乡均等化公共服务体系，坚持以市场需求和就业为导向发展职业教育，加快发展农村学前教育，城乡教育资源配置进一步优化、城乡义务教育更加均衡。城乡资源要素的合理流动和优化配置，进一步缩小了城乡差距、工农差距和地区差距，使城乡经济社会实现均衡、持续、协调发展。2015—2018 年，全市城乡居民人均可支配收入之比分别达 2.63∶1、2.59∶1、2.55∶1 和 2.53∶1，城乡居民人均可支配收入比持续降低，低于全国 2.78∶1 和全省 3.11∶1 的水平。

三、临沧市新型城镇化发展的经验

颁布《临沧市人民政府关于深入推进新型城镇化建设的实施意见》，按照"基础先行、组团发展，生态间隔、理性增长、工农互惠、城乡互动"的要求，在易地扶贫搬迁、科学规划引领、城镇群空间布局、产城融合发展和乡村产业夯实等方面积累了可借鉴、可推广和可复制的新型城镇化经验。

1. 坚持有序推进易地扶贫搬迁，协同新型城镇化发展。坚持"一方水土养不活一方人"问题导向，构建起党建引领、党政齐抓、组织兜底、社会参与、干群连心的高度组织化格局，推动易地扶贫搬迁群众"搬得出、稳得住、能致富、能融入"。临翔区共实施易地扶贫搬迁项目 38 个安置点，搬迁规模 1 334 户 5 300 人，安置点涉及 9 个乡（镇、街道）29 个村委会。围绕"一村一品"要求，结合安置点区位实际，采取"龙头企业带动一批、合作社带动一批、金融扶贫带动一批、资产租赁带动一批、转移就业带动一批"的模式，做实 38 个安置点的产业发展规划及就业计划，带动贫困户稳定增收全覆盖，实现每一个安置点都有支撑产业。通过进城入镇、集中安置、一步到位，实现了人口分布重构、产业结构重组、生态环境重塑。

2. **坚持规划先行引领，科学推进新型城镇化。**临沧市委、市政府遵循城镇化发展规律，颁布《临沧市人民政府关于深入推进新型城镇化建设的实施意见》《临沧市临翔区人民政府关于深入推进新型城镇化建设的实施意见》等政策文件，全面完善市、县、乡、村四级规划，建立"多规合一"工作机制，实现"一张蓝图干到底"，全面发挥规划的战略引领和调控作用，对中心城市、县城、特色小镇和美丽宜居乡村实现"一盘棋"布局，全力建设"微笑之城、创业之城、森林之城、洁净之城"四城一体的美丽边城。截至 2017 年底，已完成全市 8 县（区）城市总体规划、77 个乡镇总体规划，936 个行政村规划全覆盖。并创新机制，大胆探索，于 2018 年 12 月启动实施"万名干部规划家乡行动"，全市共确定规划牵头人 5 178 名，成立规划小组 5 178 个。

3. **坚持城镇群发展驱动，优化城镇空间布局。**目前，临沧区域经济空间结构正处于由极核式发展向点轴式、双核式发展（临沧中心城市—孟定新城）的过渡阶段。《临沧市城市总体规划（2010—2030）》将临沧市定位于"一轴两线三点"组成的城镇体系空间结构，《滇西南城镇群规划（2012—2030）》将临沧市纳入南汀河区域规划的范围，定位于"一核、两极、一廊"的城镇体系空间结构，《临沧市城镇体系规划（2017—2035）》将临沧市定位"一轴两城三带"的城镇空间布局。可见，从 2010 年的临沧市城市总体规划到 2012 年的滇西南城镇群规划，再到 2017 年的临沧市城镇体系规划，全市城镇空间布局不断优化。

4. **坚持产业集群发展，积极推进产城融合。**按照"布局合理、产业集聚、项目集中、用地集约、生态环保"的原则，重点依托国家级、省级、市级工业园区。加强各类产业园区建设与新型城镇化建设的有机衔接，将产业园区纳入城镇总体规划控制范围，统一规划建设。优化产业园区用地结构和功能布局，通过工业用地的节约、集约，释放居住用地和商贸服务用地发展空间，加快园区建设，引导企业向园区集中、园区向城镇靠近，实现城镇扩容提质、园区扩能增效，推进区域产业分工和协调发展。走出了一条城市产业化、园区城镇化、市区公园化的产城融合发展的特色之路。

5. **坚持乡村产业兴旺，夯实乡村发展基础。**深入实施农业供给侧结构性改革，全市"一县一业"加快推进，双江县、凤庆县获评茶叶、核桃产业示范县，永德县、耿马县获评澳洲坚果和甘蔗特色县。截至 2019 年底，510 万亩粮食生产功能区和重要农产品优势保护区划定工作启动，新增农业产业基地 13 万亩，"茶、果、糖、菜"等优势产业加快发展，核桃、咖啡、橡胶、畜牧等传统产业提质增效，绿色食品产业持续发展。"勐库"本味大成、"凤"牌经典 58、"云澳达"澳洲坚果、"滇奇"茯苓被评为云南省十大名茶、名果、名药材。临沧茶产区被列为中国首批特色农产品优势区，临沧坚果、核桃产区被列为首批云南省特色农产品优势区，"临沧坚果"荣获中国农产品地理标志认证，标准化体系建设获得欧盟认证，世界一流"绿色食品牌"魅力进一步彰显。

第二节 临沧市新型城镇化发展的主要问题

一、农业转移人口市民化任务重

从政府角度看，由于吸引农民落户仍然存在政策偏差和体制门槛，人地挂钩、人钱挂钩等政策尚未完全落地，多元化成本分担机制不完善，市、县（区）各级地方政府推进农民工市民化的积极性还有待提高。城市向进城务工农民尤其向边缘、弱势群体提供基本公共服务的能力不足和质量不高的问题突出，进城常住农民难以享受与城市居民一样的公共服务，致使农业转移人口就业能力不足和收入水平较低。从农民角度看，农业转移人口市民化存在对"大三权"丧失的顾虑，与进城务工农民"进得来、留得下、过得好"的愿望还有较大的差距，农业转移人口市民化的积极性不高，农业转移人口市民化的任务繁重，全市常住人口城镇化率与户籍人口城镇化率差距明显。2015—2019年，临沧常住人口城镇化率分别为36.86%、38.96%、40.75%、41.92%和43.09%，同期户籍人口城镇化率分别为22.43%、21.28%、21.53%、23.63%和23.81%，二者差距分别为14.43、17.68、19.22、18.29和19.28个百分点，且呈现出逐渐扩大的趋势。

二、城镇综合承载能力水平较低

全市城镇人口规模总体偏小，城镇化发展水平不高，中心城镇聚集能力、辐射带动能力不强。2019年，户籍人口城镇化率低于常住人口城镇化率19.28个百分点。8县（区）人口分布不均，没有20万人以上人口聚集的城市，城镇人口规模均在20万人以下，作为未来中心城市核心区的临翔区城镇人口也仅有18.40万人，建制镇人口均在10万人以下，城镇人口规模5万～10万人的城镇只有凤翔街道、孟定镇、爱华镇、凤山镇、德党镇、勐勐镇。临沧区域经济空间结构整体处于极核式向点轴式过渡的阶段，市域城镇推动基础设施和公共服务向农村延伸的能力不强，全市尚未构建起对外对内互联互通的综合立体化交通体系，城镇对乡村的辐射带动能力较弱。

三、产城融合的产业支撑力不强

全市产业发展层次较低，一产不优、二产不强、三产不大的局面没有根本转变，产业结构失衡问题突出。与产业结构向"两型三化"转型发展的目标还有较大提升空间，与农业规模化、工业集聚化和旅游品牌化还存在较大的差距，产城融合发展的水平对城镇化发展的支撑力严重不足。2018年，全市三次产业结构为27.3：32.6：40.1，严重滞后于云南省14.0：38.9：47.1的水平，三次产业结构不尽合理，二产的产值比重过低。农产品精深加工的能力和水平较低，"大资源、小产业"的矛盾较为突出。2018年，全市农产品加工业总产值与农业总产值之比为0.8：1，滞后于2018年云南省1.1：1的水平，更是滞后于发达国家5：1的水平。文化旅游业发展与丰富的旅游资源极不相符，旅游人次、单次旅游消费收入远远低于西双版纳傣族自治州和大理白族自治州。2018年，国内游客数量仅有2 546.26万人次，旅游业总收入仅为256.41亿元。

四、沿边对外开放的驱动力不足

临沧位于东西连接太平洋和印度洋、南北连接渝新欧国际大通道、长江经济带和珠江经济圈、海上丝绸之路"十字构架"中心节点。但囿于基础设施、体制机制等方面的制约，临沧开放水平还存在着开放水平不高、口岸开放不对等、通关便利化水平低等方面的短板。清水河、南伞、永和口岸区位优势没有得到充分发挥，临沧边境经济合作区整体的发展水平相对滞后，有边不活、有边不富问题突出，全方位、多层次、宽领域开放格局尚未形成，制约着"临沧—耿马—孟定"特色组团等沿边口岸城镇群发展。2018年，全市外贸进出口总额达 54.94 亿元，占全省外贸进出口总额的 2.78%。

五、城镇化资源环境的约束突出

一是城镇化对土地资源的需求不断增加，城镇土地利用集约度不高、土地增减挂钩的实施难度较大等问题日益突出，耕地保护与发展保障的矛盾不断加剧，抑制了城市保障性住房建设土地的供给。截至 2019 年，全市城镇化常住人口保障性住房覆盖率仅为 25.75%。二是全市山高坡陡，坝区比例位居全省后列，可利用土地资源非常有限，全市坝区面积 703.56 平方千米，全省排名第 15 位，山区面积占 97.43%，坝区占 2.57%。三是临沧地处横断山系怒山山脉的南延部分，北回归线横穿境内，属滇西纵谷区，部分城镇发展难以形成规模，带动性较弱。随着新型城镇化向纵深推进，所面临的资源环境约束将越来越明显。

第三节　临沧市"十四五"时期新型城镇化发展的机遇与挑战

一、临沧市新型城镇化面临的重大机遇

临沧城镇化转型发展由注重速度转向"量"和"质"并重的发展阶段。国家和云南省深入推进新型城镇化，提出努力走出一条"以人为本、四化同步、优化布局、生态文明、文化传承"的特色新型城镇化道路，将给全市城镇化发展带来前所未有的机遇。

一是 2015 年习近平总书记考察云南的重要讲话精神，特别是给云南省提出"一个跨越""三个定位"和"五个着力"的要求，切合临沧实际，为临沧市新型城镇化发展指明了方向。2020 年习近平总书记访问缅甸，决定共建中缅命运共同体，开启双边关系新时代，为加快推进中缅经济走廊建设营造了良好的政治生态。

二是中国战"疫"，中国共产党人和中国政府以"牺牲小我、成就世界"的大无畏的精深赢得了国际社会的普遍认可与"点赞"，彰显了中国开放、担当的良好形象，借助"中国战疫"的东风，国家深入推进的"一带一路"倡议、孟中印缅和中国—中南半岛经济走廊建设将进入快速发展时期，为临沧发挥边疆的区位优势带来前所未有的高水平对外开放的战略机遇。

三是国家全面建成小康社会，实施乡村振兴战略，建立健全城乡融合发展体制机制和政策体系，农村产权制度改革深入推进，启动城乡融合发展试验区创建，加大

对新型城镇化的金融支持力度，农村危旧房改造和抗震安居工程建设、棚户区改造和城乡基础设施建设将进一步提速，新一轮全面小康和脱贫攻坚基础设施与公共服务补短板工程持续发展，为推动临沧城乡区域协调发展，逐步实现基本公共服务均等化提供重大机遇。

四是云南"五大基础设施网络"建设全面提速、"两型三化"产业升级方向明晰，2020 年云南启动基础设施"双十"重大工程，沿边铁路、"互联互通"工程、大滇西旅游环线、沿边高速、5G 网络全覆盖等新开工项目将进一步改善临沧内连外通的立体化综合交通体系，夯实临沧新型城镇化和城乡融合发展的基础。

特别是临沧被列为全省铁路、高速公路"五出境"通道之一，被列为国家可持续发展议程创新示范区。临沧在践行可持续发展、中缅命运共同体和孟中印缅经济发展的大局中的战略地位进一步凸显，临沧区位、开放、资源优势将进一步发挥，为全市扩大开放、拓展发展空间、补齐发展短板，实现跨越式发展带来了难得的历史机遇，这将为全市新型城镇化建设带来巨大动力。

二、临沧市新型城镇化面临的主要挑战

临沧基本市情是西部地位、边境民族地区、革命老区、贫困地区（"四区"），发展不充分、不协调、不平衡的现实没有变。农业现代化的水平整体滞后于工业化、信息化和城镇化的水平，城镇化又滞后于工业化的水平，城乡发展差距大，工业化、信息化、城镇化和农业现代化发展不同步的情况没有变。目前，临沧城镇化转型发展由注重速度转向"量"和"质"并重发展势在必行。临沧处于全省发展的较低层次，产城融合发展的产业迭代支撑不足，随着农业富余劳动力减少和人口老龄化程度提高，主要依靠劳动力廉价供给推动城镇化发展的模式不可持续。随着资源环境制约日益加剧，依靠土地等资源粗放消耗推动城镇化快速发展的模式不可持续。随着城镇人口的不断增加，主要依靠非均等化基本公共服务支撑城镇化的快速发展不可持续。随着农村青壮年劳动力人口的流失，主要依靠老人妇女儿童支撑农业现代化的快速发展不可持续。

第四节　临沧市"十四五"时期新型城镇化发展的思路

临沧市加快推进城镇化的条件成熟、时机已到、雏形初显。按照"生态美、发展美、风气美"的总要求，遵循"1＋8"城市空间布局，做大面向缅甸开放的孟定新兴口岸新城，做强中心城区，做特七县县城，加快形成临沧"一轴串两城、两带纳三片"的城镇空间结构，按照"小而美、小而干净、小而宜居"要求，做美66 个集镇。加快推进"百村示范、千村整治"工程，做靓美丽村庄，构建城乡一体化发展格局，扎实推进美丽临沧建设。全力打造"生态环境高品质、现代经济高质量、城镇文化高特色、市域治理高水平、人民生活高品质"的山区新型城镇化样板，走出一条"小而美、小而干净、小而宜居"的临沧特色新型城镇化发展道路。到 2025 年，全市常住人口城镇化率达到 55％以上，户籍人口城镇化率达到 40％，

指标如表2-1所示。

表2-1　临沧"十四五"新型城镇化指标表

序号	指标	2015年	2016年	2017年	2018年	2019年	预均速（%）	2025年目标（%）
一	城镇化水平指标							
1	常住人口城镇化率（%）	36.86	38.96	40.75	41.92	43.09	4	55
2	户籍人口城镇化率（%）	27.9	21.28	21.53	23.63	23.81	9	40
3	建制镇占全市乡镇比重（%）	32.03	32.03	32.03	32.03	32.03	—	
二	城镇经济发展支撑指标							
4	GDP（亿元）	502.1	552.35	604.06	630.02	759.26	10	1 350
5	人均GDP（元）	20 077	21 967	23 942	24 892		6	37 500
6	第二产业增加值比重（%）	33.82	33.91	34.41	32.60	25.89	1	38
7	第三产业增加值比重（%）	37.24	38.09	38.73	40.08	46.59	3	55
8	城乡居民可支配收入比值	2.63	2.59	2.55	2.53		—1	2.35
三	城镇基础设施水平指标							
9	城镇公共供水普及率（%）	82.44	88.21	86.67	87.45	94.49	3	100
10	城镇污水处理率（%）	65.51	88.49	91	93.02	93.27	8	100
11	城镇生活垃圾无害化处理率（%）	87.56	94.39	95.15	98.21	98.35	2	100
12	城乡固定宽带普及率（%）	28	40.50	50.20	68.30	79.40	30	100
13	城乡移动互联网普及率（%）	45	51.40	54.50	61.20	65.20	9	100
14	城市社区综合服务设施覆盖率（%）	98	98	100	100	100		100
四	城镇基本公共服务指标							
15	农民工随迁子女接受义务教育比例（%）	100	100	100	100	100		100
16	城镇新增就业人口数（万人）	2.52	2.55	2.69	2.8		3	3.5
17	城镇常住人口基本养老保险覆盖率（%）	—	—	—	—	—		
18	城镇常住人口基本医疗保险覆盖率（%）	94.69	94.21	95.57	95.72	95.25	0.12	96
19	城镇常住人口保障性住房覆盖率（%）	12.18	18.59	22.27	24.39	25.74	20	65
五	城镇资源环境支撑指标							
20	人均城市建设用地（平方米）	999 355	107 695	1 177 567	1 209 310	1 219 315	4	1 542 800
21	永久基本农田保护面积（万亩）	668.31	668.31	621.67	621.67	621.67	—1	600
22	粮食生产能力（万吨）	96.197	97.423	101.073	101.456	102.67	1	110
23	城镇绿色建筑占新建建筑比重（%）	20	25	35	40	50	30	100
24	城镇建成区绿地率（%）	33.39	34.96	35.62	35.98	34.56	1	37
25	县城空气质量达到国家标准比例（%）	100	100	100	100	100	—	100

一、凸显以人为本，突出新型城镇化本质要求

以人为本是新型城镇化的根本价值遵循。要突出临沧新型城镇化发展"人为核心"的本质要求，不断提高城镇人口素质和居民生活质量，有序实现有能力在城镇稳定就业和生活的常住人口市民化。依托临沧"大山、大水、大峡谷"的独特的山水脉络，让城市建设融入大自然的怀抱，让居民望得见山、看得见水、记得住乡愁，让良好的生态环境成为临沧最普惠的民生福祉。加强历史文化风貌街区保护与开发，保护和改造好古街、古巷、古建筑、古遗迹，保护和弘扬包括新时期文化、多元民族文化、移民文化、边地文化、跨境文化、山地文化在内的传统优秀文化和少数民族传统文化，留住临沧符号、临沧记忆，塑造向上向善的社会心态，不断提升城乡居民的归属感和认同感。

二、完善城镇群落，塑造新型城镇化主体形态

城镇群是大、中、小城市和小城镇协调发展空间组织结构模式。要主动服务和融入"一带一路"倡议和孟中印缅经济走廊、中国—东盟自由贸易区、中国—中南半岛等国家、区域战略，加快塑造"一轴串两城、两带纳三片"的城镇空间结构，依托昆孟国际大通道的主轴、市域东部城镇群发展带和市域西部沿边城镇发展带，加快形成以孟定口岸新城为引领，以临博一体化中心城市为核心，以云凤一体化为支撑，以永德、镇康、耿马、双江、沧源县城及集镇为节点的城镇群主体形态。完善全市城镇规模结构，突出中心城市辐射带动作用。增强小城镇服务功能，优化城镇体系结构，促进山坝城镇协调发展，增强城镇承载能力和综合实力。强化中心城市聚集要素、资本、人口的能力，把滇西南城镇群临沧片区打造成为云南省区域发展的重要增长极。

三、践行绿色发展，绘制新型城镇化生态底色

临沧是怒江、澜沧江、南汀河等水系的重要的生态屏障，是云南省南部边境热带森林维护生物多样性、保护生态红线的重要区域。要把握国家新型城镇化生态文明方向，树立"绿水青山就是金山银山"的发展理念，争当生态文明建设排头兵。以绿色发展理念发展现代高原特色农业，发展立体生态循环农业，做大做强绿色农业、生态农业、有机农业，切实减少农业面源污染。以绿色发展理念促进工业转型迭代升级，用循环经济理念指导产业培育，推进绿色工业园区建设，积极创建国家级绿色制造示范企业，发展低碳工业和循环工业，降低排放、减少消耗，促进工业经济绿色迭代升级。以绿色发展理念全面提升城市功能，建设海绵城市，进行城市环境综合治理，集中整治城市扬尘及油烟、噪声污染，加强城市大气污染联防联控，持续开展生态乡镇、生态乡村、绿色社区、绿色学校创建工作，使绿色发展理念深入人心。

四、传承民族文化，彰显新型城镇化特色魅力

临沧少数民族文化精彩纷呈，古滇濮文化、百越文化、氐羌文化和中原文化等多元文化交互融合。深入挖掘临沧城镇乡的文化实质与精神内核，彰显滇西南城镇群临沧片区文化魅力与底蕴。推进临沧历史文化名城名镇名村以及传统村落规划编制，保护与传

承城乡文化特色，继承与发扬民族文化，避免城镇一面，彰显临沧城镇的鲜明个性、突出形象和浓郁文化。非物质文化遗产传承人是名城、名镇、名村的根与魂。以临沧国家级、省级、州级、市级"非遗"项目代表性传承人和文化传承基地申报与建设为抓手，积极推进物质文化遗产、非物质文化遗产保护、传承和发展，依托临沧23个少数民族、11个世居少数民族和城镇村物质文化遗产、非物质文化遗产等资源优势，走出一条具有临沧鲜明民族文化特色的新型城镇化道路。

五、创新体制机制，提供新型城镇化动力保障

体制机制创新是新型城镇化发展的动力来源。充分借鉴成都、贵州和省内曲靖、大理、红河、保山等州市国家新型城镇化综合试点在农业转移人口市民化、农村产权制度改革、健全城镇化投融资机制、加快引导城市要素下乡、改革创新行政管理体制、加快推动城市高质量发展和加快推进城乡融合发展等方面的经验，勇于创新、先行先试探索农村土地征收、集体经营性建设用地入市、宅基地制度改革试点、农村承包土地经营权和农民住房财产权抵押贷款试点等新型城镇化关键制度改革，积极推进城乡建设用地增减挂钩、城镇低效用地再开发等改革，加快推进撤县设区、撤县设市及改乡设镇步伐，探索市、县、区、街道、乡镇等行政管理与审批权限适度下放，争取在就业制度、建设用地市场、户籍管理、土地管理、社会保障、住房保障、财税金融、就业创业、行政管理、生态环境等制度改革方面取得重大进展，为全市新型城镇化和城乡融合发展提供体制机制保障。

第五节 临沧市"十四五"时期新型城镇化的重点任务

一、全面提升临沧城市品质功能

1. **构建"铁路＋公路＋水路＋航空"四位一体的立体化综合交通网络体系。**聚焦道路基础设施配套严重滞后的突出问题，将区位优势转化为经济优势和发展优势。围绕建设"面向南亚、东南亚辐射中心互联互通区域性交通枢纽和重要交通战略节点"目标，统筹各种运输方式，加快建设昆明至孟定清水河大通道、"一带一路"倡议和长江经济带连接通道（自临沧、大理向北连接攀枝花、成都、重庆等重要节点城市，向南延伸至缅甸曼德勒、仰光、皎漂港）、云南沿边地区运输大通道铁路和高速公路等交通基础设施，着力构建临沧便捷、智慧、富民、绿色、安全、美丽的"燕型"现代化立体式综合交通网络体系。

加快铁路建设。以打通昆明至临沧至清水河至缅甸皎漂港铁路国际大通道为重点，构建铁路网骨架。加快大理至临沧铁路建设，开工建设临沧至清水河铁路，推进临沧至普洱、芒市至临沧铁路前期工作并争取开工建设。推动孟定清水河至缅甸腊戍境外铁路规划建设工作。

加快公路建设。围绕"飞燕型"综合交通空间布局，以打通云南经临沧清水河出境的"五出境"国际大通道为目标，全面推进玉溪至临沧、临翔至清水河等10条（段）高速公路建设。力争玉溪至临沧、临翔至双江、镇康至清水河（云县至凤庆已经建成通

车）高速公路建成通车，高速公路建设实现重大突破，全面实现"县县通高"目标。

加快机场建设。推进临沧机场改扩建，建设凤庆、永德通用机场，加快推进孟定民用支线机场前期工作，构建航空服务保障体系，配套建设航油、导航、通信、气象、地面监视设备等航空基础设施，提升保障服务能力。加快开辟连接国内城市的中转连程，争取开辟国内主要城市航班，围绕"滇西旅游大环线"，争取开通省内西双版纳、大理、丽江、香格里拉等精品旅游环飞航线。依托临沧、沧源佤山、凤庆、永德和孟定机场协同优势，积极筹划探索临空经济产业培育发展。

加快水运建设。抓住澜沧江的天然优势和澜沧江—湄公河次区域（GMS）经济合作的有利时机，加快澜沧江航道整治项目建设，推动临沧港建设项目前期工作，提升港口综合性功能，开通临沧—普洱—西双版纳—缅甸的陆水联合航运线通道。研究推进澜沧江糯扎渡翻坝运输系统建设，逐步推进大朝山、漫湾、小湾库区翻坝转运系统建设。

2. **城市地下管网改造与建设。**持续深入统筹开展全市城市地上地下设施规划建设，加强城市地下基础设施建设和改造。合理布局电力、通信、广电、给排水、燃气等地下管网，加快实施既有路面城市电网、通信网络架空线入地工程。加大中心城市供排水工程和供排水设施建设力度，保障城镇供水安全，推动全市城市新区、各类园区、成片开发区的新建道路同步建设地下综合管廊。老城区要结合河道治理、道路整治、旧城更新、棚户区改造等逐步推进地下综合管廊建设。

3. **海绵城市建设。**借鉴学习临沧市首个海绵城市建设项目——临沧市科技创新园LID建设项目的规划、设计、施工、运营的经验，以"生态融城、绿色建城"为理念，发挥临沧城镇的天然水体优势，在新区建设、老旧城区改造、各类园区以及成片开发区充分"引水入城""引绿入城"。有序持续深入推进全市海绵城市建设，实现水资源、水安全、水文化、水环境和水生态共治。在老城区结合棚户区、危房改造和老旧小区有机更新，妥善解决城市防洪安全、雨水收集利用等问题。加强海绵型建筑与小区、海绵型道路与广场、海绵型公园与绿地、绿色蓄排与净化利用设施等协同建设，做好"水"文章，让城市充满灵气。

山、水、林、田、湖、草全域生态治理。加强自然水系保护与生态修复，采取城市修复和生态恢复、水污染防治、饮用水源保护、雨水收集利用等措施，切实保护良好水体和饮用水源，保护水生态环境。积极开展临沧全国第四批"山水林田湖草"生态保护修复工程试点项目申报，按"全流域整体规划、系统保护、上下联动、要素协同、突出重点、分步实施、关键突破、持续共享"的原则，统筹兼顾水环境治理与生态修复、生物多样性保护、水土流失治理及农地生态功能提升、废弃矿山生态修复和地质灾害防治、机制创新与能力建设五大重点工程建设，把未能列入国家退耕还林计划的陡坡地列入"山水林田湖草"项目。

4. **"智慧临沧"建设。**紧抓云南省"云上云"行动计划和《"数字云南"三年行动计划（2019—2021年）》契机，全面持续深化与中国电子科技集团合作，实施"智慧临沧"中心城市创建行动，聚焦智慧城市基础设施建设、智慧城市运营管理、智慧城市民生普惠、智慧政府高效运行、智慧产业发展培育等重点领域，依托"1＋1＋N"规划，开发一个大数据平台，建设一个城市指挥中心，创新智能交通、智能电网、智能水务、智能管网、智能园区等智慧应用平台，全力打造"智慧临沧"品牌，实现城市联动治理。实施"千兆光纤进小区、百兆光纤进乡村"工程，提速"智慧临沧"建设。

做大做强临沧中心城市。聚焦破解临沧中心城市经济实力差、城市品牌知名度低和辐射带动能力弱的突出瓶颈。强化滇西南城镇化临沧片区中心城市的龙头引领作用，围绕"微笑之城、创业之城、森林之城、洁净之城"四城一体美丽边城的定位，以"美丽县城"创建为抓手，以产城融合为动力，强势推进东部新区开发建设，有序推进南部片区开发建设，加快提升改造老城区，深入实施"六城同创"，统筹推进临沧中心城市在综合交通、现代产业、园区建设、新兴市场、信息服务等多领域的一体化发展，加快推动临沧城市轨道、骨干路网、城市综合体等项目建设，持续开展海绵城市、智慧城市、地下综合管廊建设，全面推动临沧中心城市由小城市向中等城市转型，把临沧城建设成云南省面向南亚、东南亚的重要枢纽和商贸、旅游、物流集散中心。

做精做优县城。以推进"佤山凤城"旅游城市综合体为"引爆点"，强化市域中心城市地位，增强辐射带动能力，努力将临翔主城区打造成滇西南区域发展增长极。围绕"干净、宜居、特色"的目标要求，聚焦功能优化、环境美化亮化、管理服务提升、民族文化保护等，将全市的县城全部建成特色鲜明、功能完善、生态优美、宜居宜业的"美丽县城"。

5. **提升城市基本公共服务水平。**依据城市常住人口规模和城镇化发展进程，合理确定公共服务设施建设规模，形成以街区级设施为基础，各级设施衔接配套、布局均衡的城市公共服务设施网络体系。稳步推动城市基本公共服务常住人口全覆盖，确保农业转移人口与城镇居民享受同等的城市公共服务。整合优化新老城区公共服务设施布局，构建以邻里生活圈和便民服务圈为基础的公共服务设施网络，以最便捷、最便宜的方式，满足城镇居民的衣、食、住、行、上学、医疗、购物、娱乐等需求，提升居民生活服务水平。全面加强全市教育、医疗、体育、文化等公共服务领域弱项建设。基本公共教育均衡再完善，探索教育集团化发展，建立现代职业教育体系，进一步扩大托幼、幼教向社会领域开放。

"健康临沧"建设。围绕滇西南区域医疗中心建设，提升基础医疗质量，打造高水平医院，健全以社区、乡村卫生服务为基础的医疗卫生服务体系。加强以全科医生为重点的基层医疗卫生队伍建设，加快形成以州（市）大型综合医院和专业医院为核心、以乡镇卫生院为支撑、以乡村卫生室为基础的城、镇、乡全覆盖的医疗卫生服务体系。探索完成全市紧密型县乡村医疗卫生服务一体化管理工作，实现"基层首诊、双向转诊、急慢分治、上下联动"的分级诊疗模式。对标对表"美丽县城"建设中"宜居"建设标准，高标准完成全市县城医疗服务能力。

突发急性传染性疾病治疗与防控体系建设。对接《云南省重大传染病救治能力提升工程实施方案》和《云南省疾控机构核心能力提升工程实施方案》，强化基础设施、负压病房及重症监护病房、设备配置、运营模式和人员配置建设，加快临沧市区域性疾控中心、镇康、耿马、沧源国门疾控中心和其他县疾控中心建设，建立健全全市应对突发急性传染性疾病预防、治疗和控制体系。建立和完善突发急性传染病应对机制，加强突发急性传染病监测预警体系建设，提高早期预警能力。提高实验室监测能力，为突发急性传染病诊断提供技术支持。建立健全突发急性传染病应对处置人员培训机制，提高突发急性传染病应急处置能力。做好应对突发急性传染病的物资和技术储备，切实提高全市应对突发急性传染性疾病的能力。

专栏1：城市品质功能提升行动

1. **孟定口岸城市打造行动。**按照"岸城一体化"发展要求，加快推进孟定综合交通枢纽示范城市建设，推进城市、产业与口岸型经济协调可持续发展，将孟定打造成区域性、国际化新兴口岸城市。

2. **临沧"恒春之城"中心城市打造行动。**定位于"微笑慢生活"城市品牌，通过规划引领，集中力量建设新城区，带动产业升级，率先实现产城融合，城旅一体，打造城乡融合发展的示范区域和带动临沧产业转型升级的领航区域，把临沧中心城市建设成为滇西宜居、宜业的中心城市。

3. **云凤一体化提升行动。**依托云凤高速公路所形成的"半小时经济圈"，着力推动云凤生态一体化、基础设施一体化、产业发展一体化、城乡空间一体化和文化旅游一体化，把云凤打造成为云南省山地特色新型城镇化示范区。

4. **临沧滇西国门大学建设行动。**依托滇西科技师范学院，深化与华中科技大学全领域的合作，整合临沧师范高等专科学校、临沧卫校和临沧农校等学校力量，积极对接全省、全国"双一流"高等学校，柔性引进高层次人才和创新团队，把滇西科技师范学院打造成为面向南亚、东南亚的国门大学。

二、加快培育临沧市大、中、小城镇

1. **提升县城和重点镇基础设施水平。**促进城镇发展与基础设施建设有机结合，优化城镇街区路网结构，加强城镇基础设施建设与公路、铁路、航空枢纽和现代物流产业发展衔接与配套，形成方便快捷的城镇交通网络。强化城镇各级道路建设，打通城镇断头路，促进城镇街区道路微循环，完善和优化城镇路网结构。依托临沧天然气管道支线项目，加快推进城镇天然气输配、液化和储备设施建设，有效推进实施8县（区）城市和部分集镇天然气工程，提高城镇天然气普及率。

2. **围绕"做精做优县城"，推进产城融合发展。**坚持产业和城镇良性互动。重点聚焦孟定新城、临沧中心城市和云凤一体化建设，统筹推进园区与城镇规划建设，促进园区和城镇基础设施、公共服务设施有效衔接、优势互补、良性互动，实现城镇产城融合、职住平衡，形成"以产兴城、以城带产、产城联动、融合发展"的良好局面。重点依托边境经济合作区、临沧高新技术产业区、云县新材料光伏产业园区、凤庆滇红生态产业园区、镇康边境特色工业园区、耿马绿色工业园区、双江工业园区、永德特色农业产业园等国家级、省级和市级产业园区。聚焦世界一流"绿色能源牌""绿色食品牌""健康生活目的地牌"的打造，树立"以园招商、以商建园、以园聚企、以企促园"理念,对准世界500强、国内500强企业以及境内外上市公司,大力实施产业链招商、产业集群招商和龙头企业招商。

做精做强"绿色能源牌"。聚焦"弃水""弃电"问题,把临沧绿色清洁能源优势转化为经济优势和发展优势。重点加快水电硅材产业体系建设。着力优化硅产业布局,依托硅石、优质煤炭和清洁水电资源优势,工业硅、多晶硅、碳化硅重点布局在云县、镇康县、双江县。综合要素条件和产业发展基础,多晶硅、单晶硅、硅光伏、硅电子、硅化工等下游加工应用产业重点布局在云县新材料光伏产业园区。积极鼓励支持有条件的县(区)推进硅光伏、硅电子、硅化工、碳化硅产业园区和产业集群建设,引进国际、国内硅材及硅材加工应用大中型企业,突出打造硅光伏产业链,加快发展太阳能多晶硅、单晶硅及"切片加工—电池组装—太阳能发电"硅光伏产业链。依托煤炭、硅石资源和清洁能源,适时发展有机硅和碳化硅等硅产品加工应用产业链。

做优做强"绿色食品牌"。聚焦农产品精深加工不充分问题,把临沧绿色农产品的原材料优势转化为产业发展优势。重点依托2 200万亩优质农业产业基地,争创国家农产品质量安全监管示范市(县),加快绿色食品产业园区建设。着力推进"大产业+新主体+新平台"发展模式,按照"一县一业""一县一园"的总体思路,依托各县(区)产业园区,以"茶、果、糖、菜"等特色主导产业为重点,每个县(区)确定1~2个已形成一定发展规模、具备一定发展基础和较强竞争优势的主导产业,作为各县(区)工业园区建设的重点产业。按照"科研+种养+加工+流通"全产业链发展的要求,集中规划建设一批国家级、省级现代农业产业园。

做大做强"健康生活目的地牌"。聚焦临沧文化旅游和医药大健康"大资源、小产业"的问题,把临沧生物、文化等旅游资源优势转化为文旅产业发展优势。依托临沧旅游资源优势,推进沧源国际旅游度假区、临沧中心城区东西二环线、东部大健康产业新城建设。建设滇龙胆、茯苓、滇重楼、滇鸡血藤、诃子等道地药材基地,推进民族药、中药饮片、植物药中间体及提取物、功能性食品等产品开发生产,引领生物医药和大健康产业跨越式发展。推进旅游目的地建设、健康生活旅游产品体系打造、旅游公共基础设施完善、旅游管理服务水平提升、中医特色健康服务发展、健康养老服务发展、中药材基地发展和健康旅游服务发展。以"一部手机游云南"为抓手,打造"智慧旅游",积极策划宣传临沧文化旅游品牌。形成旅游休闲、体育运动、医疗卫生、生态建设、文化创意等领域融合互动发展格局,以临翔、沧源为重点的"健康生活目的地牌"品牌基本建成。

3. **围绕"做特做靓乡镇",加快美丽集镇和特色小镇建设。**统筹布局教育、医疗、文化、体育等公共服务基础设施,配套建设居住、商业等设施,改善镇域生产生活环境,增强特色城镇就近、就地吸纳人口和集聚经济的能力,打造一批现代农业型、旅游型、生态园林型特色城镇,带动农业现代化和农民就近城镇化。充分挖掘和利用临沧优美的生态环境和多元多样的民族文化资源,强化镇区道路、供排水、电力、通信、污水及垃圾处理等市政基础设施和旅游服务设施建设。

分类推进特色小镇建设。瞄准"世界一流、中国唯一"的发展目标,聚焦"特色、产业、生态、易达、宜居、智慧、成网"七大要素和建筑风貌、生态环境、历史文化、商业业态四大元素，打造一批在全国、全省叫得响的"小而美、小而干净、小而宜居"的特色小镇。按照"一年初见成效、两年基本完成、三年全面完成"的总体要求，持续推进全市特色小镇创建活动，打造临沧"国家一流、全省一流和全市一流"三级特色小镇体系。突出精品规划和特色定位，按集镇规模等级和区位优势，引导集镇错位发展、分类发展，加快形成特色小镇规模匹配适度、空间布局合理和功能协调互补的集镇发展新格局。推动勐撒镇、圈内乡、大文乡等现代农业型特色小镇发展，加快凤庆滇红、勐来乡、鲁史镇等旅游型特色小镇发展，引导勐省镇、永康镇、漫湾镇、云县漫湾等工业型特色小镇发展。持续开展特色小镇"市级—省级—国家级"创建升级工作。加快发展数字经济，开展数字小镇建设试点。打造形成一批少数民族风情浓郁、林果主导产业特色鲜明、交通便利、环境优美、服务配套、吸引力强、在省内外乃至国内外有一定知名度的特色旅游小城镇。

持续开展历史文化名镇创建工作。科学合理地展示与利用历史文化名城名镇，积极探索保护与合理利用相结合的方式，引导历史文化名城名镇文化产业和旅游业发展。鼓励农业转移人口就地、就近城镇化，从事旅游服务业，实现名镇的可持续发展。科学规划开发古村镇、古建筑（群）和遗址遗迹，发展文化遗产观光旅游，将重要文化遗产的保护与开发纳入经济社会发展、城乡建设、旅游发展规划之中。

4. 加快拓展重点乡镇功能。推进邦东、小湾、勐佑、鲁史、涌宝、幸福、漫湾、永康、凤尾、勐库、勐撒、勐省等省级、市级重点乡镇发展，在用地保障、基础建设和产业发展方面给予优惠政策及配套扶持。开展全市特大镇功能设置试点，破解制约镇域经济发展的体制机制障碍，以下放事权、扩大财权、改革人事权及强化用地指标保障等为重点，赋予镇区人口10万人以上的特大镇部分县级管理权限，允许其按照相同人口规模城市市政设施标准进行建设发展。同步推进特大镇行政管理体制改革，减少行政管理层级、推行大部门制、降低行政成本、提高行政效率。加快完成全市撤县设区、撤县设市及改乡设镇步伐。依据云南省《关于深入推进经济发达镇行政管理体制改革的实施意见》，以临沧市耿马县孟定镇开展经济发达镇行政管理体制改革试点为契机，积极探索破解制约镇域经济发展的体制机制障碍，初步构建简约高效的基层管理体制，并在此基础上逐步扩大改革范围，在全市打造一批发展速度快、带动作用强的县域经济社会次中心，以镇域经济增长更好地激发县域经济发展活力。

5. 加快滇西南城镇群临沧片区建设。尽快启动临沧孟定新城—临沧中心城市—云凤一体化城镇群之间贯通南北的快速高效互联互通交通网络，建设形成以高速公路、城际铁路为骨干的城市群交通网络。启动临博一体化地铁轨道论证及可行性研究工作，构建以临沧中心城市为核心的1小时通勤圈和2小时的经济圈。统筹规划建设高速联通、服务便捷的信息网络，统筹推进重大能源基础设施和能源市场一体化建设，共同建设安全可靠的水利和供水系统。重点依托以市域中部东西向发展轴线（昆明—临沧—缅甸），南北向发展轴线（保山—临沧—大理及普洱）和沿边发展轴线（西双版纳州—临沧—德宏州），逐渐形成以临沧中心城市为核心，以孟定口岸新城为引领，以云县、凤庆、永德、镇康、耿马、双江、沧源县城及集镇为节点的城镇群体系结构，把滇西南城镇群临沧片区建设成为向北对接滇西城镇群、滇中新区，向南连接孟中印缅经济走廊和中南半岛的前沿型城镇群，成为辐射带动全省的重要区域经济增长极。

专栏2：产城融合发展工程

1. **工业园区创建培育重大行动**

（1）国家级和省级工业园区创建行动。 以临沧工业园区为主体，整合凤庆滇红生态产业园区、云县新材料光伏产业园区、双江林产业园区，构建"一区四片"国家级高新区发展格局，促进临沧省级、市级工业园区转型升级，把创建国家高新区作为临沧建设创新示范区的重要载体和抓手。争取临沧省级高新区升级为国家高新区，国家知识产权试点园区工作取得实效，2～3家市级工业园区升级为省级工业园。

（2）临沧空港经济培育工程。 依托临沧机场和沧源佤山机场，发挥临沧"1＋4"民用航空机场体系协同优势，合理布局空运型产业、出口加工产业、旅游服务产业及航空运输配套服务型产业，重点培育临空经济、空港经济和临空城市，把临沧打造成西南地区面向南亚、东南亚和云南对接内陆重要的区域性航空枢纽、航空门户、通勤通用航空基地。

（3）临沧总部经济培育工程。 依托锗基材料产业集群、高岭土产业集群、光电子材料产业集群和智能制造产业集群。打造新材料"全产业链加工基地及滇西南生态"硅谷，借鉴成都市、县（区）协同招商模式，加强临沧市、县（区）招商引资协作，探索研发总部在临沧中心城市，产品转化基地在县（区）的模式，促进临沧总部经济跨越式发展，提高中心城市辐射带动力。

2. **"绿色能源牌"建设行动**

（1）有序利用中小水电。 发挥临沧水能资源优势，在保护中开发，在开发中保护，以保护生态环境和市场配置资源为基础，合理规划、科学开发、有序利用中小水电，推进已建成投产发电的中小水电站提质增效，就地服务民生改善和区域经济发展，支持区域扶贫、满足以电代燃料和生态环境保护。

（2）稳步发展光伏发电。 开工建设临翔区、耿马县和云县干龙潭二期光伏电站，建成投产云县干龙潭一期光伏电站、凤庆县大兴光伏电站，形成水电、光伏电力互补格局，提高汛枯均衡用电和"临电外送"的水平和能力。

（3）推动绿色能源消费。 加快推进充电基础设施建设，积极推广应用绿色能源汽车。优先在公交车、出租车、专用车、公务车等公共服务领域及家用领域推广应用新能源乘用车和商用车。在企业生产、居民生活等用能上，实施"以电代煤""以电代油"，加大城市燃气市场开发培育，推进天然气综合利用，形成清洁、安全、智能的新型能源消费方式。

3. **"绿色食品牌"建设行动**

（1）高原特色农业基地建设工程。 实施临翔区茶产业链延伸型融合发展示范园、凤庆县勐佑现代农业产业园、双江县茶业现代农业产业园等项目，高标准、高质量建设高效优质生态茶园和有机认证茶园，建设万亩连片生态有机茶示范基地5个。建设澳洲坚果高优示范基地。实施木本油料提质增效工程，加快优质高效核桃基地建设和

核桃基地有机认证。加快国家糖料核心基地建设。建设绿色食品白砂糖甘蔗原料基地，推进国家糖料核心基地建设。

（2）推进绿色食品精深加工。依托全市农业产业园区、科技园区和创业园区。引进和培育农业龙头企业，开展绿色食品精深加工，推进加工业向优势产业集中布局，加工企业向优势农业园区集聚，应用深加工技术及信息化、智能化、工程化装备，延长产业链，提升生产效率，提高附加值，形成生产与加工、科研与产业、企业与农户相衔接配套的上下游产业融合格局。

（3）打造绿色食品品牌。制定出台农产品品牌建设规划，构建农产品全过程质量安全可追溯体系，建立完善质量品牌管理制度，提升标准化生产能力、全程化质量控制能力、品牌培育创建能力，提高无公害、绿色和有机农产品认证面积。实施"区域品牌＋企业品牌"的双品牌战略，打造茶、澳洲坚果、核桃、咖啡等"临"字高原特色农产品品牌。

4. "健康生活目的地牌"建设行动

（1）旅游目的地建设。建设临翔区、沧源县全域旅游示范区、耿马（孟定）边境旅游试验区。打造沧源翁丁原始部落、崖画谷2个国家AAAA级以上景区。加快临翔区城市旅游综合体、沧源碧丽园农业现代园、镇康万亩坚果园生态养生区建设。积极打造宜居、宜业、宜游的旅游特色村、休闲农业庄园和花田（农业）旅游示范基地，加快乡村旅游发展。

（2）健康服务体系建设。健全市、县、乡、村医疗卫生服务网，推进县（区）级医院、国门医院、中医院、社区卫生服务中心、乡镇卫生院和村卫生室标准化建设。按三级中医医院建设标准建设临沧市中医（佤医）医院，将临沧市人民医院建成辐射南亚、东南亚的区域医疗服务中心。

（3）健康旅游产品开发。围绕康体医疗、康体运动、康体养老、生态养生、文化养生、温泉养生，开发生态水果、茶叶、药材和鸡牛羊肉制品、皮毛制品等旅游名特产品，做大沧源佤族司岗里摸你黑狂欢节、亚洲微电影艺术节等旅游节庆活动，打造冰岛茶会、啤酒狂欢节、水文化节、芒果节、美食节等临沧特色文化节庆。发展自驾、徒步、穿越、攀岩、漂流、洞穴探险、异地租还车、分时租车等新业态，推出一批精品路线和精品赛事。

（4）候鸟式养老产业培育。以恒春之都、最适宜居住城市为依托，打造集自理型、介护型、介助型一体化的候鸟式CCRC（持续照料退休社区）模式度假养老社区，开发集健康服务、旅游休闲、文化娱乐为一体的智慧健康养老项目，促进养老服务与生物医药、大健康、旅游文化、房地产等产业融合发展，塑造"恒春之都·养老福地"品牌，发展壮大临沧候鸟式养老产业，把临沧打造成为云南乃至全国的"候鸟式养老最佳宜居地"。

三、辐射带动临沧全域乡村振兴

1. 推动基础设施和公共服务向农村延伸。推动城乡协调发展，健全农村基础设施投入长效机制。实施"百村示范、千村整治"工程。以农村饮水安全巩固提升、山区"五小水利"等惠及民生的水利工程建设为重点,推进农村集中供水,实现农村饮水安全。加快以建制村通畅工程为重点的农村公路建设,实现建制村全部通硬化路面,推进自然村路面硬化工程。加强农村客运站、招呼站建设,实现建制村通客运班车,优化班线线路网络,确保"路、站、运、管、安"协调发展。推进城乡配电网建设改造,实现城乡各类用电同网同价,推动水电路等基础设施城乡联网。加快信息进村入户,尽快实现行政村通邮、通快递,推动有条件地区燃气向农村覆盖。深入实施农村"七改三清"环境整治行动,配套完善农村垃圾和污水收集处理设施、公厕、绿化亮化等公共服务设施,切实改善农村人居环境。加快农村教育、医疗卫生、文化等事业发展,推进城乡基本公共服务均等化。

加快补齐基础设施短板。针对全市尤其是贫困地区基础设施薄弱,加快推进全部行政村通村道路的硬化和全部自然村自来水的供水建设,采取市、县(区)级统一集中打包、统一施工建设的方式,一次性补齐短板。深入实施农村饮水安全巩固提升工程,通过新建、改建、扩建、管网延伸、配套净化消毒设施设备等措施,保障农村饮水安全。推进新一轮农村电网改造升级,形成结构合理、技术先进、安全可靠、智能高效的现代农村电网。

实施数字乡村战略。依托"互联网+"推动公共服务向农村延伸,实施新一代信息基础设施建设工程,推进宽带乡村建设,加大对农村移动通信基站铁塔建设的支持力度,推进提速降费,实现农村地区宽带网络和5G网络全覆盖,在有条件的乡村推动5G网络布局。提升电子商务在农村的普及度,畅通农村农产品上行渠道。

2. **促进农村一二三产业融合发展。**延伸农业产业链,积极发展甘蔗、茶叶、核桃、澳洲坚果、咖啡等农产品加工业,促进农业由单纯的种养生产向农产品加工、流通等领域拓展,提高农业附加值。拓展农业多种功能,挖掘农业生态、休闲、文化等非农价值,发展休闲农业、都市农业、乡村旅游、观光农业、体验农业,推进农业与旅游、教育、文化、健康养生等产业深度融合。实施农村一二三产示范工程,构建农业一二三产业融合互动发展的新型农业产业体系,推进产业融合增效升级,让农民获得更多的收益。依托"一县一业"示范县、特色县和"一村一品"示范村工程,加快推进临沧乡村一二三产融合发展试点示范工程,围绕产业融合模式、主体培育、政策创新和投融资机制,每年在全市选择10个乡镇、100个乡村开展乡村产业融合发展试点示范,形成一批融合发展模式和业态,打造一批农村产业融合领军企业,推进试点示范乡镇、乡村三次产业融合提质增效。

做优绿色食品产业基地。着力实施产业兴村强县行动,抓实粮食生产功能区和重要农产品生产保护区划定,加快推进临沧普洱茶中国特色农产品优势区建设,争取将全市具有比较优势的甘蔗、核桃、茶叶、临沧坚果、咖啡等产业申报为中国特色农产品优势区,并据此积极开展全国第三批国家农业绿色发展先行区创建与申报工作。坚持以市场为导向,走"一村一品""一县一业"之路,不断巩固提升传统产业,加快发展新兴产业,培育扶持绿色食品产业基地建设,调优做强临沧绿色食品产业基地。巩固提升农业产业化基地,"三品一标"认证(认定)基地面积不断提升。建成世界一流国际茶叶产业中心及国内外知名的澳洲坚果生产基地、精品咖啡生产基地和核桃生产基地。

做大绿色食品精深加工。重点围绕蔗糖、茶叶、澳洲坚果、核桃、果蔬、畜产品、水产品等临沧高原特色农产品加工业和酿酒及饮料制造业，打造高原特色生物资源精深加工全产业链。推进蔗糖、茶、澳洲坚果、核桃、咖啡等产业形成生产、加工、销售和文化、旅游、休闲一体化发展的产业链，构建"产业互补、循环一体、联合发展"的新格局。改进制糖工艺，促进蔗糖产业向生物化工、医药和其他产业延伸，引进大型耗糖企业，生产销售小包装糖、精包装糖，研发果糖等产品，提升糖业总体发展水平。围绕打造"天下茶尊""红茶之都"目标，大力推进茶叶精深加工及跨界产品研发，延伸茶叶产业链。着力培育发展核桃系列产品精深加工龙头企业，引进提油和精炼工艺。加快咖啡生产线建设，积极发展方糖、咖啡伴侣等关联产品，组织制定精品咖啡加工标准，促进精品咖啡种植和生产标准化。

做大农旅融合发展。聚焦休闲农业、观光农业、采摘农业、体验农业、创意农业等农旅深度融合新产业、新业态，以精品民宿客栈建设为抓手，以乡村旅游"吃住行游购娱"六大要素改善为导向，依托全市人居环境整治示范村、乡村振兴示范村、鲜花盛开村庄、异地搬迁安置点和沿边小康村等美丽乡村创建，重点打造乡村旅游示范村，持续推进乡村旅游示范村国家级景区创建。聚焦滇红茶、古树茶、澳洲坚果、柯子等原生绿色高原特色农产品，打造一批在全省、全国乃至世界具有一定知名度的诸如"中国最后一个原始部落村寨—沧源翁丁"的"中国滇红第一村""中国澳洲坚果第一村""中国柯子第一村""云南勐库古树茶叶第一村—冰岛村"等"中字号""云字号"乡村旅游金字招牌，不断提高临沧乡村旅游体验性、知名度和美誉度，以农促旅，以旅带游，实现临沧全域乡村旅游高质量发展。

3. 依托农村电子商务带动"互联网＋农业"发展。 持续推进临沧电子商务进农村综合示范县的创建，争创全国电商示范百佳县和国家电商示范城市。以电子商务服务体系和综合物流服务体系为依托，把"互联网＋农业"作为提升农业发展水平，推进农业转型升级的重要措施，打造临沧市农村电子商务线上线下生态圈。重点支持重要农产品集散地、优势农产品产地和现代化仓储物流设施建设，积极推动"互联网＋电子商务"在农村推广。完成市级电子商务服务中心、县（区）级电子商务服务中心、乡镇电子商务服务站建设，进一步将电子商务推向农村，实现村级电子商务服务点全覆盖。加快现代农产品电子商务物流园（基地）建设，加快形成覆盖全市的"综合现代大物流园区＋乡镇站库＋村级网店"的物流体系。

加快构建"电商生态圈＋高效共享物流配送＋电商大数据平台"发展模式。建成覆盖全市的市（区、县）级、乡镇和行政村电子商务服务中心，加强市级电子商务创业园和电子商务服务中心建设与运营，完善展示交易、仓储物流、委托运营、金融服务等功能，吸引更多的电商机构和人才入园。加强与国内电商平台的合作，壮大一批电商龙头企业、孵化一批中小微企业，持续推进顺宁有礼、凤红行天下、凤庆滇红等电商区域公共品牌和临沧农购、临沧二土、峡山茶叶、天之凤、云南榕霖、荣康农业、信合农业、顺泰农品、傣之源食品、勐库茶叶等一大批本土电商企业做优做强。依托电商企业和个人网店，开展"成百上千"行动，催生更多年销售额达到百万元和千万元的电商企业持续做大做强，推进临茶、临果、临糖、临蔬、临畜、临渔、临酒、临药等"临字"号特色农产品上行。

网红农业重点培育提升行动。聚焦临沧核桃、茶叶、甘蔗、澳洲坚果、咖啡等有机绿色优势特色农产品，重点依托临沧市、县（区）的网红打卡点和网红打卡地，以打造临沧"地方领导＋网红主播"本地 IP 品牌为突破口，集聚"网红农产品＋网红打卡地＋网红个人 IP"耦合叠加效益，打造一批农产品网红爆款，促进临沧网红农业跨越式发展。

4. 围绕"做好做美村庄"，创建临沧全域美丽乡村。按照"整体规划、分步实施、先行试点、以点带面"的原则，围绕"生活美、环境美、风尚美、和谐美"，开展"四美"乡村建设，充分利用农村危房改造、脱贫攻坚等政策，以完善服务功能、改善人居环境为突破口，进一步完善村庄规划，深入实施产业提升、村庄改造、环境整治、脱贫攻坚、公共服务、乡村文明、素质提升、乡村治理"八大行动"，全力打造"美丽乡村"示范村，形成可复制、可推广、可借鉴的"美丽乡村"建设新模式。做到市级有示范、县区有试点、乡镇有实践，辐射带动全市乡村振兴，促进城乡融合发展，构建城乡协调联动的发展格局。依托全市特色示范型村庄、干净整洁型村庄创建，深入实施"百村示范、千村整治"工程。持续开展"五个整治"，着力打造干净、整洁、文明的人居环境。持续加大沿边小康村建设力度，把临沧的美丽边寨打造成祖国边疆最靓丽的风景线。全市美丽乡村和乡村振兴示范村取得显著成效，力争更多示范村进入全省 3 000 个美丽乡村盘子。

专栏 3：城乡融合发展补短板工程

1. 农村人居环境提升工程

（1）全面推进乡村"厕所革命"。 以"水冲厕＋装配式三格化粪池＋资源化利用"方式为主，引导农民参与厕所管护，积极推动专业化、市场化服务。探索厕所粪污、畜禽养殖废弃物一并处理，推动资源化利用。加快农村卫生户厕改造建设，实现 50 户以上的自然村有 2 个公厕，农村无害化卫生厕所覆盖率达 100％。

（2）全面推进乡村生活垃圾治理。 采取多种模式推动农村生活垃圾全处理，原则上每户有垃圾桶，每个村（组）至少有 1 个以上垃圾收储设施，每个乡镇有相应的垃圾收运车辆和转站。积极推进农村生活垃圾分类源头减量，力争农村生活垃圾分类和资源化利用达到 100％。

（3）农业生产废弃物资源化利用率。 加强养殖场污染物排放监管，落实倒逼责任制度。推进畜牧养殖市、县（区）治理，全市实现治理全覆盖。坚持市场导向，积极培育农业生产废弃物资源化利用主体，加快农村清洁能源开发利用，提高农村清洁用能比重，力争畜禽粪污、农作物秸秆资源化利用和农膜回收率达 100％。

2. 农民科技素质提升工程

（1）开展农村劳动力技能培训。 实施"技能扶贫"专项行动和"春潮行动""雨露计划""职业农民""云岭职工素质建设工程"等技能人才培训项目，开展贫困人口"菜单式"免费就业技能培训，完成培训农村劳动力 100 万人次以上，培养农村技能人才 10 万人，实现农村家庭劳动力至少掌握 1 门致富技术。

（2）实施科技扶贫计划。 每年选派 100 名科技特派员到贫困村开展科技服务，每个贫困村培养 2～3 户农业科技示范户。提高义务教育巩固率，实施边境县 14 年免费教育。对初、高中毕业未能升学的贫困家庭学生实行 100％的免费职业技能培训。

3. 返乡创新创业强化工程

（1）返乡创业落户政策。 借鉴云南红河返乡创业户籍创新政策，对在城镇积累一定资金、资源、技能后返乡创业的，只要在农村地区实际居住并具备一定的生产生活资料（土地承包经营权、宅基地使用权、集体收益分配权），允许其返回原籍农村地区落户。

（2）筑巢引凤优惠政策。 发挥《临沧市国家可持续发展议程创新示范区》优惠政策，主动对接中国农业大学、华中科技大学、复旦大学、华南理工大学和中山大学等国内外高等院校和研究机构设立分支机构，依托临沧工业园区创新创业园、加快推进众创空间和校园创业平台，充分发挥劳务输出人口的优势，筑巢引凤吸引有技能、有资源、有人脉的外出务工人员返乡创业。

（3）"一站式"服务政策。 建立返乡外出务工人员创业服务窗口，整合创业政策咨询、创业孵化、创业培训等服务功能，做好外出务工人员等人员返乡创业服务，促进务工能人返乡创业。评定一批市级、州级、省级和国家级充分就业示范社区和创业就业示范村，为返乡外出务工人员创业搭建创业平台，建立专门的返乡外出务工人员创业指导服务窗口，为创业者提供政策咨询、创业培训、项目筛选、创业指导、资金扶持、法律服务等"一站式"服务。

四、全面推进临沧城乡融合发展

1. 推进城乡要素自由流动与合理配置。 以完善农村产权制度和要素市场化配置为重点，创新体制机制，激活主体、要素、市场，推动城乡融合发展。不断加大资金投入，构建财政优先保障、金融重点倾斜、社会积极参与的多元投入格局。根据《关于进一步做好返乡入乡创业工作的意见》要求，制定财政、金融、社会保障等激励政策，加大政策支持力度、提升创业培训、优化创业服务、加强人才支撑。进一步推动返乡入乡创业，吸引各类城市人才返乡下乡创业。鼓励原籍普通高校和职业院校毕业生、外出务工人员及经商人员回乡创业兴业。引导规划、建筑、园林等设计人员入乡。允许农村集体经济组织探索人才加入机制，吸引人才、留住人才。

完善乡村金融服务体系。依法合规开展农村各类资产抵押融资，做好农地抵押贷款业务推广工作，允许有条件的地区继续探索宅基地使用权抵押。借鉴贵州湄潭经验，开展集体经营性建设用地使用权、农民房屋财产权抵押融资以及承包地经营权、集体资产股权等担保融资。深入实施金融服务"村村通"工程，加快推进省内外金融落户临沧，稳步推进村镇银行在市、县（区）设立工作和农村信用社改制工作，扩大县域银行业金融机构覆盖面。设立市级融资担保基金，创新多元化"乡村振兴贷"，扩大农业保险覆盖范围。

2. **缩小城乡基本公共服务差距。**按照国家认定标准继续巩固与提升市、县(区)的义务教育基本均衡发展水平,积极推进全市国家评估认定工作和谋划义务教育发展优质均衡工作。持续提升学前教育普惠水平、提高义务教育质量、加快普通高中普及攻坚、深化职业教育产教融合、扩大高等教育发展规模和全面加强教师队伍建设等重点工作。建立全市统筹规划、统一选拔的乡村教师补充机制,通过稳步提高待遇等措施增强乡村教师岗位吸引力,推行乡村教师"县管校聘",深入实施"三支一扶"、特岗教师等计划。增加基层医务人员岗位吸引力,鼓励市级医院与乡镇卫生院建立县域医共体,鼓励城市大医院与乡镇医院建立对口帮扶、巡回医疗和远程医疗机制。推进城乡低保制度统筹发展,健全低保标准动态调整机制,确保动态管理下应保尽保。

3. **提高城乡基础设施监管能力。**以全市全域为整体,推进城乡基础设施统一规划、统一建设、统一管护,实现城乡基础设施一体化发展。统筹规划城乡基础设施,统筹布局道路、供水、供电、信息、物流、防洪和垃圾污水处理等设施。明确乡村基础设施的公共产品定位,构建事权清晰、权责一致、市县(区)级统筹负责的城乡基础设施一体化建设机制,健全分级分类投入机制。对城乡道路、普通公路等公益性设施管护和运行投入,一般公共财政预算按规定予以支持。明确乡村基础设施产权归属,由产权所有者建立管护制度,落实管护责任。强化行政村和自然村农户住房达标抗震、自来水普及率、饮用水重要水源达标、硬化路、光纤网络覆盖率、党员活动室、村民活动场所、生活垃圾有效处理、农村卫生厕所和村庄绿化覆盖率建设。

4. **促进乡村经济多元化发展。**加强优秀农耕文化遗产保护与合理、适度利用,推动农村地区传统工艺振兴,发展特色文化产业和工艺产品。整合、盘活农村资源,巩固提升传统产业,发展壮大特色产业,推进产业转型,增强发展后劲,引导带动更多农民致富。坚持以农业供给侧结构性改革为主线,围绕农村工业企业向工业园区集中、农村土地向适度规模经营的目标,运用"城增村减"政策,复垦迁移户原宅基地。以农民专业合作社、家庭农场、专业大户、农业企业等新型农业经营主体为载体,围绕市场需求,调整产业结构,发展科技示范园、生态文化产业园,加快建设高原特色农业基地,推动农业转型升级。重点依托农业产业园区、农业科技园区和农业创业园区,在临翔区、凤庆、云县等地培育发展城乡产业协同发展先行区,创建一批城乡融合示范典型,鼓励经营性与公益性项目综合体立项,促进资金平衡、金融支持和市场化运作,推进城乡要素跨界配置和产业有机融合。

优化乡村经济发展顶层设计。围绕"老产业+新理念+新机制+新技术=新产业"的发展理念,聚焦核桃、澳洲坚果、茶叶、甘蔗、中草药、咖啡6个主导产业,按照"6+N"的发展思路,实现产业脱贫与产业兴旺有效衔接,构建"6+N"产业发展顶层设计政策体系。依托"互联网+"和"双创"推动农业生产经营模式转变,健全乡村旅游、休闲农业、民宿经济、农耕文化体验、健康养老等新业态培育机制。探索农产品个性化定制服务、会展农业和农业众筹等新模式,借鉴临沧普洱茶区域公共品牌的经验,积极开展临沧核桃、澳洲坚果和甘蔗等农产品区域公共品牌创建,打造具有临沧特色、高品质、有口碑的"金字招牌",促进全市世界一流"绿色食品牌"跨越式发展。

5. **促进农民收入持续增长。**推动形成平等竞争、规范有序、城乡统一的人力资源市场，统筹推进农村劳动力转移就业和就地创业、就业。加强对外出务工人员、高素质农民和"新农人"的公共就业创业服务和职业技能培训，培育壮大新型农业经营主体，为农民工资性收入不断提供新动能。构建"政府推动、企业主导、精准对接、稳定就业"的长效机制，推进"城乡人力资源信息管理系统"动态管理，推行"订单、定向、定岗"培训，制定"一对一"个性化转移输出帮扶方案，深入实施巩固自发输出稳岗就业一批、提高组织化程度新增转移就业一批、结合产业发展就近就地就业一批、组建乡村劳务队就业一批、开发扶贫岗位安置就业一批的"五个一批"工程，变群众自发、无序、没有保障的外出务工为有计划、有层次、有保障的转移就业，切实提高农民工资性收入水平。

落实农业农村补贴政策，增加农民转移性收入。用足、用好、用活国家、省级和州级财政、信贷、保险、用地等政策，建立农产品优质优价正向激励机制。履行好政府再分配调节职能，完善对农民直接补贴政策，健全生产者补贴制度。统筹农科、林业、水务、国土、发改、财政等部门配套耕地补贴、退耕还林、高效节水、土地治理、石漠化治理、农业综合开发等项目资金支持，按要求对达到建设标准的基地和流转贫困户土地的新型农业经营主体进行奖励。确保农民家庭经营收入和转移性收入稳步提升。

培育壮大农村集体经济，增加农民财产性收入。按照"全面消除空壳村、持续壮大薄弱村、巩固提升富裕村"的发展思路，实施村干部"岗位补贴＋绩效补贴＋集体经济创收奖励"政策。深入开展城镇拉动、产业带动、服务创收、招商合作、资源开发等模式，实现"空壳村"破壳，"薄弱村"增收。加快完成全市农村集体资产清产核资工作，加快推进经营性资产股份合作制改革，健全农民对集体资产股份的占有、收益、有偿退出及担保、继承权，完善农村集体产权权能。突出党建引领和组织推动，通过"党支部＋集体公司"促规范，"党支部＋龙头企业"兴产业和"党支部＋合作社"富群众等"党支部＋"模式，充分发挥党的组织优势，不断提升组织化程度，创新农村集体经济运行机制，推动村级集体经济从"输血式"向"造血式"转变，确保集体资产保值增值和农民收益，努力增加农民的集体经济收益，破解农民财产性收入的短板与弱项。

专栏4：乡村振兴行动

1. 乡村产业振兴支撑行动

(1) 构建现代农业产业体系。 加快建设以"茶、果、糖、菜"为主导，以冬早蔬菜、冬荞、橡胶、咖啡、渔业、生物药业、水果、花卉等为补充，畜牧业全域发展的产业发展格局。加快推进临沧普洱茶中国特色农产品优势区和临沧坚果实验室建设。积极争取将甘蔗、核桃、临沧坚果、咖啡等产业申报为中国特色农产品优势区。

(2) 构建现代农业生产体系。 建设一批高效节水灌溉基地，不断提高高效节水灌溉面积。创新农业科技研发推广体制机制，开展科技攻关和技术模式创新，加快成果转化和集成应用，提高单位面积产出率，提高科技贡献率。加强基层农技推广体系建设。加大农业机械推广应用力度，提高农业机械化水平。

(3) 构建现代农业经营体系。 培育发展家庭农场、合作社等新型农业经营主体。

以建设追溯体系为抓手，健全农业投入品、农产品和食品质量安全标准体系，推进农产品冷链物流体系建设。加大临沧茶叶、核桃、坚果等系列产品研发力度，不断提高"三品一标"（认定）基地面积，全面建成并巩固全国滇红茶产品知名品牌示范区，培育国家级或省级有机产品认证示范区、知名品牌创建示范区。

2. 文化振兴支撑行动

（1）乡规民约创建行动。 持续开展道德涵养、移风易俗、优良家风培育、民俗文化传承、洁净村庄"五大行动"，引导群众移风易俗，破除陈规陋习和不良习俗，自觉弘扬文明健康的乡风民风。修订完善社区公约、村规民约，建立健全村民议事会、道德评议会、红白理事会、禁毒禁赌会，将移风易俗要求融入村规民约和"四会"章程，褒扬文明新风、批评不良现象，引导农民自我教育、自我约束。

（2）脱贫攻坚精神展示工程。 把培育文明乡风和脱贫攻坚结合起来，依托农村基层党校、文化广场等阵地，开展理想信念、法治宣传和文明礼仪教育，着力提升农民群众思想觉悟、法律意识和文明素养。宣传脱贫致富带头人的典型事迹，弘扬自强不息、勤劳致富的精神，增强贫困群众脱贫致富的内生动力。

（3）示范引领工程。 积极推进文明村、文明家庭、星级文明户等创建活动，开展身边好人、道德模范以及好婆婆、好媳妇、好邻居等推荐评选活动，深化"传家训、立家规、扬家风"家风家训建设，建好村级志愿服务工作站，开展生态保护、旅游指引、文化宣传等志愿服务活动。宣传推广全国道德模范罗映珍、云岭楷模毕世华等一大批模范人物先进事迹，让群众"学有典范，行有标杆"。

3. 组织振兴支撑行动

（1）农村"领头雁"培养工程。 实施村干部能力素质和学历水平提升行动，加强农村基层党员干部后备力量培养。每个建制村储备3～5名35岁以下优秀人才作为村级后备力量。规范建设农村党支部，全面推进农村基层党支部建设达标，围绕"一村一品"的目标，每个村都建强能带领群众干事创业的党组织。

（2）探索建立"村两委"人才吸纳使用机制。 将乡土能人、农村乡贤、退伍军人、离退休干部、大学生村干部等人才纳入村级组织，让村最有能力的人各尽其才，解决好群众"急难愁盼"问题，实现村级党组织振兴。

（3）乡村基层组织运转经费保障。 加大资金投入，全面执行以财政稳定投入为主的村级组织运转经费保障政策，重点保障村干部基本报酬、村级组织办公经费、农村公共服务运行维护支出、村干部补贴等。

4. 人才振兴支撑行动

（1）高素质农民和新农人培养工程。 重点依托临沧农业学校、滇西科技示范学院等大中专院校，大力开展高素质农民和新农人培育，鼓励支持新型农业经营主体与学校开展顶岗实习、引企入教、工学交替、协同育人等"产教融合"实践，每年培训5万人以上。

（2）培育专业队伍。 推行乡村教师"县管校聘"，认真实施好"三支一扶"、特岗教师计划等，组织实施高校毕业生基层成长计划和村干部学历提升计划。支持滇西科技师范学院、市县职业院校综合利用教育培训资源，为乡村振兴培养专业人才。加大乡村全科医生培养力度，继续开展农村订单定向医学生免费培养。扶持培养一批农业职业经理人、经纪人、乡村工匠、文化能人、非遗传承人、土专家和田秀才等实用型人才。

(3) 鼓励社会力量参与。建立有效激励机制，吸引支持企业家、党政干部、专家学者、医生教师、技术人才等，通过下乡担任志愿者、投资兴业、包村包项目、行医办学、捐资捐物等方式助力乡村振兴，激励各类人才在农村广阔天地大施所能、大展才华、大显身手、建功立业，努力打造一支懂农业、爱农村、爱农民的"三农"工作队伍。

第六节　临沧市"十四五"时期新型城镇化的政策建议

临沧新型城镇化发展要以促进农民融入城镇为核心，瞄准新型城镇化"人、地、钱"的瓶颈，在城乡户籍、城镇住房、土地利用和投融资等方面创新体制机制，优化政策组合，促进临沧新型城镇化有序健康发展。

一、有序推进农业转移人口市民化

聚焦农业转移人口市民化"转得出、留得下、过得好"的导向，分类推进农业转移人口市民化，让农民转得"放心"，落实户籍变动与农村"三权"脱钩，让农民转得"安心"，推进基本公共服务全覆盖，让农民转得"贴心"。

1. **分类推进农业转移人口市民化，解决什么样的"人"市民化的问题。**按照"进得来、留得下、有保障、能发展"的思路，推动全市及周边原有居民市民化，统筹推进城中村、城边村、城郊接合部、城镇建成区、棚户区、旧工业园区、旧工矿厂区改造和"村改居"工作，推动原有居民全部市民化；鼓励稳定就业生活的城镇非户籍人口市民化，以推进有意愿和有能力的外来务工人员、返乡农民工等在城镇落户。引导搬迁撤并的部分农村居民市民化，坚持易地扶贫搬迁、生态宜居搬迁、重大项目建设搬迁、村庄集聚发展搬迁与新型城镇化结合。精准识别进城常住的建档立卡农村贫困人口，降低落户门槛，提高落户便利性，维护落户人口农村权益，促进有能力在城镇稳定就业生活的农村贫困人口就近、就地落户城镇。探索建立城乡统一的户口登记制度，全面取消城镇落户限制条件，全面推行流动人口居住证制度，在市、县（区）设立公安一站式落户服务办证点，加快推进户籍制度改革和农业转移人口市民化。

2. **全面保障农民进城人口权益，解决"人"后顾之忧的问题。**加快户籍变动与农村"三权"脱钩，不得以退出"三权"作为农民进城落户的条件，促进有条件的农业转移人口放心落户城镇。切实维护进城落户农民土地承包经营权、宅基地使用权、农房所有权、林权和农村集体经济收益分配权，保留其集体资金、资产、资源收益分配权，支持引导其依法、自愿、有偿转让农业产权。

3. **推进基本公共服务全覆盖，解决"人"过得好的问题。**优化配置城乡公共服务资源，实现基本公共服务均等化和全覆盖。保障符合条件的未落户农民工在流入地平等享受城镇基本公共服务。对吸纳农业转移人口较多城镇的公共服务能力建设给予倾斜支持，增强城镇公共产品供给能力。基本形成全市城乡义务教育资源均衡配置机制，按照人口动态监测情况布局城乡教育资源，落实"两为主、两纳入"要求，保障农民工随迁子女以流入地公办学校为主接受义务教育，以普惠性幼儿园为主接受学前教育，推进实施农民工随迁子女在流入地接受中等职业教育免费政策。促进市域内医疗卫生服务一体化管理，将农业转移人口纳入社区卫生和计划生育服务体系，加强农民工聚居地的疾病监测、疫情处理和突发公共卫生事件应对。把进城落户农民完全纳入城镇社会保障体系，做好基本医疗保险关系转移接续和异地就医结算工作，加快建立覆盖城乡的社会养老服务体系。

二、完善城镇住房制度

建立购租并举的城镇住房制度，完善城镇住房保障体系，加快发展专业化住房租赁市场，建立多元化互为补充的住房保障体系，努力解决"人"住得好的问题。

1. **建立购租并举的城镇住房制度。**严格落实政府住房保障责任，通过鼓励用人单位自建以及依托市场租赁、实行公共租赁住房先租后售、建立农业转移人口住房公积金制度、购房税费减免、强化房贷金融支持等方式，解决转户进城的农业转移人口住房困难问题。把转户进城的农业转移人口住房问题纳入城镇住房建设规划和住房保障规划统筹安排解决，拓宽资金渠道，建立各级财政保障性住房稳定投入机制，调整布局结构，加大面向产业聚集区的公共租赁住房建设力度，并将城镇保障性住房建设延伸到乡镇。每年将至少1/3可分配公共租赁住房房源用于解决农业转移人口住房问题。外出务工人员集中的开发区和产业园区可建设单元型或宿舍型公共租赁住房，外出务工人员数量较多的企业可在符合规定标准的用地范围内建设外出务工人员集体宿舍。探索由集体经济组织利用农村集体建设用地建设公共租赁住房。

2. **完善城镇住房保障体系。**住房保障采取实物与租赁补贴相结合并逐步转向租赁补贴为主的方式。加快推广租赁补贴制度，采取市场提供房源、政府发放补贴的方式，支持符合条件的农业转移人口通过住房租赁市场租房居住。完善商品房配建保障性住房政策，鼓励社会资本参与建设。归并实物住房保障种类。完善住房保障申请、审核、公示、轮候、复核制度，严格保障性住房分配和使用管理，健全退出机制，确保住房保障体系公平、公正和健康运行。

3. **加快发展专业化住房租赁市场。**推进住房租赁规模化经营，鼓励成立经营性住房租赁机构，并允许其通过长期租赁或购买社会房源，直接向社会出租，或根据市场需求进行装修改造后向社会出租，提供专业化的租赁服务。支持房地产开发企业改变经营方式，从单一的开发销售向租售并举模式转变。鼓励有条件的房地产开发企业在新建商品房项目中长期持有部分房源，用于向市场租赁或与经营住房租赁的企业合作，建立开发与租赁一体化、专业化的运作模式。可以通过购买的方式，把适合作为公租房或者经过改造符合公租房条件的存量商品房转为公共租赁住房。

三、完善土地利用机制

规范推进城乡建设用地增减挂钩，建立城镇低效用地再开发激励机制，因地制宜推进低丘缓坡地开发，完善土地经营权和宅基地使用权流转机制，解决临沧新型城镇化"地"的问题。

1. **规范推进城乡建设用地增减挂钩。** 积极推进城乡建设用地增减挂钩工作。充分发挥增减挂钩政策在促进城乡统筹方面的优势作用，全面推行城乡建设用地增减挂钩政策。建立城镇建设用地增加与吸纳农村转移人口相挂钩机制，对吸纳农业转移人口多的城镇在城乡人居环境提升、城镇重大基础设施等项目用地方面给予优先支持。在符合土地利用总体规划的前提下，推进和规范增减挂钩工作，按时归还增减挂钩指标的地区，市级分解下达增减挂钩指标时给予倾斜支持。

2. **建立城镇低效用地再开发激励机制。** 建立健全"规划统筹、政府引导、市场运作、公众参与、利益共享"的城镇低效用地再开发机制，盘活利用现有城镇存量建设用地，建立存量建设用地退出激励机制，允许存量土地使用权人在不违反法律法规、符合有关规划的前提下，按照有关规定经批准后对土地进行再开发。完善城镇存量土地再开发过程中的供应方式，鼓励原土地使用权人自行改造，涉及原划拨土地使用权转让需补办出让手续的，经依法批准，可采取规定方式办理并按照市场价缴纳土地出让价款。推进临沧市、县（区）老城区棚户区、旧厂房、城中村的改造和保护性开发，发挥政府土地储备对盘活城镇低效用地的作用，加强农村土地综合整治，健全运行机制，规范推进城乡建设用地增减挂钩，总结推广工矿废弃地复垦等做法，在政府、改造者、土地权利人之间合理分配改造的土地收益。

3. **因地制宜推进低丘缓坡地开发。** 坚持"基础设施先行、分期组团建设，产业发展支撑、社会事业配套"的山地城镇开发模式，在坚持最严格的耕地保护制度、确保生态安全、切实做好地质灾害防治的前提下，在资源环境承载力适宜地区开展低丘缓坡地开发试点。基于临沧边合区城乡建设用地增减挂钩试点和低丘缓坡土地综合开发利用试点经验，匹配市、县（区）建设用地需求积极开展低丘缓坡土地综合开发利用试点项目申报，采用创新规划设计方式、开展整体整治、土地分批供应等政策措施，合理确定低丘缓坡地开发用途、规模、布局和项目用地准入门槛。

4. **完善土地经营权和宅基地使用权流转机制。** 加快推进农村集体土地确权登记颁证工作，依法维护农民土地承包经营权，赋予农民对承包地占有、使用、收益、流转及承包经营抵押、担保权能，保障农户宅基地用益物权，改革完善农村宅基地制度，慎重稳妥推进农民住房财产权抵押、担保、转让，严格执行宅基地使用标准，禁止一户多宅。

借鉴成都简阳市"就地入市＋"盘活沉睡资源、"整理入市＋"打造美丽乡村、"交易入市＋"催生新兴业态、"配套入市＋"发展特色产业和"宅改入市＋"发展乡村旅游等模式经验，探索农户对土地承包权、宅基地使用权、集体收益分配权的自愿有偿退出机制，支持引导其依法、自愿、有偿转让上述权益，提高资源利用效率，防止闲置和浪费。在符合规划和用途管制前提下，允许农村集体经营性建设用地出让、租赁、入股，实行与国有土地同等入市、同权同价，积极创新探索整块用地直接入市、零星用地整理入市、城中村腾出入市等多种方式。建立农村产权流转交易市场，推动农村产权流转交易公开、公正、规范运行。

四、创新投资、融资机制

深化政府和社会资本合作，加大政府投入力度和强化金融支持，解决临沧新型城镇化建设"钱"的问题。

1. **深化政府和社会资本合作（PPP）**。进一步放宽准入条件，健全价格调整机制和政府补贴、监管机制，广泛吸引社会资本参与城市基础设施和市政公用设施建设和运营。鼓励民间资本通过直接投资、与政府合作投资、政府购买服务以及购买地方政府债券等形式，参与城镇公共服务、市政公用事业等领域的建设。加快市政公用事业改革，完善特许经营制度和市政公用事业服务标准，促进市政公用服务市场化和服务项目特许经营。建立健全城市基础设施服务价格收费机制，让投资者有长期稳定的收益，加快临沧PPP项目库项目尽快落地和实施。根据经营性、准经营性和非经营性项目不同特点，采取更具针对性的政府和社会资本合作模式，鼓励公共基金、保险资金等参与项目自身具有稳定收益的城市基础设施项目建设和运营。加快推进国资公司市场化改革，实现"政企分开""政资分开"，完成国资公司AA信用评级，创新融资方式，积极运用"园中园"经验成果，在临沧工业园区的东片区、火车站片区开发中探索"1＋N"等方式，吸引和利用社会资本推进项目开发建设。

加大"美丽县城"项目包装，充实项目支撑，把"美丽县城"建设资金分年度纳入县财政预算，采取财政资金引导、引进社会资本、金融机构贷款等多种渠道筹措建设资金。把棚户区、老旧小区改造与"美丽县城"建设有机统一、推进实施。大力引进社会资本参与"美丽县城"建设，健全政府和社会资本合作（PPP）机制，充分发挥财政资金"杠杆撬动"和"放大效应"。鼓励各类金融机构加大对"美丽县城"建设信贷支持力度，与各级财政资金、项目业主投入资金形成联动。采取政府补贴和群众自筹相结合的方式，调动全县居民参与"美丽县城"建设的积极性。

2. **加大政府投入力度**。坚持市场在资源配置中的决定性作用，更好地发挥政府作用，明确新型城镇化进程中政府职责，优化政府投资结构，安排专项资金重点支持农业转移人口市民化有关配套设施建设。健全市、县（区）、街道、乡镇、行政村政府间事权与支出责任相适应机制。编制公开透明的政府资产负债表，探索通过发行地方政府专项债券等多种方式拓宽城市建设融资渠道。重点依托临沧的市（区、县）各级城市建设投资公司，积极探索实施PPP和地方政府专项债结合，撬动社会资本投资，发挥协同加力效应，创新临沧新型城镇化多元化融资模式。

3. **强化金融支持**。争取中央和云南省级专项建设基金，扩大支持新型城镇化建设的覆盖面，安排专门资金定向支持临沧中心城市、孟定新城、"美丽县城"、特色小镇、田园综合体和美丽乡村的基础设施和公共服务设施建设。重点依托临沧市开发投资有限责任公司，探索利用财政资金和社会资金设立临沧新型城镇化发展基金，整合政府投资平台设立新型城镇化投资、融资平台。进一步完善政府引导、市场运作的多元化投融资体制，建立透明规范的城市建设投融资机制，重点依托临沧市、县（区）城投公司，积极对接云南省城市建设投资集团有限公司（云南城投）、中国城投等市级、省级和国家级城市建设投资平台等战略投资者，采取银行贷款、委托贷款、永续债、公私合营（PPP）、打捆式开发、资源转换式开发等以及债转股、IPO 等直接融资方式，拓宽新型城镇化建设融资渠道。利用《临沧市国家可持续发展议程创新示范区》政策契机，建立绿色投融资机制。支持金融机构在临沧设立绿色金融事业部或绿色银行，鼓励发展绿色信贷，探索特许经营权、项目收益权和排污权等环境权益抵（质）押融资。加快发展绿色保险，创新生态环境责任类保险产品。完善政府性融资担保机制，引导和鼓励金融机构加大对绿色产业的支持，推进沿边金融综合改革试验区建设。

4. **建立工商资本入乡促进机制。**深化"放管服"改革，强化法律规划政策指导和诚信建设，打造法治化、便利化基层营商环境，稳定市场主体预期，引导工商资本为城乡融合发展提供资金、产业、技术等支持。完善融资贷款和配套设施建设补助等政策，鼓励工商资本投资适合产业化、规模化、集约化经营的农业领域。通过政府购买服务等方式，支持社会力量进入乡村生活性服务业。支持城市搭建城中村改造合作平台，探索在政府引导下工商资本与村集体合作共赢模式，发展壮大村级集体经济。建立工商资本租赁农地监管和风险防范机制，严守耕地保护红线，确保农地农用，防止农村集体产权和农民合法利益受到侵害。

五、叠加创新示范区政策

聚焦临沧国家可持续发展议程创新示范区建设四大行动，叠加发挥创新示范区建设对外开放、资源保护性开发、科技创新和人才服务政策优势，协同推进临沧国家可持续发展议程创新示范区建设与新型城镇化有机融合高质量发展。

1. **对外开放政策与体制机制。**推动中缅双方开放合作。推动签订中缅税收协定、双边本币结算协议及中缅货币互换协议，建立金融结算系统，试点人民币跨境贸易结算中心；推动缅甸放开过境贸易货物类别；推动签署《中缅两国跨境道路运输协定》。推动临沧市参与中缅双方商务部、财政部等部长级磋商机制，与缅甸商务部相关司局级建立定期商务会谈会晤机制。建立中缅各级双边卫生防疫合作会商联系制度和常态联系制度。以"四个先行"推动"五通"。以"企业先行、民心先行、文化先行、地方先行"，推动"政策沟通、设施联通、贸易畅通、资金融通、民心相通"，对缅经贸合作实现重大突破。推进国际贸易"单一窗口"和"通报、通检、通签"大通关建设，提高报检效率，压缩流程和时间。依托清水河国家一类开放口岸，打造自由贸易港、区域性国际金融港、国际文化产业示范区和跨境旅游购物中心，建设双边经济合作样板区。

创新便利化通关体系。推动缅方允许清水河口岸持护照通行常态化。简化外籍公民就业许可，简化境外边民个体工商登记，放宽入市商品范围。推进临沧方向跨境旅游，支持从孟定清水河口岸和镇康南伞口岸出入境的三条边境旅游线路开展边境旅游异地办证业务。争取把临沧纳入全省沿边自由贸易试验区规划建设范围。推进长江经济带海关区域、两广地区通关一体化。推广直通放行、无纸化通关等新型监管模式。推动缅甸政府允许持有效护照及签证的双方公民，持有效护照及签证或有效国际旅行证件的第三国公民及货物通过。争取授予临沧市外商投资企业核准登记权。放宽中缅边境境外边民入境投资、务工、旅游等临时居停留申请事由，允许在边境市（州）范围内临时居停留。

2. **特色资源保护性开发政策。**推进特色资源地方立法保护。制定《临沧市古茶树保护条例》《临沧市南汀河保护管理条例》《临沧市城乡清洁条例》《临沧市香竹箐"锦绣茶尊"保护条例》等地方法规，提高特色资源保护法制水平和法治能力。推进特色资源高效开发。支持绿色产业企业与华能澜沧江水电股份有限公司及国投云南大朝山水电有限公司签订购售电双边协议，降低用能成本，促进环境友好型产业发展。建立绿色食品知名区域公用品牌和企业产品品牌评价管理办法。完善市、县（区）、乡、村农产品质量安全监管体系，实现农产品质量安全追溯。组建临沧旅游文化投资开发公司，以"一部手机游云南"为平台，运用互联网推动旅游产品业态创新、发展模式变革、服务效能提高。推进民族文化保护传承。成立少数民族文化研究中心，加强佤文化研究中心、非物质文化遗产保护中心建设。建立多元化传媒经营公司。鼓励民间资本投资文化产业项目，鼓励有实力的企业、团体依法组建文化投资公司，促进金融资本与文化资源对接。

3. **科技创新体制机制。**①科技管理创新。整合政府各部门科技管理资源，强化科技管理职能。建立市县（区）科技成果转化中心8个，建设省级科技成果转化示范县3个。建立科技成果转化专家咨询委员会，为科技成果转化规划、计划和项目评审等提供论证、咨询和指导。突破科技支持临沧行动在财政上的地域限制。②科技成果转化运用。支持企业购买重大科技成果，对企业购买重大科技成果的，按其技术交易额的10％给予一次性补助。对企业与高校院所开展联合攻关或自主研发的，按其研发投入的5％给予一次性补助。对科技成果转化并实现产业化的，按新增销售收入的15％给予一次性补助。对拥有自主知识产权、创新能力强、符合临沧市产业技术发展导向的新创办和引进的科技创新型企业，经认定后给予资金补助。③建设科技创新平台。与国内外高等院校和研究机构合作设立分支机构。建立院士专家工作站、博士后科研流动站和科研工作站，建立产业技术创新战略联盟、国际科技合作基地、校企合作技术创新基地（中心）、企业技术中心、工程技术研究中心、工程研究中心（工程实验室）等创新平台，建立省级众创空间、科技孵化器、科技园区和校园创业平台。

4. **人才服务体制机制。**①大力引进高层次人才。制定《临沧市高层次人才引进办法（试行）》，采取全职引进和柔性引进方式，大力引进发展需要的高层次人才。对全职引进的高层次人才，除享受国家规定的相关待遇外，根据其学术水平市财政分别给予40万元、20万元、15万元、5万～8万元不等的一次性安家补助。鼓励采取岗位聘用、项目聘用、短期聘用、项目和技术咨询等方式柔性引进高层次人才，优先安排科技项目，对有重大价值的科研项目，市财政给予10万～20万元的科技启动经费支持。建立高层次人才服务绿色通道，为高层次人才提供服务。②积极引进紧缺人才。实施聘请教育、医疗卫生人才援建边疆帮扶临沧工作办法，为每名援建帮扶人员提供1套周转住房，每月给予 1.5 万元的补助，每年给予 1 万元的交通费补助。提供当地同等干部医疗待遇，每年安排 1 次体检。③着力培养本地人才。实施"沧江名匠、名师、名医、名家""沧江产业技术领军人才"等高层次人才选拔培养工程。依托"西部之光"访问学者、基层人才对口培养计划等培养项目，培育一批"土专家""田秀才"。实施"临沧英才工程""企业名家工程""人才储备工程"和"千名现代产业技术人才培养计划"，多渠道、多层次培养产业技术人才。培养市级以上学术和技术带头人、技术创新人才，建立科技创新团队。

第三章　蒙自市"十四五"时期新型城镇化发展思路和重大举措研究

蒙自新型城镇化坚持协调发展理念，以协调推进新型城镇化战略和乡村振兴战略为抓手，以缩小蒙自城乡、坝区与山区发展差距与居民生活水平差距为目标，以解决新型城镇化"人、钱、地"问题为导向，加快推进农村产权"确权、赋能、搞活"，推动蒙自新型城镇化健康发展，加快培育特色小城镇，辐射带动美丽乡村和乡村振兴，走出一条"以人为本、四化同步、优化布局、生态文明、文化传承"的符合蒙自实际、具有蒙自特色的"城、镇、乡"三位一体的新型城镇化道路。

第一节　蒙自市新型城镇化发展的现状

蒙自市委、市政府高度重视新型城镇化建设，先后出台了一系列重大举措和政策措施，强力推进全市新型城镇化水平稳步提升。抓住城镇化健康发展综合改革试点和国家新型城镇化综合试点的有利时机，加快构建以滇南中心城市为龙头，以蒙自为支撑，以长桥海和大屯海为两翼，以其他坝区、山区中心集镇和特色村寨为节点的新型城镇化体系，新型城镇化扎实推进、成效显著。2019 年，建成区面积增至 33.63 平方千米，常住总人口达到 50.4 万人，常住城镇人口 37.9 万人，常住人口城镇化率达到 75.19%。

一、农业转移人口市民化不断推进

制定《蒙自市公安局深化户籍制度改革实施细则（试行）》，建立城乡统一的户口登记制度。全面取消城镇落户限制条件，全面推行流动人口居住证制度，加快推进户籍制度改革和农业转移人口市民化。积极推动已在城镇就业、有能力并且愿意落户的农业转移人口落户，配套落实基本公共服务全覆盖，完善住房保障机制，推进户籍变动与农村"三权"脱钩，使进城外出务工人员的权益得到进一步保护。开创了云南省乃至全国依托中小城市集群，是就地、就近实现农业转移人口市民化的典范。2015—2019 年，蒙自常住城镇人口和常住人口城镇化率稳步上升（图 3-1）。

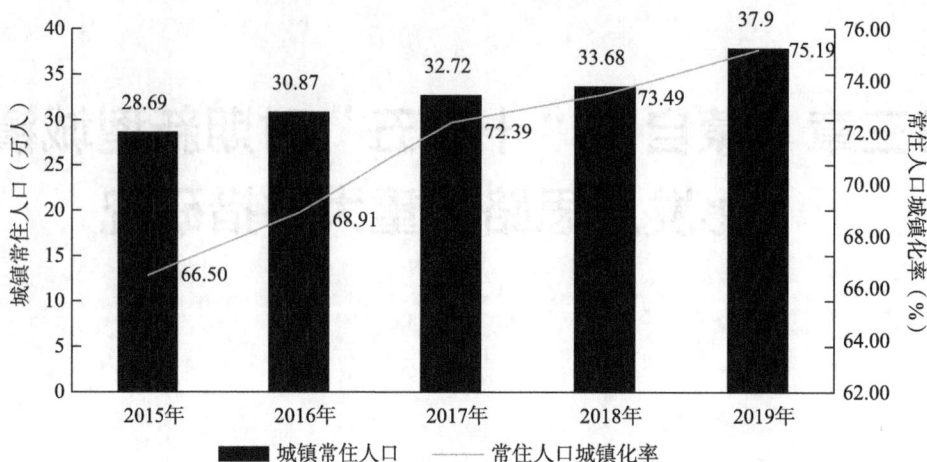

图 3-1　2015—2019 年蒙自城镇常住人口及常住人口城镇化率

二、城镇化布局和形态不断优化

围绕建设蒙自"滇南中心·国家门户"的核心城市的定位，依据《红河州城镇体系规划（2017—2050）》《红河州对外开放发展战略规划（2018—2035）》和《滇南中心城市总体规划（2017—2035）》，出台《蒙自城市总体规划（2004—2020）》《蒙自市城市近期建设规划（2016—2020）》和《蒙自工业园区控制性详细规划》等综合规划和专项规划，优化城镇空间布局顶层设计，提升和增强城市规划科学性和权威性。促进"多规合一"和城镇设计，形成"一城两廊，一心两海，三区九片"的滇南城市群蒙自核心区的城市群格局，推动城市发展由"南湖时代"向"两海时代"迈进。新型工业不断向经开区、综保区和蒙自工业园区集聚，老城历史风貌片区、红河学院片区、州级行政中心片区、市级行政中心片区、长桥海晏新型城镇化片区、碧色寨文化旅游片区和新安所历史文化名镇片区的生活文化魅力不断提升。滇南绿洲片区、南山公园片区生态功能日臻完善，蒙自全市生产、生活、生态的"三生"空间形态不断优化。新时代"活力蒙自、美丽蒙自和荣誉蒙自"的特性与灵魂不断彰显。

三、产城融合和市区融合不断深化

出台《关于推进市区融合发展的实施意见》，遵循"以产兴城、以城聚产、相互促进、融合发展"原则，不断完善经开区、综保区和工业园区建设，促进三区周边城市产业配套，抓实现代服务业，推动新城区与老城区并举、三区与中心城区并重、生活性服务业与生产性服务业同向发力，打造产业集群，培育新兴产业，激发区域发展活力，以绿色新型建材为主导产业的蒙自工业园区椅子山片区冉冉升起。着力打造滇南中心城市核心区，以长桥海、大屯海"两海"片区为引领，推动滇南中心城市核心区与经开区、综保区基础设施建设发展规划融合、产业功能定位融合、资源要素配置融合，走出一条城市产业化、园区城镇化、市区公园化的产城融合、市区融合发展之路。2015—2019

年,蒙自市 GDP 分别为 144.03 亿元、164.31 亿元、190.96 亿元、208.25 亿元和 355.15 亿元,增长 13.1%、15.1%、17.4%、12.0%和 13.6%(图 3 - 2)。

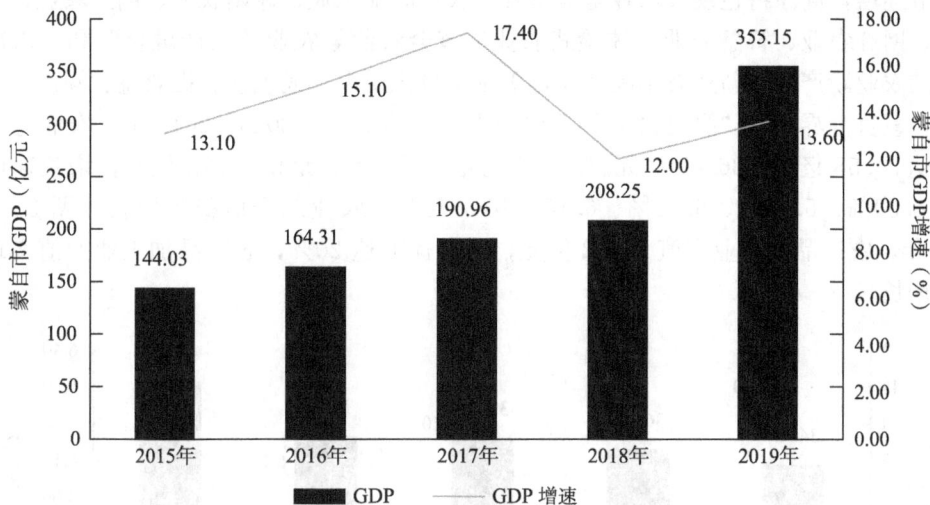

图 3 - 2 2015—2019 年蒙自 GDP 及增速趋势

四、城镇功能与宜居水平不断提升

围绕滇南中心城市"现代化开放型山水田园城市"定位,按照美丽县城创建指标,围绕"干净、宜居、特色"要素,争创省州首批美丽县城,出台《蒙自市"美丽县城"建设实施方案》,聚焦城市公厕、老旧小区和棚户区改造、垃圾分类、道路改扩建、农贸市场改造提升、城市照明绿化和公交出行、城市慢性系统建设等蒙自基础设施和公共服务弱项短板,不断提高居民城市生活体验度、便利性、获得感和幸福感。坚持"小切口、大成效"原则,突出"绿化、亮化、规划、便利化、整洁化、文明化"重点,持续提升城市格局和品位。深入实施城乡人居环境提升行动,继续推进城乡"四治三改一拆一增"和村庄"七改三清"。学习浙江"千村示范、万村整治"经验,加强村庄布局规划、乡村建设、村容村貌提升和农村建房许可管理。扎实推进美丽乡村、美丽公路、美丽社区、美丽校园、美丽企业、最美庭院创建活动。凸显生态宜居,深入开展河湖"清四乱"专项行动,加大长桥海、大屯海水体治理,建设长桥海水库扩建和"一海两河"生态治理项目,加快建设长桥海东坝涝区生态治理项目,实施大屯海"清网行动",加大庄寨水库、菲白水库入库河流及杨柳河等重点河道治理。

五、乡村振兴的产业兴旺基础不断夯实

出台《蒙自市关于贯彻乡村振兴战略的实施方案》抓水果、蔬菜、优质稻、中药材和肉蛋奶"五大主导产业"建设,高原特色农业产业体系、生产体系和经营体系稳步构建。依托"农业提升81111"和"一县一业""一村一品"工程,以佳沃和海

升万亩现代农业产业园项目为抓手，巩固提升国家级出口食品农产品质量安全示范区建设，加强农产品质量追溯体系建设，建成 25 万亩高原特色农业示范区，粮食总产量十五连增，高原特色现代农业蓄势待发。农产品加工业、休闲农业、创意农业、电商农业、网红农业、智慧农业、体验式农业、节会农业等农业"三产融合"和"六次产业"的农业新产业、新业态不断涌现，引领蒙自优质果蔬成规模、提效益、闯市场、树品牌，蒙自世界一流"绿色食品"基地魅力进一步彰显。2015—2019 年，农业总产值分别达 34.58 亿元、36.62 亿元、38.16 亿元、38.42 亿元和 45.73 亿元，增长速度分别为 6.30%、5.70%、6.20%、6.10% 和 5.70%，农业总产值稳步增长（图 3-3）。2019 年，农产品加工业产值 23.32 亿元，增长速度达 20%，农产品加工业产值实现跨越式增长。

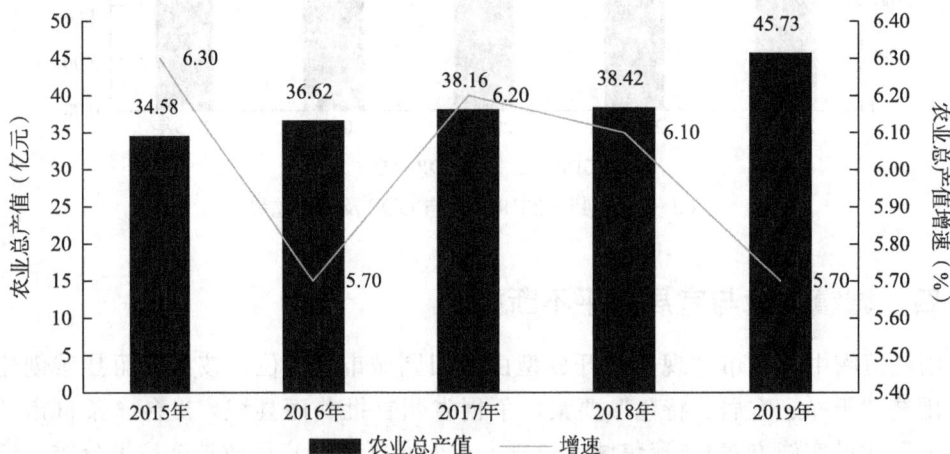

图 3-3　2015—2019 年蒙自农业总产值及增速趋势

第二节　蒙自市新型城镇化的主要问题

一、城乡山坝发展不平衡、不协调

蒙自虽然是非贫困县，全市 7 个山区乡镇与坝区相比，坝区和山区建设极不平衡，贫困覆盖面广，贫困程度深，贫困人口多，基础设施建设严重滞后，民生领域欠账较多，乡村发展整体水平亟待提升，城乡建设差距较大，严重制约了整体城镇化发展进程。2015—2019 年，城镇、农村常住居民人均可支配收入分别达 26 922 元和 10 417元、29 883 元和 11 771 元、31 990 元和 12 567 元、34 901 元和 13 736 元、38 077 元和15 178 元，城乡居民人均可支配收入之比达 2.58∶1、2.54∶1、2.55∶1、2.54∶1 和2.51∶1，尽管呈现逐步缩小趋势，但城乡居民收入绝对值差距仍然较大。主要的原因在于农民适应生产力发展和市场竞争的能力不足；支农体系相对薄弱，农村金融改革任务繁重，城乡之间要素合理流动机制亟待健全；乡村治理体系和治理能力亟待强化。坝区产业发展虽然积累了较好的经验，但在山区应用时却受到山区自然条件和人的意识的影响，效果并不理想，脱贫攻坚任务依然繁重。

二、农业转移人口市民化任务依然繁重

由于吸引农民落户仍然存在政策偏差和体制门槛，人地挂钩、人钱挂钩等政策尚未完全落地，多元化成本分担机制不完善，地方政府推进农民工市民化的积极性还有待提高。城市向进城务工农民尤其向边缘、弱势群体提供基本公共服务的能力不足和质量不高的问题突出。进城常住农民难以享受与城市居民一样的教育、医疗、就业公共服务，致使农业转移人口就业能力偏低、收入水平较低，距离进城务工农民"进得来、留得下、过得好"的目标还有较大的差距，农业转移人口市民化的任务仍然较为繁重。2015—2019 年，蒙自常住人口城镇化率分别为 66.50％、68.91％、72.39％、73.49％ 和 75.19％，户籍人口城镇化率分别为 54.56％、53.40％、52.24％、52.76％ 和 54.04，二者仍然存在 11.94、15.51、20.15、20.73 和 21.15 个百分点的差距，并且呈现逐步扩大的趋势。

三、新型城镇化土地资源约束矛盾突出

蒙自执行的是 2006 年省政府批准实施的《蒙自城市总体规划 2004—2020》，其城市建设用地范围为 53.9 平方千米，由于蒙自迅速扩容快速发展，部分项目建设用地已超出总规划确定的城市建设用地范围，城市建设用地与城市发展存在矛盾。根据《蒙自市土地利用总体规划（2010—2020)》，至 2020 年，全市城镇用地增加至 3 470.32 公顷，占全市土地总面积的 1.60％，较 2009 年增加 1 102.15 公顷。在推进滇南中心城市核心区和新州府建设的进程中，需要使用大量安排公共服务设施、农民预留地及筹集城市建设资金所需的开发建设等建设用地，受红河工业园区项目用地制约，蒙自实际可供建设用地受限，大量项目建设用地无法按时按量提供，规划建设用地指标难以满足城镇化建设发展需要，制约了城市的建设和发展。

四、新型城镇化建设资金的支撑力不足

海绵城市、地下综合管廊等项目需投入大量资金，而实施的 PPP 项目多数集中在生态文明建设和市政基础设施方面，项目投资额大、投资回收期限长、收费获益有限，造成了 PPP 项目的投资风险较大，PPP 项目推广和落地的难度较大。城镇化建设项目多、投资大，中央、省州财政压减专项转移支付，资金保障压力较大。2015—2019 年，蒙自地方一般公共预算收入分别为 16.82 亿元、17.55 亿元、18.71 亿元、15.28 亿元和 15.98 亿元，而地方一般公共预算支出 31.69 亿元、33.59 亿元、34.98 亿元、34.63 亿元和 36.70 亿元，收支缺口分别为 14.87 亿元、16.04 亿元、16.27 亿元、19.35 亿元和 20.72 亿元，财政赤字不断增加，用于新型城镇化建设的财政资金空间被不断挤压。

五、山区乡镇发展能力和特色彰显不足

蒙自山区和坝区发展不平衡的问题突出，山坝之间的差距依然不小。山区村镇受地形影响，交通不便，主要以种植粮食及烤烟等经济作物为主，养殖业尚未形成规模，特

色旅游资源尚未开发，产业结构不合理，就业机会少，绝大部分乡村人口主要从事第一产业，部分人口外出务工，山区村镇经济发展能力不足。2019 年，山区期路白苗族乡、鸣鹫镇、冷泉镇、芷村镇和老寨苗族乡的农民人均纯收入分别为 7 649 元、9 601 元、9 990 元、10 210 元和 10 413 元，而坝区的雨过铺街道农民人均纯收入达 15 380 元。同时，村镇特点不突出，民族特征、民居特点尚未被挖掘，难以形成规模，民族和民居的特色难以彰显。

第三节　蒙自市"十四五"时期新型城镇化发展的思路

依据《国家新型城镇化规划（2014—2020 年）》《云南省新型城镇化（2014—2020 年）》和《红河州城镇体系规划（2017—2050）》的主旨与精神，蒙自市"十四五"新型城镇化发展过渡到从速度型扩容向质量型提升的转变，从粗放型扩张向集约型发展转变的重要时间窗口。提升蒙自新型城镇化品质和推进新型城镇化高质量建设的关键在于，坚持从蒙自基本市情出发，按照"五位一体"总体布局和"四个全面"战略布局，牢固树立"创新、协调、绿色、开放、共享"的发展理念，主动服务和融入"民族团结进步示范区、生态文明建设排头兵、面向南亚东南亚辐射中心"建设，发挥蒙自在"融入滇中、联动南北、纵贯东西、开放发展"的"经开区、综保区、自贸区"三区优势，加快推进蒙自融入滇中城市群和"个开蒙"滇南中心城市建设步伐，努力走出一条"以人为本、四化同步、优化布局、生态文明、文化传承"的蒙自特色新型城镇化道路。以人的城镇化为核心，有序推进农业转移人口市民化；以滇南城市群为主体形态，推动山坝子大、中、小城镇协调发展；以生态综合承载能力为支撑，提升城市可持续发展水平；以体制机制创新为保障，通过改革释放城镇化发展潜力。到 2025 年蒙自常住人口城镇化率将达到 80% 左右，户籍人口城镇化率将达到 56% 左右。

一、凸显以人为本的新型城镇化核心

城镇化是物的城镇化，也是人的城镇化，但归根到底是人的城镇化，以人为本是新型城镇化的根本价值遵循，秉承美丽蒙自"干净、宜居、特色"的理念，依托蒙自"两海、两山"现有山水脉络的独特自然风光，让城市建设融入大自然的怀抱，让居民望得见山、看得见水、记得住乡愁，让良好的生态环境成为蒙自最普惠的民生福祉。加强历史文化风貌街区保护与开发，保护和改造好古街、古巷、古建筑、古遗迹，留住蒙自符号、蒙自记忆，保护和弘扬"文化蒙自"的传统优秀文化，培育与延续"崇文尚德·开放包容"的蒙自精神，塑造向上向善的社会心态，提升打造城市名片和软实力，把蒙自建设成为现代山水田园城市，不断提高蒙自人的归属感、获得感和幸福感。

二、塑造城镇群为主的新型城镇化主体形态

利用滇中城市群和"个开蒙"滇南中心城市群战略叠加机遇，借助"以综保区为引领、经开区为支撑、自贸区为前沿"的对内对外全面开放优势，加快推进蒙自"一城两

廊,一心两海,三区九片"的城镇化空间格局,完善全市城镇规模结构,突出中心城市辐射带动作用,增强小城镇服务功能,优化城镇体系结构,促进山坝城镇协调发展,增强城镇承载能力和综合实力。滇南中心城市蒙自核心区聚集要素、资本、人口的能力明显增强,以蒙自为中心区的滇南城市群一体化水平和面向南亚、东南亚的国际竞争力明显提高,成为红河州乃至云南省区域发展的新重要增长极。

三、践行绿色发展的新型城镇化生态底色

把握国家新型城镇化生态文明方向,树立"绿水青山就是金山银山"的绿色发展理念,争当生态文明建设排头兵。以绿色发展理念发展现代高原特色农业,建设高标准农田,建设循环发展的生态养殖基地,发展立体生态农业,切实减少农业生产对环境的污染和破坏。以绿色发展理念促进工业转型迭代升级,用循环经济理念指导产业培育,推行生态工业园区建设,发展低碳工业和循环工业,降低排放、减少消耗,促进工业经济绿色迭代升级。用绿色发展理念全面提升城市功能,建设海绵城市,进行城市环境综合治理,集中整治城市扬尘及油烟、噪声污染,加强滇南中心城市大气污染联防联控,持续开展生态乡镇、生态乡村、绿色社区、绿色学校创建工作,使生态环保绿色发展理念深入人心。

四、彰显传承民族文化的新型城镇特色

贯彻"保护为主、抢救第一、合理利用、传承发展"的工作方针,切实做好非物质文化遗产的保护、管理和合理利用工作。推进蒙自历史文化名城、名镇、名村以及传统村落规划编制,保护与传承城乡文化特色,继承与发扬民族文化,避免城镇一面,彰显个性鲜明、形象突出、文化特色浓郁的蒙自新型城镇化特色。非物质文化遗产传承人是名城、名镇、名村的根与魂,以蒙自国家级、省级、州级、市级"非遗"项目代表性传承人和文化传承基地申报与建设为抓手,积极推进物质文化遗产、非物质文化遗产保护、传承和发展工作。依托蒙自18个少数民族和城镇村物质文化遗产、非物质文化遗产等文化资源优势,积极开展国家级、省州级特色文化名城、名镇、名村申报与创建工作,开创一条山坝城镇协调发展、少数民族城镇、历史文化城镇以及特色小镇为特色,具有红河特色的蒙自新型城镇化道路。

五、创新体制机制的新型城镇化治理能力

依托蒙自城镇化健康发展综合改革试点和国家新型城镇化综合试点,勇于创新、先行先试探索农村土地征收、集体经营性建设用地入市、宅基地制度改革试点以及农村承包土地经营权和农民住房财产权抵押贷款试点等新型城镇化关键制度改革,积极稳步推进城乡建设用地增减挂钩、城镇低效用地再开发等改革,加快推进全市山区改乡设镇步伐,探索赋予蒙自市州级管理权限,赋予各街道、乡镇市级管理权限,争取在就业制度、建设用地市场、户籍管理、土地管理、社会保障、住房保障、财税金融、就业创业、行政管理、生态环境等制度改革方面取得重大进展,创新体制机制,促进蒙自新型城镇化跨越式发展。

第四节 蒙自市"十四五"时期新型城镇化发展的重点任务

城、镇、乡协同融合发展是新型城镇化的题中应有之意，通过重点实施蒙自城、镇、乡"6666"行动，构建蒙自"城、镇、乡"空间布局合理、特色功能完备、主体功能明显、优势互补、高质量发展的区域空间生命共同体，促进蒙自城乡融合发展，城镇化和乡村振兴互促互生。蒙自市"十四五"新型城镇化的进程已经过渡到量质并重的关键阶段，要依托经开区、综保区和蒙自工业园区，大力发展金融贸易、电子信息和现代物流等主导产业，通过蒙自的发展全面促进滇南中心城市核心区拓容提质、加快培育坝区山区特色小城镇、辐射带动美丽乡村和乡村振兴，努力把蒙自建设成为"商贸物流中心、金融服务中心、数据服务中心、旅游文化综合服务中心、对外贸易投资中心"五位一体的宜居、宜业、宜游的现代山水田园城市。

一、全面提升滇南中心城市核心区功能

1. **加快城市综合交通网络建设。**不断完善城市路网系统，提高城市道路网络的连通性和可达性，建设形成蒙自"国家门户"内连外通的综合交通枢纽中心。持续推进以蒙自文澜镇、雨过铺镇、新安所镇和草坝镇为核心的滇南中心城市群现代有轨电车建设，畅通进出城市通道。加快换乘枢纽、停车场等设施建设，推进充电站、充电桩等新能源汽车充电设施建设，将其纳入城市旧城改造和新城建设规划同步实施。加快推进城市步行和自行车"绿道"建设，切实改善居民出行条件。积极推进智能交通系统建设，提高城市道路管理水平。

配合加快弥蒙高铁、蒙自机场建设和蒙普、蒙文铁路筹建，加快推进蒙自滇南城市群综合交通枢纽中心建设，实现"高速＋高铁＋航空"三位一体的内联外通的立体化交通体系，把蒙自建设成为面向东南亚的枢纽城市。不断释放蒙自"北融滇中、南接越南、东联两广、西通缅老"四维度大开放效应，在红河州融入滇中、联动南北、开放发展的征程中做好服务中心、示范引领、率先跨越，努力把蒙自建设成为面向东南亚的枢纽城市。

2. **稳步推进城市地下管网改造。**统筹城市地上地下设施规划建设，积极开展城市地下空间开发利用规划编制工作，加强城市地下基础设施建设和改造，合理布局电力、通信、广电、给排水、燃气等地下管网，加快实施既有路面城市电网、通信网络架空线入地工程。鼓励和推进以蒙自为核心的滇南城市群地下综合管廊建设，加快推进蒙自地下综合管廊项目一期建设，加大中心城市供排水工程和供排水设施建设力度，保障城镇供水安全。推动城市新区、各类园区、成片开发区的新建道路同步建设地下综合管廊，老城区要结合河道治理、道路整治、旧城更新、棚户区改造等逐步推进地下综合管廊建设。

3. **推进滇南中心城市核心区海绵城市试点建设。**根据《蒙自市海绵城市专项规划》《红河州城市雨水收集利用管理规定》等文件要求，以"生态融城、绿色建城"为理念，持续推进"自然积存、自然渗透和自然净化"蒙自海绵城市建设，实现水资源、水安

全、水文化、水环境和水生态共治。充分发挥犁江河、沙和拉河城市河道生态景观绿廊的"两廊",长桥海、大屯海的"两海"以及南海等河道和湖泊的天然水体优势,依托蒙自中心城区的"森林公园城市绿地、南湖公园城市绿地及水系、瀛洲河城市水系、锦华路城市道路和红河体育场城市广场"等海绵城市试点工作的经验。在新区建设、老旧城区改造、各类园区以及成片开发区充分"引水入城""引绿入城"。在老城区结合棚户区、危房改造和老旧小区有机更新,妥善解决城市防洪安全、雨水收集利用等问题。加强海绵型建筑与小区、海绵型道路与广场、海绵型公园与绿地、绿色蓄排与净化利用设施等建设。

加强自然水系保护与生态修复,采取城市修复和生态恢复、水污染防治、饮用水源保护、雨水收集利用等措施,切实保护良好水体和饮用水源,保护水生态环境。积极开展蒙自全国第四批"山水林田湖草"生态保护修复工程试点项目申报,按"全流域整体规划、系统保护、上下联动、要素协同、突出重点、分步实施、关键突破、持续共享"的原则,统筹兼顾水环境治理与生态修复、生物多样性保护、水土流失治理及农地生态功能提升、废弃矿山生态修复和地质灾害防治、机制创新与能力建设五大重点工程建设,把未能列入国家退耕还林计划的陡坡地列入"山水林田湖草"项目。

4. **加强"智慧蒙自"为核心的新型城镇建设。**提升规划水平,增强城市规划的科学性和权威性,促进"多规合一"。全面开展城市设计,加快建设绿色蒙自、智慧蒙自、文明蒙自、活力蒙自、美丽蒙自、荣誉蒙自新型城市,全面提升城市内在品质。持续推进"智慧蒙自"创建行动,依托"1+1+N"规划,开发一个大数据平台,建设一个城市指挥中心,创新智能交通、智能电网、智能水务、智能管网、智能园区等多种智慧应用平台,全力打造"智慧蒙自"品牌,实现城市联动治理。

大型公共建筑和政府投资的各类建筑全面执行绿色建筑标准和认证,积极推广应用绿色新型建材、装配式建筑和钢结构建筑。落实最严格的水资源管理制度,推广节水新技术和新工艺,积极推进再生水利用,全面建设节水型城市。深入实施城乡人居环境提升行动,全面开展城市"四治三改一拆一增"。加强区域性环境综合整治,加大城乡污水、垃圾监管力度,强化大气污染、水污染、土壤防治,提升城市人居环境。

5. **提升城镇公共服务水平。**加快蒙自北部学校建设,建设一个小学、中学(初中、高中)一体化学校,设置教学部、后勤区、文体活动区,成为服务于蒙自乃至整个红河州的高标准、高素质的教学基地,平衡全市教育资源。加快蒙自市乡镇两级就业和社会保障服务设施建设,鼓励有条件的社区加快完善整合功能的一站式服务平台和窗口。健全以社区、乡村卫生服务为基础的城、镇、乡医疗卫生服务体系,加强以全科医生为重点的基层医疗卫生队伍建设,加快形成以州市大型综合医院和专业医院为核心、以乡镇卫生院为支撑,以乡村卫生室为基础的城、镇、乡全覆盖的医疗卫生服务体系。

深入推进文化惠民工程,健全覆盖城镇的公共服务体系。改建和扩建未达标的市级图书馆、文化馆和乡镇文化站,满足人民群众的文化需要。优化社区生活设施布局,打造包括物流配送、便民超市、银行网点、零售药店、家庭服务中心等在内的便捷生活服务圈。

专栏 1：完善蒙自市滇南中心城市核心区功能重大行动

1. **南湖老城历史风貌片区"城市旅游"改造提升行动。**重点依托蒙自南湖片区的国立西南联合大学蒙自分校纪念馆、蒙自海关旧址等国家级和省级文物重点保护单位的"点式体验"，文庙街、武庙街、起龙街、世发街、大树街、铁货街、太原街等"线式休闲"，集中打造"点＋线"融合的慢生活休闲体验区，形成"清末民初建筑体验＋街道休闲慢生活"融合的城市旅游新模式，激发蒙自老城区新时代新活力，把蒙自文澜镇南湖老城区打造成为城市旅游新方向。

2. **雨过铺街道尼苏养老康体及民族风情旅游示范园提升行动。**依托尼苏小镇，充分结合蒙自独特的气候环境、民族风情及文化底蕴，实施尼苏养老康体及民族风情旅游示范园项目，通过优化各种要素和网点结构与布局，配套建设养生修身区、传统民居体验区、文化旅游展示区、主题度假酒店区、特色商业街等项目。

3. **核心区综合交通枢纽中心提升行动。**①依托蒙自的区位优势和便利的对外交通条件，建设以铁路大件物流、货物加工、集散、转运、配送、物流信息服务、物流咨询与培训、商品展示、贸易洽谈、海关延伸监管、商品检验、物流综合服务中心等为主的综合现代大物流园区。②充分利用全国高速公路网络的资源优势，打造未来覆盖滇南乃至整个云南公路港"互联网"的起始点和示范港，实现公路港与外部园区的互联互通，达到对物流资源的智能化高效调配、运输过程的透明化管理和运输业务的安全监控。

4. **核心区城市扩容提质（功能完善）提升行动。**①做好城市"双修"工作，继续完善城市路网、管网，加快地下综合管廊建设，完成通站大道、龙井路、学府路等市政道路。②推进海绵城市和雨洪模型实验室建设，加快城市供水改扩建项目、城市排水防涝综合项目、长桥海环湖截污工程、蒙自市污水处理厂和大屯海污水处理厂管网完善工程。③推进建筑垃圾智能化处置产业链建设项目，实现蒙自城市建筑垃圾的规范化、资源化、减量化和无害化处理。

5. **海绵产业新动能培育行动。**出台《蒙自海绵产业发展规划》和《蒙自鼓励发展海绵经济的实施意见》，制定税收优惠政策，借助蒙自市工业园区平台，设立海绵智慧城市建设引导基金，积极培育从事 PC 构件及城市综合管廊构件的海绵相关企业发展壮大，建成海绵全产业链生产体系，为蒙自海绵城市建设提供产品设备、智力支持和施工支持。

6. **"智慧蒙自"城市综合管理提升行动。**以创建全国文明城市为契机，依托"1＋1＋N"规划建设，有序推进"智慧蒙自"建设工作，通过开发一个大数据平台，建设一个城市指挥中心，创新多种智慧应用平台，加快推进蒙自滇南中心核心区社会治理现代化，全力打造"智慧蒙自"品牌，实现城市联动治理。

二、加快培育坝区山区特色小城镇

中小城镇一头连接着城市，一头连接着乡村，是城乡融合发展的战略支点，要积极推进产镇融合发展，加快山坝特色小镇发展，加快以蒙自为核心的城镇群建设。

1. **提升重点镇基础设施水平。**加强城镇发展与基础设施建设有机结合，优化城镇街区路网结构，促进城镇基础设施建设与公路、铁路、航空枢纽和现代物流产业发展衔接与配套，形成方便快捷的城镇交通网络。强化城镇各级道路建设，打通城镇断头路，促进城镇街区道路微循环，完善和优化城市路网结构。加快推进城镇天然气输配、液化和储备设施建设，提高城镇天然气普及率。推进重点城镇供水管网工程建设，以蒙自"四镇四乡"污水处理厂（站）及配套管网工程为抓手，加大草坝镇重点镇、鸣鹫镇、冷泉镇、芷村镇一般镇以及期路白镇、老寨乡、水田乡、西北勒镇的乡集镇供水设施建设，加强城镇供水管网和污水处理及循环利用设施、雨污分流设施建设。完善城镇生活垃圾分类及无害化综合处理设施建设。

2. **积极推进产城融合发展。**坚持产业和城镇良性互动，促进形成"以产兴城、以城聚产、相互促进、融合发展"的良好局面。强化蒙自"两海"新城新区产业支撑，把蒙自经开区、综保区、蒙自工业园区等产业园区融入新城新区建设，以蒙自工业园区雨过铺安南邑片区产业园、生物资源加工产业园和蒙自现代林业产业园区建设促进新城新区扩展，通过产业聚集促进人口集中，带动就业，集聚经济，防止新城新区空心化。提升园区城镇功能，加快完善园区交通、能源、通信等市政基础设施，配套建设医疗、卫生、体育、文化、商业等公共服务设施，推进中心城区优质公共服务资源向园区延伸，推动具备条件的产业园区从单一的生产型园区经济向综合型城市经济转型。争取将草坝镇25万亩高原特色农业示范区（大郭西现代产业园、滇南种苗园区、草坝农耕文化创业园、草坝产业融合发展园区等）、蒙自工业园区等纳入国家产城融合示范区支持范畴，在全州范围内推进建设滇南中心城市等一批依托"高原特色农业、新型工业"的产城融合示范区，发挥先行先试和示范带动作用。

3. **加快山坝特色镇发展。**统筹布局教育、医疗、文化、体育等公共服务基础设施，配套建设居住、商业等设施，改善镇域生产生活环境，增强特色城镇就近、就地吸纳人口和集聚经济的能力，打造一批现代农业型、旅游型、生态园林型特色城镇，带动农业现代化和农民就近城镇化。强化镇区道路、供排水、电力、通信、污水及垃圾处理等市政基础设施和旅游服务设施建设，加快推进蒙自山区鸣鹫镇、冷泉镇、期路白镇、老寨镇、水田镇和西北勒镇等特色小镇和集镇建设，持续发力蒙自坝区新安所军屯文化名镇、碧色寨滇越铁路小镇、雨过铺尼苏小镇等特色小镇建设。打造形成一批少数民族风情浓郁、林果主导产业特色鲜明、交通便利、环境优美、服务配套、吸引力强、在省内外有一定知名度的特色旅游小城镇。

4. **拓展文澜镇、雨过铺镇、新安所镇和芷村镇等特大镇功能。**开展特大镇功能设置试点，以下放事权、扩大财权、改革人事权及强化用地指标保障等为重点，赋予镇区人口10万人以上的特大镇部分县级管理权限，允许其按照相同人口规模城市市政设施标准进行建设发展。同步推进特大镇行政管理体制改革和设市模式创新改革试点，减少行政管理层级、推行大部门制，降低行政成本、提高行政效率。

5. **加快滇南中心城市核心区城镇群建设。**完善城镇群之间快速高效互联互通交通网络，建设以高速铁路、城际铁路、高速公路为骨干的城市群交通网络，统筹规划建设高速联通、服务便捷的信息网络，统筹推进重大能源基础设施和能源市场一体化建设，共同建设安全可靠的水利和供水系统。按照云南"11236"的空间布局，红河州"一核两区三带"的空间布局和蒙自"一城两廊，一心两海，三区九片"的空间布局，有序推进蒙自核心区9个片区城镇群协调发展，提升滇南城市群蒙自核心区对全州、全省经济社会的辐射带动力，加快发展以文澜镇、雨过铺镇、新安所镇和草坝镇为中心，以芷村镇、鸣鹫镇、冷泉镇、期路白镇、老寨镇、水田镇和西北勒镇为重点的滇南次级城镇群，将滇东南城镇群建设成为全州、全省面向北部湾和越南开放发展的经济增长极。

专栏 2：推进蒙自特色小镇建设重大举措

1. **新安所历史文化名镇片区改造提升行动。**依托整合新安所古寺庙（城隍庙、诸天寺、观音寺、金坡寺等）、古民居（一条枪、段尔源旧居等）、古石碑、古戏台、古商铺刀烟等物质文化和装会、洞经、书法、绘画、雕刻、刺绣等非物质文化遗产，以扎下街、南屯街为轴，以先有新安所、后有蒙自城的"千年军屯文化"为核心，以"石榴花、粉蒸肉、套肠、蘸水凉卷粉"四大名菜和"春之果花、夏之蜜枣、秋之石榴、冬之枇杷"为饮食亮点，打造蒙自"新安所千年军屯文化"名镇，在"三千四百年"的基础上，形成红河州"四千四百年"旅游文化品牌。

2. **碧色寨国家 5A 级旅游景区创建行动。**依托碧色寨滇越铁路历史文化公园、建设碧色寨马帮文化陈列室、滇越铁路历史陈列室、蒙自海关旧址历史陈列室等文博陈列馆，创新"文旅＋金融"模式，把碧色寨滇越铁路小镇打造成为规划领先、底蕴深厚、品牌响亮、效益明显的知名文化旅游目的地，打造蒙自全新的 5A 级旅游风景名胜区。

3. **石榴产业升级融合提升行动。**依据《蒙自石榴产业升级融合发展规划（2019—2024）》，紧紧围绕"两园、一城、一规划、一条例"指导思想，以"蒙自石榴公园、蒙自石榴古树园"等石榴特色产业集聚区建设为抓手，做大石榴产业，打响"中国石榴之乡"品牌，加大对蒙自石榴、石榴树、古树园和石榴文化的保护，加快推进蒙自市石榴产业升级融合发展，将蒙自市打造成石榴产业特色突出、生态环境和谐的"中国石榴之乡"。

4. **石榴、枇杷和苹果现代水果产业园创建行动。**坚持"政府引导、企业运作、社会参与、农民受益"的原则，按照发展水准高、科技含量高、服务水平高、综合效益高的要求，重点以新安所镇石榴产业、芷村镇枇杷产业和西北勒镇的苹果产业为基础，打造蒙自市石榴、枇杷和苹果 3 个现代农业产业园。抓好规划布局、科技创新，推动农业生产要素向园区集中，率先在园区构建现代农业产业体系、生产体系和经营体系，发挥现代农业产业园区的示范带动作用。

5. **三产融合发展产业兴村强镇行动。**对接《农业农村部财政部 关于深入推进农村一二三产业融合发展开展产业兴村强县示范行动的通知》，重点依托芷村镇枇杷田园综合体、新安所镇石榴田园综合体、草坝镇沪滇果蔬田园综合体、雨过铺镇葡萄田园综合体、西北勒苹果田园综合体、西北勒苹果标准化种植示范基地、犁耙山国际山地户外运动基地综合项目以及狼蟒山休闲旅游项目、冷泉镇砂糖橘种植基地项目、冷泉商贸城建设项目、芷村镇高原特色水果产业带及水果精深加工建设项目、芷村镇和鸣鹫镇杨柳井森林康养基地和老寨乡大黑山休闲旅游开发项目。加快蒙自农村一二三产业融合发展,产业兴村强县示范行动项目申报与创建。

6. **乡镇荣誉超市促进乡风文明、治理有效提升行动。**重点依托蒙自10个乡镇的"清洁家园·荣誉超市",围绕乡村振兴的乡风文明和治理有效目标,用荣誉积分可以到辖区的荣誉超市兑换商品,用积分改变行动、勤劳改变生活、环境提振精神,充分调动群众参与乡村区域治理的自觉性,实现群众"从观众到演员、从客人到主人、从旁观者到参与者"的转变,激发群众追求文明的内生动力,引导广大群众树立新风尚,"小小超市"兑换出了"大文明"。

三、辐射带动美丽乡村和乡村振兴

1. **推动基础设施向农村延伸。**建立健全有利于城乡基本公共服务普惠共享和基础设施一体化发展的体制机制,推动基础设施向农村延伸。推动城乡协调发展,健全农村基础设施投入长效机制。实施"千村示范、万村整治"工程。加快以农村饮水安全巩固提升、山区"五小水利"等惠及民生的水利工程建设为重点,积极推进农村集中供水,全面实现农村饮水安全。推进以通乡油路和通村油路为重点的农村公路建设、村庄道路硬化工程,实现建制村全部通硬化路面。推进实施行政村通班车工程,加强农村客运站、招呼站建设,优化班线线路网络,确保"路、站、运、管、安"协调发展。推进城乡配电网建设改造,实现城乡各类用电同网同价,推动水、电、路等基础设施城乡联网。加快信息进村入户,尽快实现行政村通邮、通快递,推动有条件地区燃气向农村覆盖。全面实施农村"七改三清"环境整治行动,配套完善农村垃圾和污水收集处理设施、公厕、绿化亮化等公共服务设施,切实改善农村人居环境。加大对传统村落民居和历史文化名村名镇的保护力度。

2. **推动公共服务向农村延伸。**加快农村教育、医疗卫生、文化等事业发展,推进城乡基本公共服务均等化。深化农村社区建设试点。推动公共财力向乡村倾斜、公共服务向乡村延伸、公共管理向乡村覆盖。实施"全面改薄",改善农村义务教育阶段学校基本办学条件,开展城乡交流,实现城乡教育优势互补、资源共享、共同发展,加快缩小城乡教育发展差距,促进区域内教育均衡发展,增强农村学校的吸引力。新建和改造一批村卫生室,持续扩大乡村家庭医生覆盖面,实行统一的城乡居民基本医保制度。实施农村人居环境整治三年行动计划,推进农村"厕所革命",实现冲水式公厕行政村全覆盖,完善农村生活设施。继续抓好"七送"活动,丰富乡村群众的精神文化生活。强化乡村综合治理,健全自治、法治、德治相结合的乡村治理体系,加强"网格化"服务管理,完善"大调解"工作体系,强化乡镇综治维稳协管员和联防队建设,严厉打击村痞村霸、宗族恶势力。促进城乡各种资源要素的合理流动和优化配置,不断增强城市对农村的带动作用和农村对城市的促进作用,缩小城乡差距、工农差距和山坝差距。

3. 促进农村一二三产业融合发展。建立健全有利于乡村经济多元化发展的体制机制，促进农村一二三产业融合发展。积极发展蒙自石榴、枇杷、苹果等特色经济林果及蔬菜加工业，推进农产品加工业向蒙自工业园区集中，大力发展绿色食品加工业，提升精深加工和综合利用水平，延伸农业产业链、重塑农业供应链、提升农业价值链。到 2025 年，力争年均增速达 6%，农业总产值达到 60 亿元，年均增速 30%，农产品加工产值达 120 亿元，农产品加工业产值与农业总产值比重达到 2:1。拓展农业多种功能，挖掘农业生态、休闲、文化等非农价值，发展休闲农业、都市农业、乡村旅游、观光农业、体验农业，推进农业与旅游、教育、文化、健康养生等产业深度融合，积极创建全国休闲农业与乡村旅游示范县。重点依托云南省"一县一业、一村一品"，实施农村一二三产融合发展试点示范工程，围绕产业融合模式、主体培育、政策创新和投融资机制，每年选择 2 个乡镇、10 个乡村开展农村产业融合发展试点示范，形成一批融合发展模式和业态，打造一批农村产业融合领军企业，推进试点示范乡镇、农村产业融合，提质增效升级。

4. 依托农村电子商务带动"互联网＋农业"发展。深化持续推进蒙自市电子商务进农村综合示范县和"全国电商示范百佳县"工作，着力争创国家电商示范城市。加快构建"电商生态圈＋高效共享物流配送＋电商大数据平台"发展模式，力争农产品电子商务销售额年增长 20%，到 2025 年，农产品电子商务销售额达 25 亿元，水果产品网上零售额占水果总产值比重达到 10% 以上。

壮大和提升电商平台。加强蒙自市电子商务产业园建设和运营，完善展示交易、仓储物流、委托运营、金融服务等功能，吸引更多的电商机构和人才入园。加强与国内电商平台的深度合作，推进蒙自特色农产品上行，壮大一批电商"龙头"企业、孵化一批中小微企业。持续推进蒙生石榴产销专业合作社、南疆石榴专业合作社、龙泽堂商贸有限公司和云南优品农业科技发展有限公司做大、做优、做强。依托蒙自电商企业和个人网店，开展"成百上千"行动，催生更多年销售额达到百万元和千万元的电商平台主体。聚焦蒙自石榴、枇杷、苹果、桃、李、葡萄、枣等优势特色水果，重点依托蒙自毓秀路、森林公园（网红钢琴路）、碧色寨滇越铁路小镇、米线小镇、石榴文化园、古树园等网红打卡点和网红打卡地，以打造蒙自本地 IP 品牌为突破口（地方领导＋网红主播），集聚"网红农产品＋网红打卡地＋网红个人 IP"耦合叠加效益，打造一批农产品网红爆款，促进蒙自网红农业跨越式发展。提升电子商务进农村综合示范县项目，改进乡级站库、村级网店布局和运营。加快推进城乡高效配送工程和物流集散中心建设，逐步完善市、镇、村三级配送体系，鼓励快递物流领域加快推广使用新能源汽车，加快构建布局合理、结构适应的充电桩等配套设施，促进物流业降本增效。加快形成构建覆盖全市的"综合现代大物流园区＋乡镇站库＋村级网店"的物流体系。完善电商数据中心功能，通过对电商数据采集和分析，精准把握市场需求，打通生产和消费两端，促进农产品上行与工业品下行一体化。利用电商平台把销售网络延伸到小区，方便市民就地就近购买商品。推动电商和扶贫深度融合，组建电商扶贫联盟，形成联动和规模效应。实现"农村电商服务体系＋高原特色农产品和旅游＋电商精准扶贫"的电商发展模式持续健康发展。实施数字乡村战略，开展电子商务进农村综合示范，依托"互联网＋"推动公共服务向农村延伸，改造提升 3G、4G 基站，加快推进 5G 基站建设，到 2022 年，

4G 网络和宽带延伸至行政村,行政村光纤网络覆盖率达 100%,农村家庭基本具备 100 兆以上接入能力。电子商务在农村有效推广,农村农产品上行渠道畅通,年增长率在 20% 以上。到 2025 年,信息进村入户村级信息服务站覆盖率达到 100%,农村互联网普及率达到 100%。

5. **推进脱贫攻坚与乡村振兴有机衔接。**以建设"林果乡村·生态家园"为载体,以农业产业提升"81111"行动、乡村庭院硬化绿化行动、爱林护林行动和建设和谐乡村行动为支撑,统筹推进农村经济、政治、文化、社会、生态文明和党的建设,加快推进全市农业农村现代化,统筹脱贫攻坚与乡村振兴。让农业成为有奔头的产业,让农民成为有吸引力的职业,让农村成为安居乐业的美丽家园。围绕"林果乡村·生态家园"目标,扎实推进乡村绿化美化,实施"农业提升 81111 工程行动""庭院绿化硬化行动""爱林护林行动""和谐乡村建设行动",做到市级有示范、乡镇有试点,积极争取全市乡村振兴示范点工程进入州级、省级和国家级试点工作。加强乡村治理,启动农村宅基地及住房确权登记发证工作,完善农村产权交易体系。积极开展平安村、和谐村、法治村、美丽乡村创建。围绕"生活美、环境美、风尚美、和谐美",开展"四美"乡村建设,全力打造"产业兴旺、生活富裕、乡风文明、生态宜居、治理有效"的"美丽乡村"示范村,形成可复制、可推广、可借鉴的"美丽乡村"建设新模式,辐射带动全市乡村共同发展。到 2025 年,计划建成 60 个以上美丽乡村,力争尽可能多的示范点进入全省 3000 个美丽乡村和全州美丽乡村盘子。

专栏 3:推进蒙自城乡融合先行示范区重大举措

1. **分类推进乡村振兴。**以"林果乡村·生态家园"载体,以"生活美、环境美、风尚美、和谐美"美丽乡村建设百村示范村为重点,以农业产业提升"81111"行动为抓手,持续推进集聚提升类村庄、城郊融合类村庄、特色保护类村和搬迁撤并类村庄的美丽乡村和乡村振兴创建工作,实施乡村振兴"三步走"战略,到 2022 年,蒙自市生态宜居美丽乡村建设取得重要突破,30% 的村庄基本实现农业农村现代化;到 2035 年,蒙自特色美丽乡村整体塑形,60% 的村庄基本实现农业农村现代化;到 2050 年,蒙自乡村"生态家园"全面展现,全部村庄实现农业农村现代化。

2. **产业振兴支撑行动。**发展壮大水果、蔬菜、优质稻、中药材和畜牧业"五大主导产业",2022 年,水果、蔬菜、优质稻、中药材种植面积分别稳定在 45 万亩、20 万亩、5 万亩、8 万亩,肉蛋奶产量分别达到 4.93 万吨、0.925 万吨、0.055 万吨。以特色经济林果产业提质增效为重点,以新安所文澜万亩石榴带、蒙屏万亩枇杷产业带、西北勒万亩苹果园 3 大林果产业为基础,以"蒙生""南疆"石榴品牌、"蒙自"大枇杷品牌、"西北勒山里红"苹果品牌为龙头,积极打造集吃、住、行、观、娱为一体,集观光休闲、水果采摘、鲜花鉴赏为一体的特色农业庄园,促进"水果+加工业""水果+旅游业"和"水果+互联联网"等产业深度融合,打造石榴产业、枇杷产业和苹果产业 3 个现代农业产业园和生态农业示范区,延伸林果产业链、重塑供应链、提升价值链。到 2025 年,水果种植面积达 50 万亩,年产量达 70 万吨左右,产值达 20 亿元，水果加工产值达 60 亿元，加工产值与农业产值之比提升到 3：1，规模以上龙头企业销售收入占比水果总产值的 30％以上，农户参加农民合作社比重达到 85％以上，现代水果产业体系、生产体系、经营体系初步构建。

3. **文化振兴支撑行动。** 继续实施"七送活动"，大力推进农村移风易俗，弘扬时代新风行动。开展"自强、诚信、感恩"主题活动和乡村群众素质提升活动，逐步提高农民素质。以荣获全国"长安杯"为新起点，全面推进"扫黑除恶"专项斗争，探索乡村治理新模式和治理新办法，深入实施基层社会治理创新行动。着力推进平安乡村建设和"雪亮工程"建设，加强"网格化"服务管理，强化流动人员双向管理，实现群防群治全覆盖。推动创建乡风文明、治理有效、生活富裕的和谐乡村。通过创建和谐乡村示范引领，到 2025 年，全市全部乡村实现乡风文明、和谐发展。

4. **生态振兴支撑行动。** 按照"栽成林、结出果、优生态、建成景"的要求，围绕"林果乡村、生态家园"目标，以农村"七改三清"环境整治和"厕所革命"为重点，大力推进农村生态文明建设和农村人居环境、生态环境整治，把乡村庭院硬化、绿化建设作为优化家庭环境、提升生态文明意识的有力抓手，巩固升级"人畜混居清零行动"成果，形成"处处风景、院院优美、家家和谐"的乡村人居环境，推动我市乡村向"美丽家园"迈进。通过创建美丽乡村示范引领，到 2025 年，全市所有自然村全部实现庭院硬化、绿化。

5. **组织振兴支撑行动。** ①深化供销合作社综合改革，构建生产、供销、信用"三位一体"新型合作经济体系，巩固、提升传统供销业务，发展、壮大新兴经营服务板块，打造蒙自新供销。到 2025 年，按照经济区划建设的基层供销合作社 100％得到改造提升，100％基层社建立"三会"制度。②实施村级集体经济强村行动，根据《云南省委关于发展壮大农村集体经济的实施意见》的精神，深化农村集体产权制度改革政策，发展壮大农村集体经济，2021 年基本完成集体经营性资产股份合作制改革。引导村民小组积极探索资源开发型、股份合作型、服务增收型、项目带动型等加快发展村级集体经济的新路子。依托蒙自市"股份合作经济"项目扶持基金，每年培养一批集体经济发展示范村，到 2025 年，集体经济强村占比提高到 15％。③实施新型农业经营主体培育行动，按"示范引领、以点带面、整体推进"的要求，集中人力、财力、物力，着力打造一批叫得响、成规模、有特色和出经验的新型农业经营主体。以龙头企业为"点"，以专业合作社为"线"，将家庭农场、种养大户、农户联结成"面"，形成"龙头企业＋专业合作社＋基地＋农户"的模式，带动产供销一体发展。到 2025 年，农业龙头企业达到 80 户以上，工商注册农民专业合作社达 300 个以上（市供销社），农业农村部门认证的家庭农场达到 400 个以上，发展各类种养大户 3 000 户。

6. **人才振兴支撑行动。** ①乡土人才培育行动。实施农村实用人才"职业素质和能力提升培训"，大力实施领头雁工程，培养一批善治带富的基层组织带头人。培育一批"土专家""田秀才"、产业发展带头人和农村电商人才，培养和扶持一批农业职业经理人、经纪人，培养一批乡村工匠、文化能人和非物质文化遗产传承人，加强高素质农民培育，每年培育 50 人以上，利用多种方式，每个村储备 2～3 名 35 岁以下村级后备力量。②"三区"人才支持行动。每年引导教育、医疗、农技、扶贫、文化等"三支一扶"人员到"三区"工作或提供服务，每年重点扶持培养一批"三区"急需紧缺人才。③科技特派员行动。继续实施科技特派员行动，鼓励支持科技特派员携带科技、信息、资金、管理等现代生产要素，深入农村基层开展创新创业服务。到2025年，科技特派员队伍规模达到30人以上。④百名农科专家下基层行动。以实施产业脱贫为抓手，选派百名农科人员采取"一对一"方式，深入农村一线，开展惠农政策宣讲、助推春耕备耕、种养技术培训、农民就业创业指导等服务工作，扎实开展好"百名农科专家走基层"服务年活动。

四、加快推进统筹城乡融合发展

以协调推进蒙自乡村振兴战略和新型城镇化战略为抓手，以缩小城乡、山坝发展差距和居民生活水平差距为目标，建立健全城乡融合发展体制机制和政策体系，切实推进城乡要素自由流动、平等交换和公共资源合理配置，重塑新型城乡关系，根据《国家城乡融合发展试验区改革方案》精神，依托蒙自纳入滇中城市群和"个开蒙"滇南中心城市群核心区优势，积极争取州级、省级和国家政策、资金和项目支持，积极开展云南城乡融合发展先行试验区创建工作。

1. **推进城乡要素合理配置。**根据《关于进一步做好返乡入乡创业工作的意见》要求，加大政策支持力度、提升创业培训效果、优化创业服务、加强人才支撑，进一步推动返乡、下乡创业，吸引各类城市人才返乡、下乡创业，允许农村集体经济组织探索人才加入机制。按照国家统一部署，在符合空间规划、用途管制和依法取得前提下，允许农村集体经营性建设用地入市，允许就地入市或异地调整入市。鼓励各级财政支持城乡融合发展及载体平台建设，撬动更多社会资金投入。完善乡村金融服务体系，依法合规开展农村各类资产抵押融资，做好农地抵押贷款业务全国推广工作，允许有条件地区继续探索宅基地使用权抵押。深入推进"5＋5＋2"金融扶持政策及《蒙自市乡村振兴"金融双百"行动计划》金融改革创新工作。创新推广农村信用社小额贷款和联保贷款、邮储小额贷款等支农金融产品，支持更多的社会资金进入小额农贷领域，重点支持在全州打造100个养牛示范村和100家中小微示范企业，对特色经济林果、肉牛养殖等具有代表性的特色农业及中小企业户、贫困户发放贷款。强化法律规划政策指导和诚信建设，引导工商资本下乡创业兴业。健全涉农技术创新市场导向机制和产、学、研、用合作机制，引导科研人员按规定到乡村兼职和离岗创业。

2. **缩小城乡基本公共服务差距。**建立全市统筹规划、统一选拔的乡村教师补充机制，通过稳步提高待遇等措施增强乡村教师岗位吸引力，推行乡村教师"县管校聘"，深入实施"三支一扶"、特岗教师等计划。增加基层医务人员岗位吸引力，鼓励市级医院与乡镇卫生院建立县域医共体，鼓励城市大医院与乡镇医院建立对口帮扶、巡回医疗和远程医疗机制。建立公共文化服务群众需求征集和评价反馈机制，推动服务项目与居民需求有效对接。推进城乡低保制度统筹发展，健全低保标准动态调整机制，确保动态管理下应保尽保。提高城市、县城、小城镇、中心村公共服务联动性。按照市级达到

"四馆两场"标准，乡（镇）达到"一站一场一台一栏"标准，行政村达到"两室一场一台一栏"标准，加强乡村文化活动阵地建设，市级建成1个体育场（馆）或全民健身中心、1个国民体质测定与运动健身指导站，乡镇、行政村公共体育场设施实现全覆盖。在行政村（社区）实施数字农家书屋建设，在50户以上的自然村建设农家书屋。加强乡村旅游公共服务配套设施建设，完善乡村游客服务中心（站点）、停车场、观景平台、导览标识、浏览步道等旅游公共服务设施。

3. **提高城乡基础设施建管能力。**以市域为整体，推进城乡基础设施的统一规划、统一建设、统一管护，实现城乡基础设施一体化发展。统筹规划城乡基础设施，统筹布局道路、供水、供电、信息、物流、防洪和垃圾污水处理等设施。明确乡村基础设施的公共产品定位，构建事权清晰、权责一致、市级统筹负责的城乡基础设施一体化建设机制。对城乡道路和普通公路等公益性设施管护和运行投入，一般公共财政预算按规定予以支持。明确乡村基础设施产权归属，由产权所有者建立管护制度，落实管护责任。针对全市尤其是贫困地区基础设施薄弱的情况，加快推进29个行政村通村道路的硬化和56个自然村自来水的供水建设，采取市级统一集中打包、统一施工建设的方式，一次性补齐短板。深入实施农村饮水安全巩固提升工程，通过新建、改建、扩建、管网延伸、配套净化消毒设施设备等措施，保障农村饮水安全。推进新一轮农村电网改造升级，形成结构合理、技术先进、安全可靠、智能高效的现代农村电网。

4. **促进乡村经济多元化发展。**建立新产业、新业态培育机制，构建农村一二三产业融合发展体系，实现城乡生产与消费多层次对接。探索建立政府主导、企业和各界参与、市场化运作、可持续的城乡生态产品价值实现机制。加强优秀农耕文化遗产保护与合理适度利用，推动农村地区传统工艺振兴，发展特色文化产业和工艺产品。培育发展城乡产业协同发展先行区，创建一批城乡融合典型项目，鼓励经营性与公益性项目综合体立项，促进资金平衡、金融支持和市场化运作，推进城乡要素跨界配置和产业有机融合。结合"81111"工程，做实、做好乡村振兴产业兴旺工作，按照立足资源比较优势、发挥制度后发优势和塑造品牌竞争优势的路径，念好文澜镇、新安所、草坝"石榴经"，唱好西北勒、老寨、鸣鹫"苹果戏"，打好芷村、期路白"枇杷牌"，谱好水田、冷泉"药字典"，做好特色文章，讲好蒙自故事，打造具有蒙自特色、高品质、有口碑的"金字招牌"，促进全市高原特色农业和世界一流"绿色食品牌"跨越式发展。

5. **促进农民收入持续增长，提高农民的获得感和幸福感。**推动形成平等竞争、规范有序、城乡统一的人力资源市场，统筹推进农村劳动力转移就业和就地创业就业，加强对农民工、高素质农民和"新农人"的公共就业、创业服务和职业技能培训，培育壮大新型农业经营主体发展的领路人和带头人，为农民工资性收入不断提供新动能。用足、用好、用活国家、省级和州级财政、信贷、保险、用地等政策，建立农产品优质优价正向激励机制。履行好政府再分配调节职能，完善对农民直接补贴政策，健全生产者补贴制度。统筹农科、林业、水务、国土、发改、财政等部门配套耕地补贴、退耕还林、高效节水、土地治理、石漠化治理、农业综合开发等项目资金支持，对达到建设标准的基地和流转贫困户土地的新型农业经营主体进行奖励。确保农民家庭经营性收入和转移性收入稳步提升。加快完成全市农村集体资产清产核资工作，加快推进经营性资产股份合作制改革，健全农民对集体资产股份的占有、收益、有偿退出及担保、继承权，完善农村集体产权权能，创新农村集体经济运行机制，确保集体资产保值、增值和农民收益，努力增加农民的集体经济收益，补齐财产性收入的短板与弱项。

专栏 4：推进蒙自城乡融合发展补短板重大举措

1. **农村综合改革全面推进行动。**以《蒙自市农村综合改革试点工作实施方案》为依据，以五权确权登记颁证持续推进行动为抓手，在蒙自农村综合改革 10 个试点行政村（自然村）的基础上，围绕农村集体产权制度、农业经营制度、农业支持保护制度、城乡融合发展体制机制和农村社会治理制度五大领域，以土地流转、城乡融合发展、合作股份改革、民族团结示范、乡村治理体系、产权抵押贷款、人居环境提升等为主要内容开展改革，先行先试，形成在全市、全州和全省可复制、可推广的改革经验，为全面推进全市农村综合改革探索路子，做出示范引领，积极推进全市农村综合改革向纵深领域发展和拓展，充分释放农村制度改革红利。

2. **城乡人居环境提升行动。**继续推进城乡"四治三改一拆一增"和村庄"七改三清"。学习浙江"千村示范、万村整治"经验，加强村庄布局规划、乡村建设、村容村貌提升和农村建房许可管理。启动建设一批"森林乡村"。扎实推进美丽乡村、美丽公路、美丽社区、美丽校园、美丽军营、美丽企业、最美庭院创建活动，把西北勒公路创建成为全市、全州、全省乃至全国的美丽公路。

3. **返乡创新创业强化行动。**利用蒙自先后被国家发改委批准为全国返乡创业试点契机，依托蒙自市金盆农业返乡创业园等省级创业园、众创空间，建立返乡农民工创业服务窗口，整合创业政策咨询、创业孵化、创业培训等服务功能，做好农民工等人员返乡创业服务，促进务工能人返乡创业。结合实际，先后评定一批市级、州级、省级和国家级充分就业示范社区和创业就业示范村，为返乡农民工创业搭建创业平台，建立专门的返乡农民工创业指导服务窗口，为创业者提供政策咨询、创业培训、项目筛选、创业指导、资金扶持、法律服务等"一站式"服务。

4. **农村生活垃圾治理提升行动。**采取多种模式推动农村生活垃圾全处理，原则上每户有垃圾桶，每个村（组）至少有 1 个以上垃圾收储设施，每个乡镇有相应的垃圾收运车辆和中转站。积极推进农村生活垃圾分类源头减量。到 2025 年，农村生活垃圾分类和资源化利用达到 100%。

5. **深化乡村厕所革命行动。**全面推进乡村"厕所革命"，以"水冲厕＋装配式三格化粪池＋资源化利用"方式为主，引导农民参与厕所管护，积极推动专业化、市场化服务。探索厕所粪污、畜禽养殖废弃物一并处理，推动资源化利用。加快农村卫生户厕所改造建设，到 2022 年卫生厕所普及率达 90%以上，预计到 2025 年达到 100%。

6. **农业生产废弃物资源化利用行动。**加强养殖场污染物排放监管，落实倒逼责任制度。推进畜牧养殖大县治理，全市实现治理全覆盖。坚持市场导向，积极培育农业生产废弃物资源化利用主体，加快农村清洁能源开发利用，提高农村清洁用能比重。预计到 2025 年，畜禽粪污、农作物秸秆资源化利用和农膜回收率都达到 100%。

第五节　蒙自市"十四五"时期新型城镇化发展的对策建议

以滇南中心城市核心区建设为中心，紧扣"健康"和"新型"两个关键，利用蒙自在空间上同时隶属"滇南中心城市"与"滇中城市群"政策叠加优势，围绕"人、地、钱"问题导向，创新新型城镇化规划、建设、运营和管理体制机制，"既要面子、又要里子"，全面提升城市建设和管理的软硬件水平，稳步有序推进蒙自新型城镇化建设。

一、持续推进农业转移人口市民化

围绕农业转移人口市民化进程中"转得出、留得下、过得好"的问题导向，分类推进农业转移人口市民化，让农民转得"放心"，落实户籍变动与农村"三权"脱钩，让农民转得"安心"，推进基本公共服务全覆盖，让农民转得"贴心"。

1. **分类推进农业转移人口市民化，解决什么样的"人"市民化的问题。**推动全市及周边原有居民市民化，统筹推进城中村、城边村、城郊接合部、城镇建成区、棚户区、旧工业园区、旧工矿厂区改造和"村改居"工作，推动原有居民全部市民化。鼓励稳定就业生活的城镇非户籍人口市民化，按照"进得来、留得下、有保障、能发展"的工作思路，以推进有意愿和有能力的外来务工人员、返乡外出务工人员等在城镇落户。引导搬迁撤并的部分农村居民市民化，坚持易地扶贫搬迁、生态宜居搬迁、重大项目建设搬迁、村庄集聚发展搬迁与新型城镇化结合，积极开展美丽乡村建设示范行动，引导和推动搬迁撤并农村人口向县城、集镇聚集。根据《关于加快促进有能力在城镇稳定就业生活的农村贫困人口落户城镇的意见》精神，精准识别进城常住的建档立卡农村贫困人口，降低落户门槛，提高落户便利性，维护落户人口农村权益。

2. **全面保障进城农民权益，解决"人"的后顾之忧。**加快户籍变动与农村"三权"脱钩，不得以退出"三权"作为农民进城落户的条件，促进有条件的农业转移人口放心落户城镇。切实维护进城落户农民土地承包经营权、宅基地使用权、农房所有权、林权和农村集体经济收益分配权，保留其集体资金、资产、资源收益分配权，支持引导其依法、自愿、有偿转让上述权益。

3. **推进基本公共服务全覆盖，解决"人"过得好的问题。**优化配置城乡公共服务资源，实现基本公共服务均等化和全覆盖。保障符合条件的未落户农民工在流入地平等享受城镇基本公共服务。对吸纳农业转移人口较多城镇的公共服务能力建设给予倾斜支持，增强城镇公共产品供给能力。基本形成城乡义务教育资源均衡配置机制，按照人口动态监测情况布局城乡教育资源，落实"两为主、两纳入"要求，保障农民工随迁子女以流入地公办学校为主接受义务教育，以普惠性幼儿园为主接受学前教育，推进农民工随迁子女在流入地免费接受中等职业教育政策的实施。促进市域内医疗卫生服务一体化管理，将农业转移人口纳入社区卫生和计划生育服务体系，加强农民工聚居地的疾病监测、疫情处理和突发公共卫生事件应对。把进城落户农民完全纳入城镇社会保障体系，做好基本医疗保险关系转移接续和异地就医结算工作，加快建立覆盖城乡的社会养老服务体系,关爱城市特殊困难群体。进一步扩大对居住证持有人的公共服务范围,提高服务标准。

二、完善城镇住房制度

建立购租并举的城镇住房制度,完善城镇住房保障体系,加快发展专业化住房租赁市场,建立多元化互为补充的住房保障体系,努力解决"人"住得好的问题。

1. **建立购租并举的城镇住房制度。** 以满足新市民的住房需求为主要出发点,建立购房与租房并举、市场配置与政府保障相结合的住房制度,健全以市场为主满足多层次需求、以政府为主提供基本保障的住房供应体系。严格落实政府住房保障责任,通过鼓励用人单位自建以及依托市场租赁,实行公共租赁住房先租后售,建立农业转移人口住房公积金制度、购房税费减免、房贷金融支持等方式,解决转户进城的农业转移人口住房困难问题。把转户进城的农业转移人口住房问题纳入城镇住房建设规划和住房保障规划统筹安排解决,拓宽资金渠道,建立各级财政保障性住房稳定投入机制。调整布局结构,加大面向产业聚集区的公共租赁住房建设力度,并将城镇保障性住房建设延伸到乡镇。每年将1/3可分配公共租赁住房房源用于解决农业转移人口住房问题。外出务工人员集中的开发区和产业园区可建设单元型或宿舍型公共租赁住房,外出务工人员数量较多的企业可在符合规定标准的用地范围内建设外出务工人员集体宿舍。探索由集体经济组织利用农村集体建设用地建设公共租赁住房。

2. **完善城镇住房保障体系。** 住房保障采取实物与租赁补贴相结合并逐步转向租赁补贴为主的方式。加快推广租赁补贴制度,采取市场提供房源、政府发放补贴的方式,支持符合条件的农业转移人口通过住房租赁市场租房居住。完善商品房配建保障性住房政策,鼓励社会资本参与建设。归并实物住房保障种类。完善住房保障申请、审核、公示、轮候、复核制度,严格保障性住房分配和使用管理,健全退出机制,确保住房保障体系公平、公正和健康运行。

3. **加快发展专业化住房租赁市场。** 推进住房租赁规模化经营,鼓励成立经营住房租赁机构,并允许其通过长期租赁或购买社会房源,直接向社会出租,或根据市场需求进行装修改造后向社会出租,提供专业化的租赁服务。支持房地产开发企业改变经营方式,从单一的开发销售向租售并举模式转变。鼓励有条件的房地产开发企业在新建商品房项目中长期持有部分房源,用于向市场租赁,或与经营住房租赁的企业合作,建立开发与租赁一体化、专业化的运作模式。可以通过购买的方式,把适合作为公租房或者经过改造符合公租房条件的存量商品房,转为公共租赁住房。

三、完善土地利用机制

规范推进城乡建设用地增减挂钩、建立城镇低效用地再开发激励机制、因地制宜推进低丘缓坡地开发和完善土地经营权和宅基地使用权流转机制,解决蒙自新型城镇化"地"的问题。

1. **规范推进城乡建设用地增减挂钩。** 积极推进城乡建设用地增减挂钩工作。充分发挥增减挂钩政策在促进城乡统筹方面的优势作用,全面推行城乡建设用地增减挂钩政策。建立城镇建设用地增加与吸纳农村转移人口相挂钩机制，对吸纳农业转移人口多的城镇在城乡人居环境提升、城镇重大基础设施建设等项目用地方面给予优先支持。在符合土地利用总体规划的前提下，推进和规范增减挂钩工作，按时归还增减挂钩指标的地区，积极争取省级分解下达增减挂钩指标。运用现代信息技术手段加强土地利用变更情况监测监管。

2. **建立城镇低效用地再开发激励机制。**建立健全"规划统筹、政府引导、市场运作、公众参与、利益共享"的城镇低效用地再开发机制，盘活利用现有城镇存量建设用地，建立存量建设用地退出激励机制，允许存量土地使用权人在不违反法律法规、符合有关规划的前提下，按照有关规定经批准后对土地进行再开发。完善城镇存量土地再开发过程中的供应方式，鼓励原土地使用权人自行改造，涉及原划拨土地使用权转让需补办出让手续的，经依法批准，可采取规定方式办理并按照市场价缴纳土地出让价款。推进"两海"滇南中心城市新城、南湖老城区棚户区、旧厂房、城中村的改造和保护性开发，发挥政府土地储备对盘活城镇低效用地的作用，加强农村土地综合整治，健全运行机制，规范推进城乡建设用地增减挂钩，总结推广工矿废弃地复垦等做法，在政府、改造者、土地权利人之间合理分配改造的土地收益。

3. **因地制宜推进低丘缓坡地开发。**坚持"基础设施先行、分期组团建设，产业发展支撑、社会事业配套"的山地城镇开发模式，在坚持最严格的耕地保护制度、确保生态安全、切实做好地质灾害防治的前提下，在资源环境承载力适宜地区开展低丘缓坡地开发试点。采用创新规划设计方式、开展整体整治、土地分批供应等政策措施，合理确定低丘缓坡地开发用途、规模、布局和项目用地准入门槛。

4. **完善土地经营权和宅基地使用权流转机制。**加快推进农村集体土地确权登记颁证工作，依法维护农民土地承包经营权，赋予农民对承包地占有、使用、收益、流转及承包经营抵押、担保权能，保障农户宅基地用益物权，改革完善农村宅基地制度，慎重稳妥推进农民住房财产权抵押、担保、转让，严格执行宅基地使用标准，禁止一户多宅。探索农户对土地承包权、宅基地使用权、集体收益分配权的自愿有偿退出机制，支持引导其依法、自愿、有偿转让上述权益，提高资源利用效率，防止闲置和浪费。在符合规划和用途管制前提下，允许农村集体经营性建设用地出让、租赁、入股，实行与国有土地同等入市、同权同价。建立农村产权流转交易市场，推动农村产权流转交易公开、公正、规范运行。

四、创新投资融资机制

深化政府和社会资本合作、加大政府投入力度和强化金融支持，解决蒙自新型城镇化建设"钱"的问题。

1. **深化政府和社会资本合作（PPP）。**进一步放宽准入条件，健全价格调整机制和政府补贴、监管机制，广泛吸引社会资本参与城市基础设施和市政公用设施建设和运营。鼓励民间资本通过直接投资、与政府合作投资、政府购买服务以及购买地方政府债券等形式，参与城镇公共服务、市政公用事业等领域的建设。加快市政公用事业改革，完善特许经营制度和市政公用事业服务标准，促进市政公用服务市场化和服务项目特许经营。建立健全城市基础设施服务价格收费机制,让投资者有长期稳定的收益,促进蒙自PPP项目库项目尽快落地和实施。根据经营性、准经营性和非经营性项目不同特点,采取更具针对性的政府和社会资本合作模式,鼓励公共基金、保险资金等参与项目自身具有稳定收益的城市基础设施项目建设和运营。

2. **加大政府投入力度。**坚持市场在资源配置中的决定性作用和更好发挥政府作用,明确新型城镇化进程中政府职责,优化政府投资结构,安排专项资金重点支持农业转移人口市民化有关配套设施建设。健全市、街道、乡镇、行政村政府间事权与支出责任相适应机制。编制公开透明的政府资产负债表,探索通过发行地方政府专项债券等多种方式拓宽城市建设融资渠道。重点依托蒙自城市建设投资公司,根据2019年6月《关于做好地方政府专项债发行及项目配套融资工作的通知》精神,积极探索实施PPP和地方政府专项债结合,撬动社会资本投资,发挥协同加力效应,创新蒙自新型城镇化多元化融资模式。

3. **强化金融支持。**争取中央和云南省级专项建设基金扩大支持新型城镇化建设的覆盖面,安排专门资金定向支持两海新城基础设施和公共服务设施建设,支持碧色寨、尼苏、新安所等特色小城镇功能提升等。探索利用财政资金和社会资金设立城镇化发展基金,整合政府投资平台设立城镇化投资、融资平台。进一步完善政府引导、市场运作的多元化投融资体制,建立透明规范的城市建设投融资机制,重点依托蒙自城市建设投资公司,对接红河州开发投资控股集团有限公司、云南省城市建设投资集团有限公司(云南城投)、中国城投等州级、省级和国家级城市建设投资平台,积极引入战略投资者,采取银行贷款、委托贷款、永续债、公私合营(PPP)、打捆式开发、资源转换式开发以及债转股、IPO等直接融资方式,拓宽城市建设融资渠道。

第四章 华宁县"十四五"时期新型城镇化发展基本思路及对策研究

为促进华宁"十四五"时期新型城镇化高质量发展，全面助推华宁经济社会跨越式发展，按照华宁县委、县政府的部署，编制《华宁县"十四五"时期推进新型城镇化建设基本思路及对策研究课题》（以下简称《课题》）。

"十四五"时期是华宁深入贯彻习近平总书记系列重要讲话和考察云南讲话精神的关键时期，更是华宁由全面建设小康社会向基本实现社会主义现代化迈进的关键时期。科学做好华宁"十四五"时期推进新型城镇化建设基本思路及对策研究，对于加快形成华宁"一核两极"的城镇空间结构、构建城乡一体化发展格局、扎实推进"国际陶都"建设具有重大意义。

《课题》在研判华宁新型城镇化建设的基础上，深入分析了华宁新型城镇化建设的成效和问题，系统梳理了华宁新型城镇化建设的机遇和挑战，明确了华宁"十四五"新型城镇化建设的基本思路、空间布局和基本目标，并提出了实现目标的五大重点任务和五大政策保障，为实现华宁"十四五"时期新型城镇化高质量发展提供了重要依据和参考。

第一节 华宁县新型城镇化发展的研判

研究采集华宁县"十三五"期间人均 GDP、产业结构、城镇化率的数据，依据钱纳里对工业化不同阶段划分的标志值，应用定量分析方法，对华宁县经济发展阶段、城镇化水平、城镇化特征以及城镇化与 GDP 的关系等关键问题做出判断，实现对华宁县"十四五"新型城镇化建设做出问题的精准识别、思路的精准定位和举措及对策的精准响应。

一、经济发展处于新型工业化的后期

截至 2019 年，华宁县全县 GDP 达 115.0 亿元，在全市排名第 7 位，人均 GDP 为 51 922 元（约 7 526.56 美元），为全球平均水平（11 296.8 美元）的 66.63%，全国平均水平（9 900 美元）的 76.03%。根据世界银行的分类属于典型的中上等收入地区，

按照钱纳里对工业化发展阶段划分的人均 GDP 标准，华宁县国民经济发展处于工业化后期阶段。目前，华宁发展后工业化经济的时机渐进成熟，要加快推进全县工业转型升级跨越发展，通过工业化促进新型城镇化建设和产城融合。

二、城镇化水平整体处于成长阶段

2015—2019 年，华宁县城镇常住人口数量由 89 072 人上升为 106 369 人，年均增长 3 460 人，常住人口城镇化率由 42.13％上升到 48.00％，年均提高 1.17 个百分点，低于玉溪市 52.98％（2019 年）、云南省 48.91％（2019 年）和全国 60.60％（2019 年）的水平，较全市、全省、全国分别低 4.98、0.91、12.6 个百分点。根据城镇化 S 形曲线四阶段划分成果来看，2019 年华宁县城镇化正处于城镇化加速发展阶段前期，未来城镇化增速将进一步加快（图 4-1）。

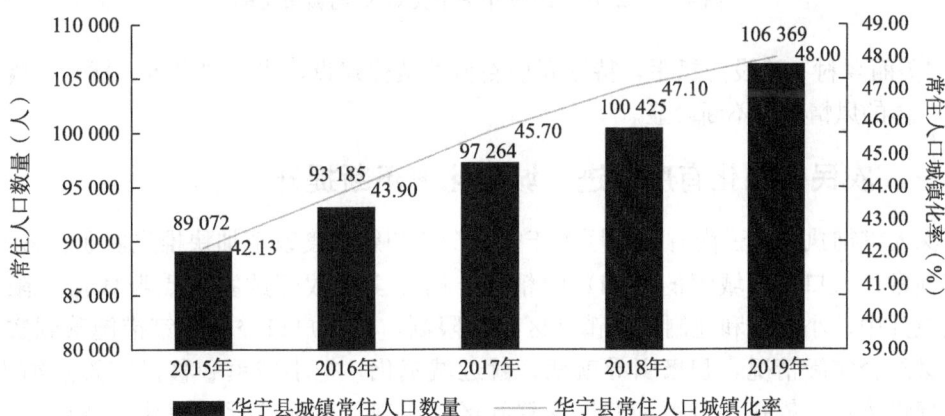

图 4-1 2015—2019 年华宁城镇常住人口数量及城镇化率趋势

三、城镇化驱动 GDP 快速增长

城镇化通过拉动投资、促进消费、增加政府支出等方式驱动 GDP 的增长。一方面，城镇化拉动了政府、企业等主体对城乡房屋建设、基础设施和公共服务的投资；另一方面，城镇化有效促进了农民由农村向城镇、由农业向工业与服务业的转移，提高了农民收入水平，从需求端刺激了消费。测算表明，2015—2019 年，华宁县城镇化率与 GDP 高度正相关，华宁县城常住人口镇化率每增加一个百分点，GDP 增加 1.63 亿元，二者关系如图 4-2 所示。

第二节 华宁县新型城镇化发展的成效

"十三五"以来，华宁县全面贯彻落实党中央、云南省委、云南省政府和玉溪市委、市政府新型城镇化精神，围绕"绿色发展先行区、陶瓷文化创业区、温泉康养示范区、国际陶都"的新定位，全力实施"生态立县、产业强县、特色兴县、开放活县"四大战略，扎实打好"园区经济、县域经济、民营经济"三大战役，以"美丽县城""特色小

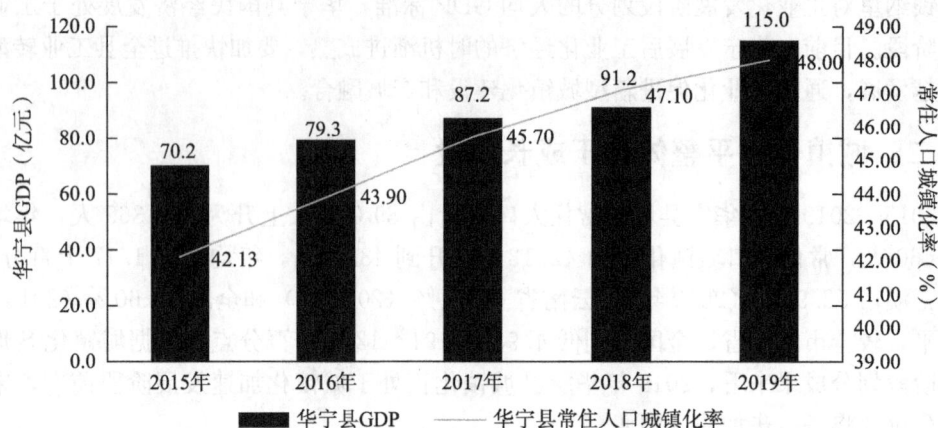

图 4-2　2015—2019 年华宁县 GDP 与城镇化率

镇""美丽乡村"建设为抓手，持续开展新型城镇化建设，华宁"泉乡、橘乡、陶乡"三位一体的风情魅力不断彰显。

一、农民市民化有序推进，城镇化率不断提升

深入贯彻执行《云南省公安厅关于全面深化户籍制度改革加快推进农业转移人口和其他常住人口落户城镇的通知》的精神，确保全面放开放宽重点群体落户限制，全面放开中、小城市和建制镇城镇地区落户限制，各项户口登记政策措施落到实处。华宁县结合实际情况，积极引导就地、就近城镇化，把小城镇和移民安置点纳入城镇化建设体系，依托小城镇和移民安置社区，实现"就地就近城镇化、就地就近市民化、就地就近基本公共服务均等化"。依托云南省人口信息管理系统，把城乡分类属性为城镇地区的居（村）委会逐一设立社区集体户，保障人才、学生等重点群体及租赁合法稳定住所人员在城镇顺利落户。根据城市建设发展情况，适时启动城乡属性调整工作，确保城市建成区同步调整城乡属性，稳步提升华宁县户籍人口城镇化率。2015—2019 年，全县常住人口城镇化率由 42.13％上升到 48.00％，年均提高1.17 个百分点。

二、城乡统筹协调推进，人居环境明显改善

始终坚持规划引领，城镇建设大步跨越。城市设计省级试点、多规合一等工作有序推进，县域乡村建设、"科教创新功能区"等规划编制完成。县城提质扩容步伐加快，国家卫生县城创建、国家园林县城复查稳步推进。截至 2019 年底，县城绿化率达39.30％，人均公共绿化面积达 9.85 平方米，累计拆除违章建筑 362 宗，59 461.98 平方米，清理违规占道经营 18 475 起。围绕"改善农村人居环境，建设美丽宜居乡村"工作目标，农村人居环境综合整治成效显著。截至 2019 年底，各乡镇（街道）区生活垃圾处理设施覆盖率达 100％，生活垃圾实现收集全处理率达 90％，村庄生活垃圾处理设施覆盖率达 80％。全县各乡镇（街道）区生活污水处理设施覆盖率达 75％以上，村

庄生活污水治理率达 60% 以上，农村饮用水源地周边村庄生活污水处理设施覆盖率达 70% 以上。

三、县镇建设稳步推进，城镇魅力不断彰显

按照"大干大支持，不干不支持"的省级政策导向，克服"等、靠、要"思想，华宁县结合自身发展基础，找准自己的目标定位，持续推进"美丽县城"和"特色小镇"建设。自 2019 年 2 月启动"美丽县城"创建，先后完成《华宁县"美丽县城"建设实施方案》《华宁县"美丽县城"建设项目可行性研究报告》，与云南省城乡建设投资有限公司合作，启动"美丽县城 PPP 项目"融资前期工作，项目总投资 16.3 亿元，共有 55 个建设项目，重点实施城市公厕、景观绿化、市政道路、老旧小区改造、陶文化主题街区打造等项目。2017 年华宁盘溪橘乡小镇入选创建全省一流特色小镇，通红甸美丽乡镇建设顺利完成，2019 年，云南科普小镇·华溪被列为云南省 64 个"科普小镇"项目。目前，华宁盘溪橘乡小镇和华宁象鼻温泉康养度假小镇在建设中，华宁国际陶艺小镇和华宁冲麦作家文创小镇有序推进。

四、农业发展持续向好，乡村振兴开局良好

聚焦世界一流"绿色食品牌"打造，深入实施农业供给侧结构性改革，按照"一县一业"的战略部署，重点打造华宁柑橘特色产业。截至 2019 年，全年完成农林牧渔业总产值 36.79 亿元，同比增长 6.1%。粮食产量增加，全年种植粮食 18.08 万亩，单产 364 千克/亩，同比增加 11 千克，总产 6 585 万千克，同比增加 99 万千克，增长 1.5%。柑橘产业持续做大。全年种植规模 12.6 万亩，总产 28.25 万吨，平均销售价格 3 819 元/吨，实现产值 10.5 亿元，同比增加 1.82 亿元，增长 20.8%。蔬菜产值平稳增长，全年种植蔬菜 19.9 万亩，总产量 32.11 万吨，实现产值 7.94 亿元，同比增加 1.24 亿元，增长 18.5%。烤烟交售收入增加，全年种植烤烟 8.3 万亩，烤烟总产 1 160 万千克，收购 1 153 万千克，烟农交售烟叶收入 3.42 亿元，同比增长 0.3%，产量、收入位居全市第一。

五、优化区域要素配置，城乡一体化加速

统筹城乡基础设施布局和建设，推动水、电、路、气等基础设施城乡联网、共建共享。建立健全城乡均等化公共服务体系，坚持以市场需求和就业为导向发展职业教育，加快发展农村学前教育，城乡教育资源配置进一步优化，城乡义务教育更加均衡。华宁县城乡资源要素的合理流动和优化配置，进一步缩小了城乡差距和地区差距，城乡、区域经济发展均衡协调发展势头持续向好。2015—2019 年，城乡居民人均可支配收入之比分别为 2.71∶1、2.70∶1、2.69∶1、2.65∶1 和 2.61∶1，呈现逐步缩小的趋势，低于 2019 年云南省城乡居民人均可支配收入之比 3.04∶1 的水平。县辖区内宁州镇、盘溪镇、华溪镇、青龙镇和通红甸乡区域经济发展差异系数分别为 46.30、47.63、39.16、39.15 和 39.11，区域经济发展差距持续缩小。

第三节 华宁县新型城镇化发展的问题

全县城镇化进程的步伐加快，城镇经济实力不断增强，但水平仍处于较落后状态，与全市其他县区比还存在着较大的差距，主要表现在县域城镇化率整体水平偏低、城镇综合承载能力水平较低、城镇规划建设管理水平有待提高、产城融合的产业支撑力不强和城镇化用地资金的约束突出。

一、全县城镇化率整体水平偏低

华宁县城镇化率的整体水平滞后于全国、全省、全市平均水平。2019 年华宁县常住人口城镇化率为 48.00%，比全国平均水平（60.60%）低 12.60 个百分点，比全省平均水平（48.91%）低 0.91 个百分点，比全市平均水平（52.98%）低 4.98 个百分点，在全市"二区七县"居第 5 位。2019 年，华宁县户籍人口城镇化率仅为 34.01%，比 48.00% 的常住人口城镇化率低了近 14 个百分点，有序推进农业转移人口市民化任重而道远。

二、城镇综合承载能力水平较低

全县城镇人口规模总体偏小，城镇化发展水平不高，全县区域经济空间结构整体处于极核式向点轴式过渡的阶段，中心城镇聚集、辐射带动乡村腹地的能力不强，集镇发展缓慢，宜居宜业指数不高，难以有效发挥产业、人口的承接承载作用。2019 年，全县 4 镇 1 乡没有 10 万人以上人口的聚集城镇，城镇人口规模为 5 万～10 万人的城镇有宁州镇、青龙镇和盘溪镇，华溪镇和通红甸乡仅维持在 1 万人左右的水平。城镇基础设施和功能配套不够完善。在城市规模迅速扩张的同时，城市空间优化和城市功能的完善没有及时跟上，基础设施和公共服务建设配套不完善的弱项和短板还比较突出。如县城棚户区改造项目中与该项目直接相关的城市道路和公共交通、通信、供电、供水、供气、停车库（场）、污水与垃圾处理等基础设施项目均还不够完善。

三、城镇规划建设管理水平有待提高

城镇化建设起步晚，规划全局性不够。华宁县的城镇化建设主要分为县城和乡镇两部分，县城主要以棚户区改造项目为主，乡镇以盘溪民族特色（旅游）小镇建设项目为主，建设规划各成一派，缺乏总体规划布局。城镇之间发展规划和产业布局规划缺乏有效对接。各城镇之间在编制规划上未能做到精密衔接、有机协调，未能真正把区域内基础设施、产业布局、社会事业等作为一个整体进行规划，难以形成相互衔接、覆盖城乡的规划体系。小城镇建设中普遍存在重经济发展、轻环境保护，重城市建设、轻管理服务等问题，主要表现为交通拥堵问题日趋突出，城镇污水和垃圾处理能力不足，环境污染问题加剧，小城镇农贸市场、停车场、乡镇公厕等基础设施不尽完善，城市管理运行效率不高，公共服务供给能力不足。

四、产城融合的产业支撑力不强

华宁县三产结构中"一强、二三弱"的问题较为突出，创造就业岗位和吸纳农业劳动力就业的能力有限，对全县产城融合和新型城镇化的建设支撑力严重不足。2019 年，华宁 GDP 在全市（2 区 7 县）排名第 8 位，第一产业增加值排名第 3 位，第二产业增加值排名第 9 位，第三产业增加值排名第 6 位。全县三产结构不尽合理。2019 年，全县产业结构为 20.9∶20.6∶58.5，严重滞后于全市 9.3∶43.7∶47.0 和全省 13.08∶34.28∶52.64 的水平，呈现"三一二"产业结构格局，一产比重偏高，二产产值比重过低的问题较为突出。与钱纳里提出的工业化标准结构相比，对新型城镇化有直接推动作用的第二产业比重相对偏低，产业支撑能力弱，导致城镇对农村剩余劳动力的持续吸纳能力不强。

五、城镇化建设资金的约束突出

华宁县城镇化建设投资相对分散，资金缺口较大，多数基础设施建设依靠争取项目投资，水暖电路等基础设施建设相对滞后。华宁县地方财政属于典型的"吃饭财政"，能用于城市建设的资金较少，而城市建设资金又主要依靠财政投入、抵押贷款和土地出让，除保障性住房工程项目外，上级对城市建设项目的补助资金较少，增资渠道不宽，融资平台较少。2015—2019 年，公共财政预算收入分别为 3.70 亿元、4.00 亿元、4.20 亿元、4.39 亿元和 3.15 亿元，公共财政预算支出 13.80 亿元、15.47 亿元、16.07 亿元、17.59 亿元和 17.41 亿元，公共财政预算收支赤字分别为 −10.13 亿元、−11.47 亿元、−11.87 亿元、−13.20 亿元和 −14.26 亿元，公共财政预算收支赤字逐年扩大。

第四节　华宁县新型城镇化发展的机遇与挑战

一、机遇

国家、省、市的决策部署，为加快华宁新型城镇化与城乡融合发展指明了方向。党的十八大以来，党中央把城镇化提到前所未有的高度，提出了"走中国特色新型城镇化道路、全面提高城镇化质量"的新要求。2013 年 12 月，中央召开城镇化工作会议，明确了推进城镇化的指导思想、主要目标、基本原则、重点任务。之后国家相继制定出台了《关于深入推进新型城镇化建设的若干意见》《国家新型城镇化规划（2014—2020 年）》等一系列政策文件，进一步明确了我国推进新型城镇化的指导思想、发展目标、主要任务。2017 年 12 月，中央经济工作会议进一步强调，要提高城市群质量，推进大、中、小城市网络化建设，增强对农业转移人口的吸引力和承载力，加快户籍制度改革落地步伐。国家发改委《2019 年新型城镇化建设重点任务》和《2020 年新型城镇化建设重点任务》明确，要坚持推进高质量发展，加快实施以促进人的城镇化为核心、提高质量为导向的新型城镇化战略。2019 年 4 月，《中共中央　国务院关于建立健全城乡融合发展体制机制和政策体系的意见》出台，为重塑新型城乡关系，走城乡融合发展之路，促进乡村振兴和农业农村现代化指明了方向。

政策红利的梯度效应，为华宁县加快新型城镇化建设带来了有利机遇。当前，国家正在深入实施"一带一路"倡议，长江经济带、新一轮西部大开发、乡村振兴及滇中新区、滇中城镇群、滇南城镇群和"昆玉红旅游文化产业经济带"等战略，各类政策、资金、资源、要素等不断向西部地区倾斜，为华宁县加快新型城镇化建设带来了千载难逢的机遇。华宁县东接弥勒市，南连建水县，西邻通海县、江川区，北倚澄江市、宜良县，地处两市一区三县接合部，在滇中新区东南片区经济协作区中起着特殊的作用，是云南开发开放从滇中到滇东南递进的着力点，是滇中城镇群与滇东南城镇群衔接的重要支撑点。随着数字经济、5G发展战略的实施，必将为华宁在新的起点上全面提高城镇化质量、推动城乡区域协调发展提供难得机遇和强大动力。同时，为加快云南高质量跨越式发展，省委、省政府出台了一系列促进社会经济快速高质量发展的政策措施，为云南新型城镇化的实施提供了强劲动力。"三张牌"、特色小镇、美丽县城、数字经济、基础设施"双十"重大工程、大基建大滇西旅游环线（新环线）等重大战略的实施，为全省新型城镇化的发展构建了覆盖面广、激励作用强、政策保障有力的支撑体系，为华宁探索特色新型城镇化发展模式提供了强有力的导向作用。

开放新视野、发展新动力、民生新诉求，为华宁县新型城镇化创造了良机。世界贸易重心逐渐重回环印度洋地区，南亚、东南亚国家经济快速崛起，具有23亿人口的环印度洋地区将成为未来巨大的消费市场，并与我国广大的腹地和产业基础形成互补。华宁必须立足自身优势，面向西南，主动构建开放新格局，走向开放前沿。伴随工业文明向生态文明转型，绿色、健康、可持续正逐渐成为新时期城市发展的共同主题。"优质人居环境"更加成为未来城市发展的"稀有资源"和"核心吸引力"。生态环境和城市品质将成为华宁县未来提升创新能力、培育高端城市功能的重要支撑。创造人人共享的城市和满足人民日益增长的美好生活需要成为城市发展的中心目标。华宁县具有优越的人居环境本底条件，未来更需要关注"不平衡"的经济发展、聚焦"不充分"的民生发展。关注社会结构、年龄结构变化所带来的生活消费需求的变革，从而扬长补短，打造宜居品质都市新形象。

资源条件优势的突显，为华宁加快新型城镇化建设提供了良好基础。华宁历史悠久、文化厚重、山水秀美、人杰地灵，享有"中国泉乡""柑橘之乡""千年陶乡"美誉。700余眼潭泉千百年来源源不断地给华宁注入灵秀之意和旺盛活力；独特的气候造就了全世界自然条件下柑橘成熟最早的产区；600余年薪火不断、匠心传承，让华宁陶不断发展创新。华宁已探明陶土资源储量7 000多万吨，石灰石、白云石估算储量约25亿吨，石英、水晶、玛瑙、铜、铁等原料丰富，为陶瓷产业发展提供了充足优质的原料。煤炭探明储量7 992万吨，可采储量7 285万吨。境内电力资源充沛，天然气供气管道全面贯通，为制陶企业提供了充足的清洁能源支撑。华宁县境内公路通车里程达1 818.8千米，贯穿辐射华宁的弥玉高速、江通高速、澄川高速建成通车后，华宁将融入滇中一小时经济圈，为华宁县新型城镇化建设提供强大的辐射优势、通道优势、环境优势和市场优势。

二、挑战

华宁县县情是西部地区、丘陵山区、民族地区，发展不充分、不平衡的现实没有变。农业现代化的水平整体滞后于工业化、信息化和城镇化的水平，工业化水平又滞后于城镇化的水平，城乡发展差距大，新型工业化、信息化、新型城镇化和农业现代化发展不同步的情况没有变。目前，华宁县新型城镇化转型发展由注重速度向"量"和"质"并重发展势在必行。华宁县处于全省发展的较低层次，产城融合发展的产业迭代支撑不足，随着农业富余劳动力减少和人口老龄化程度提高，主要依靠劳动力廉价供给推动城镇化发展的模式不可持续。随着资源环境制约日益加剧，依靠土地等资源粗放消耗推动城镇化快速发展的模式不可持续。随着城镇人口的不断增加，主要依靠非均等化基本公共服务支撑城镇化的快速发展不可持续。随着农村青壮年劳动力人口的流失，主要依靠老人、妇女、儿童支撑农业现代化的快速发展不可持续。

第五节　华宁县"十四五"时期新型城镇化发展的基本思路

一、基本思路

华宁加快推进城镇化条件成熟、时机已到、雏形初显。"十四五"时期，华宁新型城镇化应围绕"绿色发展先行区、陶瓷文化创业区、温泉康养示范区"和"国际陶都"的定位，遵循"生态、自然、宜居"理念，按照"做精县城、做特集镇、做美乡村"的思路，做强华宁中心县城，做优盘溪、青龙等集镇、分类有序做美村庄，加快形成华宁"一核两极"的城镇空间结构，构建城乡一体化发展格局，扎实推进"国际陶都"建设。全力打造"生态环境高品质、现代经济高质量、城镇文化高特色、县域治理高水平、人民生活高品质"的山区新型城镇化样板，走出一条"小而美、小而干净、小而宜居"的华宁特色新型城镇化发展道路。

1. **凸显以人为本，突出新型城镇化本质要求。**以人为本是新型城镇化的根本价值遵循。要突出华宁新型城镇化发展"人为核心"的本质要求，不断提高城镇人口素质和居民生活质量，有序实现有能力在城镇稳定就业和生活的常住人口市民化。依托华宁"三山两江"的独特的山水脉络，让城市建设融入大自然的怀抱，让居民望得见山、看得见水、记得住乡愁，让良好的生态环境成为华宁最普惠的民生福祉。加强历史文化风貌街区保护与开发，保护和改造好古街、古巷、古建筑、古遗迹，保护和弘扬包括新时代文化、民族文化、移民文化、跨境文化、山地文化在内的传统优秀文化，留住华宁符号、华宁记忆，塑造向上向善的社会心态，不断提升城乡居民的归属感和认同感。

2. **完善城镇群落，塑造新型城镇化主体形态。**城镇群是大中小城市和小城镇协调发展空间组织结构模式。要主动服务和融入"一带一路"倡议，中国—东盟自由贸易区、中国—中南半岛、滇中新区等国家、区域战略，加快塑造"一核两极"的城镇空间结构，依托东西南北纵横交错的"十字形"大动脉，加速形成以华宁县城为中心，以盘溪镇、青龙镇、华溪镇、通红甸乡为节点的县域城镇群主体形态。完善全县城镇规模结构，突出中心城市辐射带动作用，增强小城镇服务功能，优化城镇体系结构，促进山坝城镇协调发展，增强城镇承载能力和综合实力，强化中心城市聚集要素、资本、人口的能力，把华宁打造成为玉溪东部区域发展的重要增长极。

3. **践行绿色发展，绘制新型城镇化生态底色。** 树立"绿水青山就是金山银山"的发展理念，依托东西对峙的磨豆山、将军山、登楼山和南盘江、曲江河"三山两江"天造的山水脉络，坚持生态优先、绿色发展，深入实施"生态立县"战略，走生态产业化、产业生态化的绿色发展之路，着力建设绿色华宁，以绿色发展理念发展现代高原特色农业，发展立体生态循环农业，做大做强绿色、生态、有机农业，切实减少农业面源污染。以绿色发展理念促进工业转型迭代升级，用循环经济理念指导产业培育，推行生态工业园区建设，积极创建国家级绿色制造示范企业，发展低碳工业和循环工业，降低排放、减少消耗，促进工业经济绿色迭代升级。用绿色发展理念全面提升城市功能，建设海绵城市，进行城市环境综合治理，集中整治城市扬尘及油烟、噪声污染，加强城市大气污染联防联控，持续开展生态乡镇、绿色社区、生态乡村、绿色学校创建工作，使生态环保、绿色发展理念深入人心。

4. **传承民族文化，彰显新型城镇化特色魅力。** 华宁彝族、苗族、回族等少数民族文化精彩纷呈，华宁陶文化更是传承千年，历久弥新。要深入挖掘华宁县陶文化实质与精神内核，彰显华宁县文化魅力与底蕴。持续推进华宁历史文化名城、名镇、名村以及传统村落规划编制，保护与传承城乡文化特色，继承与发扬民族文化，避免城镇一面，彰显"泉润橘乡、陶冶华宁"鲜明的城市形象。非物质文化遗产传承人是名城、名镇、名村的根与魂，要以华宁县国家级、省级、州级、市级"非遗"项目代表性传承人和文化传承基地申报与建设为抓手，积极推进物质文化遗产、非物质文化遗产保护、传承和发展工作，依托华宁县文化遗产资源优势，走出一条具有华宁鲜明陶文化特色的新型城镇化道路。

5. **创新体制机制，提供新型城镇化动力保障。** 充分利用曲靖、大理、红河、保山等州（市）国家新型城镇化综合试点在农业转移人口市民化、农村产权制度改革、健全城镇化投融资机制、加快引导城市要素下乡、改革创新行政管理体制、加快推动城市高质量发展和加快推进城乡融合发展等方面的经验，勇于创新、先行先试探索农村土地征收、集体经营性建设用地入市、宅基地制度改革试点以及农村承包土地经营权和农民住房财产权抵押贷款试点等新型城镇化关键制度改革，积极推进城乡建设用地增减挂钩、城镇低效用地再开发等改革，加快推进华宁县改乡设镇步伐，探索县、区、街道、乡镇等行政管理与审批权限适度下放，争取在就业制度、建设用地市场、户籍管理、土地管理、社会保障、住房保障、财税金融、就业创业、行政管理、生态环境等体制机制改革方面取得进展，为全县新型城镇化建设提供保障。

二、空间布局

完善城乡布局结构。突出点线面结合，构建"美丽县城—美丽集镇—美丽村庄"协调发展格局，合理布局生产力要素，培育带动区域协同发展的增长极，着力构建"一核、两极、两轴、五区"的发展格局，增强城镇对乡村的辐射带动能力，形成全县城乡融合发展新格局。

1. 做强华宁县城。 加快"玉华"和"通华"一体化进程，提升县城引领作用，推动城乡接合部、新城区开发建设以及旧城区改造提升。强化基础设施建设，提升公共服务水平和层次。做精做强"一县一业"，加快产业园区发展，强化要素集聚和产业带动能力。推动农业转移人口向县城集中，实现县城居民市民化。以华宁县城为中心，打造全县政治、经济、文化、数据中心。突显陶文化特色，促进产城融合、产旅融合，建设美丽县城，打造区域综合交通物流枢纽，加速形成全县最具活力的经济增长核心。努力建设综合实力较强、特色产业兴旺、文化魅力彰显、生态环境优美、人民生活富裕的"国际陶都"。

2. 做优美丽集镇。 强化"两极"辐射带动，打造城乡融合新载体。因地制宜发展特色鲜明、充满魅力的特色小镇和小城镇；推进小城镇扩权赋能，补齐基础设施和公共服务设施短板，完善提升商贸集市功能，促进发展基础好的小城镇升级为中心集镇。发挥中心集镇在联结城乡发展中的桥梁和纽带作用，加强以乡镇政府驻地为中心的农民生活圈建设，以镇带村、以村促镇，推动镇村联动发展。加强盘溪发展极和青龙发展极的辐射带动作用。盘溪镇作为华宁县东部的发展极点，以磷化工和特早熟柑橘为产业发展重点，打造盘溪特色小镇，建设"云南民族团结进步示范区"，完善镇区功能，增强辐射带动能力。青龙镇作为华宁县北部的发展极点，依托鸿翔中药科技有限公司等企业，积极探索"企业＋基地＋农户"的中药材产业发展模式，打造"青龙药谷"。建设资源型生态城镇，发展生态蔬菜、生态林果、生态畜牧业、烤烟等高原特色农业，发展生态旅游，推进三产融合、城乡融合发展。到2025年，分批每年打造1～2个市级特色小镇，力争1个特色小镇进入省级示范特色小镇名单。

3. 做特美丽村庄。 分步、有序、分类推进区域乡村振兴，发挥引领区示范作用。以"守护绿水青山、彰显特色优势、发挥多重功能、提供优质产品、传承乡村文化、留住乡愁记忆"为导向，加强村庄规划管控和人居环境整治，提升村容村貌，实现"一村一品"，打造"产业生态化、居住城镇化、风貌特色化、特征民族化、环境卫生化"的美丽宜居村庄。华宁县城、盘溪镇、青龙镇周边城乡地区的城郊融合型乡村要率先振兴，发挥引领示范作用。以滇中城市经济圈环线弥玉高速公路（华宁段）为"横轴"，辐射县城宁州街道、华溪镇、盘溪镇、通红甸乡，形成连接玉溪和滇东地区的经济发展横轴；以澄华路为"纵轴"，辐射青龙镇、宁州街道，形成连接昆明和个开蒙及南亚的经济发展纵轴，辐射带动"两轴"沿线乡村经济发展。建设新庄工业区、盘溪磷化工产业园区、华宁高原特色水果经济园、宁州坝区烤烟蔬菜种植区和通红甸山地康体与农业区"五区"辐射带动乡村振兴，加快形成"两轴五区"带动全域乡村振兴的新格局。到2025年，全县90％以上村庄达到美丽乡村建设标准。

三、基本目标

华宁县"十四五"新型城镇化建设指标如表4-1所示。

表 4 - 1　华宁县"十四五"新型城镇化建设指标

	指标	2018 年	2019 年	2020 年	2025 年目标值	属性
城镇化水平与质量	常住人口城镇化率（%）	47.1	48	49.59	58	预期性
	城镇登记失业率（%）	3.05	3.20	3.50	3.00	约束性
	县城道路完好率（%）	—	—	—	90	预期性
	城镇建成区自来水供水率（%）	—	—	—	98	预期性
	集中污水处理率（%）	—	—	—	98	预期性
	路灯亮化率（%）	—	—	—	95	预期性
	人行道透水砖铺设（%）	—	—	—	50	预期性
城乡可持续发展支撑能力	GDP（亿元）	91.2	115	124.3	227	预期性
	工业总产值（亿元）	70.1	77	84.85	122	预期性
	农业总产值（亿元）	30.4	36.8	39.36	52	预期性
	人均县内生产总值（元）	46 008	51 922	56 100	102 485	预期性
	城镇常住居民人均可支配收入（元）	37 052	40 127	43 177	63 677	预期性
	农村常住居民人均可支配收入（元）	13 970	15 381	16 658	25 795	预期性
	万元 GDP 能耗（%）	0.79	0.78	0.8	0.3	约束性
	工业固体废物综合利用率（%）	95.5	95.67	95.83	96.7	预期性
	实际利用县外资金（万元）	726 253	860 697	1 020 029	2 384 645	预期性
城乡基础设施一体化水平	村庄生活垃圾处理设施覆盖率（%）	—	80	85	100	预期性
	村庄生活污水处理设施覆盖率（%）	—	70	75	100	预期性
	村庄生活污水治理率（%）	—	60	65	100	预期性
	城镇生活污水集中处理率（%）	92.01	94.47	97	100	约束性
	城镇生活垃圾无害化处理率（%）	95.01	95.69	96.37	100	约束性
	城镇人均住房面积（平方米）	37	38.3	39	47.55	约束性
	农村人均住房面积（平方米）	37	40.2	42.1	50	约束性
城乡公共服务均等化水平	城乡居民基本医疗保险覆盖率（%）	100	100	100	100	约束性
	城镇职工基本养老保险覆盖率（%）	99.6	99.5	99.5	100	约束性
	农村新型养老保险覆盖率（%）	98.8	99.2	99.2	100	约束性
	人均受教育年限（年）	8.61	8.75	8.89	9.65	预期性
	每千人口床位数（个）	3.74	3.77	3.79	3.93	预期性
	每千人口医生数（个）	1.93	2.04	2.16	2.86	预期性
城镇化资源环境支撑能力	森林覆盖率（%）	37.02	41.61	41.96	59.37	预期性
	人均公园绿地面积（平方米）	9.6	9.85	10.1	10.37	预期性
	耕地总面积（亩）	515 318	515 318	515 318	515 318	约束性
	粮食生产能力（万公斤）	6486	6672	6864	7907	约束性
	县城建成区绿化覆盖率（%）	38.76	39.3	39.84	44.34	预期性
	县城绿地率（%）	—	—	—	39.34%	预期性

注：增速的计算采用几何平均法计算，平均增长率（几何平均数减 1）$G = \sqrt[n]{(Y_n / Y_0)} - 1$。

1. **城镇化水平和质量稳步提升。**到 2025 年，华宁县常住人口城镇化率、城镇登记失业率、县城道路完好率、城镇建成区自来水供水率、集中污水处理率、路灯亮化率和人行道透水砖铺设率等城镇化水平和质量持续改善，高质量新型城镇化稳定推进。

2. **城乡可持续发展经济支撑能力持续提升。**到 2025 年，华宁 GDP、工业总产值、农业总产值、人均县内生产总值、城镇常住居民人均可支配收入、农村常住居民人均可支配收入、万元 GDP 能耗、工业固体废物综合利用率和实际利用县外资金等城乡可持续发展经济支撑能力指标持续改善。

3. **城乡基础设施一体化水平取得明显进展。**到 2025 年，华宁县村庄生活垃圾处理设施覆盖率、村庄生活污水处理设施覆盖率、村庄生活污水治理率、城镇生活污水集中处理率、城镇垃圾无害化处理率、城镇人均住房面积、农村人均住房面积等城乡基础设施一体化水平取得明显进展。

4. **城乡公共服务均等化水平取得明显进展。**到 2025 年，华宁县城乡居民基本医疗保险覆盖率、城镇职工基本养老保险覆盖率、农村新型养老保险覆盖率、人均受教育年限、每千人口床位数和每千人口医生数等城乡公共服务均等化水平取得明显进展。

5. **城镇化发展资源环境承载能力持续提升。**到 2025 年，华宁县森林覆盖率、人均公园绿地面积、耕地总面积、粮食生产能力、县城建成区绿化覆盖率和县城绿地率等城镇化发展资源环境承载能力持续提升，努力争创"中国人居环境奖""国家环保模范城市"。

第六节 华宁县"十四五"时期新型城镇化发展的重点任务

持续聚焦华宁县新型城镇化的突出短板与弱项，突出城镇功能，加快美丽县城、特色小镇、产城融合、美丽乡村建设，推进城乡一体化发展，提升县城综合承载力、集聚力和辐射力。

一、夯实基础设施支撑，全面提升城镇功能

聚焦"易达华宁、水韵华宁、科教华宁、健康华宁、智慧华宁"目标，全面推进现代立体综合交通网络建设，山、水、林、田、湖、草生态保育，教育创新、科技创新、产业创新，公共卫生医疗服务体系建设，城市管理数字化信息平台建设，全面提升全县城镇品质与功能。

1. **"易达华宁"建设。**围绕建成华宁"三纵三横"的道路规划布局，统筹公路、水运、民航等基础设施规划建设，努力打造华宁现代综合立体交通网络格局，形成华宁融入滇中一小时经济圈的便捷化通道，努力提高华宁县的通达性和易达性。围绕"一纵一横"两条高速运输主通道，加强省际通道、市际通道等综合交通大通道建设。加强通道内各种运输方式资源的综合统筹、优化配置、协调衔接，提高通道的整体效率。畅通瓶颈路段，完善设施布局，优化网络结构，加强各种方式的衔接和县城内外交通的衔接，充分发挥各种运输方式的比较优势和组合效率。

公路方面。加强省际、市际公路互联互通，加快弥玉高速公路项目建设，积极推进

澄华高速公路项目，主动融入对接服务滇中高速公路环线经济带。推进江华一级公路、澄华路等普通国省道提质改造，完善交通网络。规划弥海（弥勒至海口）一级公路、华建（华溪三岔河至建水东山）二级公路、青龙至禄丰至宜良二级公路、盘溪至西洱至禄丰二级公路、弥海二级公路。做好脱贫攻坚和乡村振兴战略统筹衔接，推进自然村通公路、生命安全防护工程及危桥改造工程建设。加快推进美丽公路、示范路打造，全面落实农村公路建设、管理、养护、运营主体责任，不断创新机制，多举措提升全县农村公路建、管、养、运新模式，健全完善专业养护管理和乡村协管互相结合的管养机制，规范管养制度，不断提升农村公路服务能力。

航空方面。依托国家层面对民航战略产业的政策支持及云南航空网络的布局，抓住"一带一路"中云南建设成为"面向南亚、东南亚的辐射中心"的战略机遇，按照玉溪市加强通用航空机场建设要求，规划建设华宁二类通用机场，实现航空事业的可持续发展。

铁路方面。华宁铁路网布局本着遵循上位规划的思想，结合华宁县铁路发展状况和县域经济发展的需要。依托滇中经济圈和"三湖"城市群建设以及玉溪在三湖区域着力构建轻轨交通环线的有利条件，积极推进华宁至江川、华宁至澄江、华宁至通海的城际轻轨基础设施建设，融入滇中城市轻轨交通大网络，形成便捷的轨道交通体系。

2. "水韵华宁"建设。华宁融"山、水、林、田、湖"自然景观特色和历史人文景观特色为一体。山脉起源云贵高原西南，延伸在境内的部分有东西两支，呈南北走向，山岭绵亘，纵贯全境。东支老象山脉位于县境中部，西支磨豆山脉位于西部。境内较大河流有南盘江、曲江、海口河、龙洞河、青龙河，东部有南盘江和华溪河南北相对汇流，两山脉间有青龙河和龙洞河南北相背分流，有大小龙潭泉水、小支流630多处，蕴藏丰富的水能资源。县辖区域面积在1平方千米以上的坝子有9个，其中宁州坝子和盘溪坝子最大，盘溪坝和华溪坝更是素有"温室"之称。华宁拥有"山护城立、城依山起、水随城流、城临水筑、田融城绿、城共绿生、文亮城生、城蕴人文"的城市景观特色，依托华宁核心城市山、水、林、田、湖、草资源，积极开展华宁县全国第四批"山、水、林、田、湖、草"生态保护修复工程试点项目创建与申报。

推进城镇地下管网改造与建设。统筹城市地上地下设施规划建设，积极开展城市地下空间开发利用规划编制工作，加强城市地下基础设施建设和改造，合理布局电力、通信、广电、给排水、燃气等地下管网，加快实施既有路面城市电网、通信网络架空线入地工程。有序推进全县供水及输水管线工程、生活垃圾无害化处理厂、河道两岸景观绿化、再生水利用及污泥处置等工程，建设完成全县"三镇一乡一街道"建成区综合管廊项目。

推进海绵城市试点建设。有序推进全县海绵城市项目，充分发挥华宁城镇天然水体优势，在城镇新区建设、老旧城区改造、各类园区以及成片开发区充分"引水入城""引绿入城"。按照"自然积存、自然渗透、自然净化"理念，持续推进县区海绵城市建设，实现"水资源、水安全、水文化、水环境、水生态"全面的"五水"共治。在老城区结合棚户区、危房改造和老旧小区有机更新，妥善解决城市防洪安全、雨水收集利用等问题。加强海绵型建筑与小区、海绵型道路与广场、海绵型公园与绿地、绿色蓄排与净化利用设施等协同建设。

3. "科教华宁"建设。主动融入服务玉溪市教育创新、科技创新和产业创新三大行动方案,把科教创新城作为华宁县"十四五"创新驱动和高质量跨越式发展的重要抓手,力求让科教创新成为新时代引领华宁县发展的第一动力,走出了华宁路径、跑出了华宁速度、贡献了华宁方案,推动了华宁的高质量跨越式发展,走在全市前列乃至全省前列。

夯实科教人才支撑。积极围绕全市"一核五片七区"总体布局,聚焦华宁县陶瓷建材、磷化工、高原特色农业三大传统产业和高端装备制造产业、新能源产业、生物医药与大健康产业、文化旅游四大新兴产业,以"学"为基础、以"研"为核心、以"产"为目标,细化投资、合作、运营举措,大力引进教育、科研机构,专家工作站、工程技术中心、科技高端企业等国内外创新资源向华宁集聚,全力以赴打造优良的科教创新支撑平台。到2025年,全县预计引入"科教创新城"科研院所和机构不少于1所,产、学、研合作项目达10个,建成成果孵化、转化基地1个,建成硕士、博士研究生实践基地1个。

培育创新、创业集聚区。逐步推进华宁农业科技创新中心和创新、创业聚集区建设,加快建设一批农业科技基础设施集群和干热河谷农作物研究学科集群。支持符合条件的经济技术开发区打造大、中、小企业融通型、科技资源支撑型等类型创新、创业特色载体。推动承接产业转移示范区、高新技术开发区聚焦战略性新兴产业,构建园区配套及服务体系,充分发挥创新、创业集群效应。

打造双创示范基地。将全面创新改革试验的相关改革举措在"双创"示范基地推广,为示范基地内的项目或企业开通绿色通道。着力推进以碗窑村陶瓷文化创意中心、众创空间和农村淘宝县级运营中心为支撑的科教创新功能区建设。与景德镇陶瓷大学开展深入合作,为华宁陶瓷产业结构调整、科技创新、重点工程项目提供决策咨询、评估和技术论证服务。开展"双创"示范基地重点工程,激励示范基地在科技成果转化、财政金融、人才培养等方面积极探索。

4. "健康华宁"建设。加快医疗卫生机构项目建设,补齐华宁公共医疗卫生设施短板。加快推进华宁县中医医院新建项目、宁州卫生院整体搬迁、青龙卫生院综合业务房、盘溪卫生院公卫科、通红甸卫生院业务楼和华宁县疾病预防控制中心整体迁建等项目建设,力争在"十四五"期间将县中医医院、县疾控中心和4个乡镇卫生院纳入中央预算项目内建设。健全以社区、乡村卫生服务中心为基础的城镇乡医疗卫生服务体系,加强以全科医生为重点的基层医疗卫生队伍建设。加快形成以县城大型综合医院和专业医院为核心、以乡镇卫生院为支撑、以乡村卫生室为基础的城乡全覆盖的医疗卫生服务体系。

突发急性传染性疾病治疗与防控体系建设。对接《云南省重大传染病救治能力提升工程实施方案》和《云南省疾控机构核心能力提升工程实施方案》,以华宁县疾病预防控制中心整体迁建项目为契机,强化基础设施、负压病房及重症监护病房、设备配置、运营模式和人员配置建设,建立健全全县应对突发急性传染性疾病预防、治疗和控制体系。建立和完善突发急性传染病应对机制,加强突发急性传染病监测预警体系建设,提高早期预警能力，提高实验室监测能力，为突发急性传染病诊断提供技术支持，建立健全突发急性传染病应对处置人员培训机制，提高突发急性传染病应急处置能力，做好应对突发急性传染病的物资和技术储备，切实提高全县应对突发急性传染性疾病的能力。

5. "智慧华宁"建设。推进智慧城市创新发展，推进"智慧华宁"建设，提升全县城镇精细化管理水平。建设城市管理数字化信息平台，用先进的信息技术手段和城市管理模式，整合城市管理、社会管理各业务部门资源，汇聚数据信息，围绕市政设施、环境卫生、园林绿化、城市秩序等城市管理内容，构建集信息采集、案卷处理、视频监控、联合指挥等为一体的综合性城市管理平台，实现城市管理信息多部门协同工作。依托城市管理平台，为社会公众提供全民城管服务，实现"以人为本"的城市管理理念，全力打造"和谐型、开放型、智能型、效能型、服务型"城市管理新模式。

华宁县智慧城市统一服务入口建设。开展"一部手机办事通"系列应用，与各行业重点服务应用的数据、业务对接，打造面向政府、企业、个人的统一门户，推进智慧城市各项服务的归一化管理与服务。整合城市公共交通、医院、景区、社区等各领域的一卡通服务，形成统一支付入口，实现智慧城市各应用场景中畅享、互通服务。开展以智慧服务终端、智慧充电桩等为载体的智慧建筑、智慧社区的示范应用，建设高效、智能的城市服务网络。

华宁新型智慧城市标杆建设。鼓励宁州镇、盘溪镇、青龙镇等重点城镇持续投入新型智慧城市建设，打造玉溪特色、云南领先的新型智慧城市标杆。将新型智慧城市规划与其他规划"多规合一"，推动地上建筑物、构筑物、市政公用设施，园林绿化、环境卫生、地下管线、综合管廊等城市设施数字化展示、可视化管理。

二、泉润橘乡陶冶华宁，彰显国际陶都魅力

围绕"干净、宜居、特色"三大要素，做好干净家园、营造宜居环境、打造特色风貌三个方面建设内容，聚焦2020年被省级评选为"美丽县城"的目标，抢抓机遇、坚定信心，认真对照各项指标，全力做好各项工作，切实打造具有华宁特色的宜居、宜业、宜游"美丽县城"，推动华宁新型城镇化高质量跨越式发展，为云南省打造"中国最美丽省份"谱写好"最美华宁"的华丽篇章。

1. **坚持绘好蓝图，推动城市规划上水平。**突出规划的龙头引领作用，坚持"走新路、守初心、接地气"的原则，有序推进华宁县新一轮国土空间规划，谋划好"美丽华宁"的空间蓝图，全力构建"多规合一"协调机制和"一张蓝图"管控体制，推进省级城市设计试点。使华宁县国土空间规划成为推动县域治理现代化和能用、管用、好用的规划。高质量编制新型城镇化发展规划，强化规委会作用，科学确立城镇功能定位和形态，合理布局全县城乡"生产空间、生活空间、生态空间"，统筹基础设施和公共资源配置，引导城乡协调发展。积极开展前瞻性、战略性研究，编制、整合、完善、提升城市总体规划、控制性详细规划、各类专项规划和乡镇、村庄规划，加强重要片区、重要地段、历史街区等城市设计，精心研究、集思广益、充分论证，充分体现华宁的"建筑美、色彩美、协调美、整体美"。开放规划建筑设计市场，引进国内外高水平规划编制单位、建筑设计单位，参与重要规划编制和建筑设计任务。加强规划整合衔接，以经济

社会发展规划为目标任务、城乡规划为整合平台、土地利用总体规划为落地载体、生态和环境保护规划为结果检验，逐步建立"多规合一"的规划编制和实施管理机制。

2. **坚持体现特色，推动县城风貌上水平。** 紧紧围绕"泉润橘乡、陶冶华宁"的城市形象设计与文化定位。聚焦华宁陶瓷文化创意创业园、陶瓷建材产业园、碗窑国际陶艺村、陶瓷博物馆、陶瓷文化特色主题街区、国际艺术创意小镇串点成片，打造陶瓷文化旅游示范区，形成华宁陶瓷文化产业"两园一村一馆一街一镇"发展新格局，促进陶瓷文化产业持续健康发展，充分彰显华宁"泉润橘乡、陶冶华宁"城市品牌形象。充分尊重自然山水环境，把经典山水园林思想与美丽县城、特色小镇、美丽乡村建设结合起来，尊重原有地形地貌，强化城市、乡镇与山水环境的有机联系，保持城市依山而建、傍水而居的优美风貌。以保护坝区优质耕地和保障区域生态安全为前提，合理利用水域、耕地、林地及其他生态建设用地，扩大城镇生态绿色空间。根据华宁坝区、山地、河谷、高原、丘陵等多种地理地貌特点，沿河滨、溪谷、山脊、沟渠等建设绿色生态廊道，促进生态空间与城镇生产、生活空间融合，把华宁打造成为"显山露水、城水相依、城山相偎、人与自然融合"的山水田园城市。

3. **坚持优化功能，推动城市建设上水平。** 实施"美丽县城"建设，以县城提质扩容为突破口，继续加大国家卫生县城创建力度，推进"四治三改一拆一增"，启动建设碗窑村"美丽乡村＋文化"试点，加快碗窑村遗址公园、尊经阁文化公园、甸尾城市公园建设，做好引水入城、珠山路景观改造提升、县城绿色休闲景观慢道等项目建设前期工作，确保国家园林县城通过复评。按照项目建设计划，高水平推进泉乡路200米和县城棚户区改造范围土地开发，力争开工建设邦城玉林府、华坛商务、宁城尚居等项目，落实棚户区市政道路建设、南片区市政道路建设、城市公厕等项目落地开工建设，抓好陶瓷博物馆、华宁泉文化暨引水入城项目、宁兴街、东门路主题打造，对土司府、普朝柱故居等历史建筑进行保护和修缮。按照海绵城市建设理念，逐步对未铺设透水砖的人行道进行更换；根据正在编制的华宁县城排水防涝建设实施方案，分期对县城管网进行完善，提升县城抗涝和防涝水平，逐步实现县城雨污分流；做好棚户区改造，开展五条市政道路的规划建设工作，逐步消除县城内的断头路。

4. **坚持依法治城，推动城市治理上水平。** 城市发展，三分建设、七分管理。要牢固树立"管理也是建设"的理念，把依法治理的理念体现到城市治理的各个方面，运用法治思维治理城市，不断理顺体制机制，创新治理手段，建立健全行之有效的城市管理长效机制，提升执法行政水平。进一步完善城市管理工作体系，创新城市工作体制机制，深入推进城市管理和执法体制改革，确保严格规范公正文明执法。坚持"政府主导、企业主体、群众参与、市场化运作"的原则，健全完善城市管理长效机制，加快推进数字化城市管理信息化平台建设。依托华宁县数字化城市管理信息平台，充分应用大数据、云计算、人工智能、5G、物联网、区块链等信息技术，建设升级华宁县数字城管指挥中心，不断完善系统功能和应用场景，打造集智慧灯杆、智慧停车、智慧安保、智慧管网、智慧交通、智慧警务、智慧民生、智慧文旅、智慧健康等于一体的"城市大脑"，提高城市管理效能和水平。

5. **坚持教育引导，推动城市文明上水平。** 习近平总书记指出："把美丽中国建设化为人民的自觉行动"。紧紧围绕"让城市更美丽、让社会更文明、人民更幸福"的目标，用华宁新时代精神的传承作为城市文明的灵魂，用城市发展的光辉历程启示人，用世代传承的精神鼓舞人，用身边先进典型引导人，把教育引导广大市民推动城市文明纳入城市建设的主要内容。强化社会主义核心价值观的正面引导。着眼以人民为中心的发展思想，大力培育和践行社会主义核心价值观，深化群众性精神文明创建活动，持续开展"自强、诚信、感恩"主题实践活动，不断提升全县人民思想觉悟、道德水准、文明素养和文明程度，全力推动全县精神文明建设工作开创新局面，为文明城市创建营造良好氛围。强化文明城市、文明乡镇、文明乡村的创建引领。围绕文明城市创建、人居环境整治、乡风文明等重点工作，以"节俭养德全民节约行动"和"善行美德光荣榜"建设为抓手，带动更多群众参与到精神文明建设工作中，持续推进国家级、省级、市级精神文明示范县、示范镇（乡）、示范村创建。强化全民参与。要积极组织社区、学校、部队、干部参与城市文明建设，倡导广大市民和社会各界人士同心同向、广泛参与，互相监督、互相提醒，使市民变为城市的主人、文明的主流。用文化引领风尚、教育人民，促进市民素质提升，努力在全县形成人人支持、人人参与"美丽县城"建设的良好局面。

三、加快培育中小城镇，打造城镇新增长极

发挥中心集镇在连接城乡发展中的桥梁纽带作用，加强以乡镇政府驻地为中心的生活圈建设，培育一批镇区人口超过 2 万人的重点镇、示范镇、特色小镇，吸引带动农民到镇区生活就业，推动镇村联动发展，以镇带村，以村促镇。积极推进重点集镇建设、加快特色小镇发展和稳步推进一般乡镇建设。积极培育发展壮大乡镇主导产业，促进产镇融合发展。

1. **做特做靓集镇。**实施美丽乡镇三年规划建设行动计划，搞好镇容镇貌整治提升、集中供水设施建设、生活污水处理设施建设、生活垃圾处理设施建设、农村集贸市场改造提升和群众文体活动广场建设六项工程，把 4 个建制乡镇建成基础设施完善、人居环境优良、特色风貌鲜明的新型城镇，力争全部创建为国家或省级生态乡镇，实现全县美丽乡镇全覆盖。持续推进《华宁县农村人居环境整治三年实施细则》各项指标任务工作，特别是做好集镇"一水两污"及公厕建设工作，创新建设模式和融资方式，建立完善价格体系，合理确定处理成本，保证环卫企业可持续经营。宁州镇、盘溪镇要强化产业培育，构筑产业支撑体系，完善市政公用设施和公共服务设施，优化功能结构，保护好自然生态、文化传统、田园风光，改善人居环境，促进人口和产业聚集。青龙镇、华溪镇和通红甸乡要走多样化、特色化发展之路，重点完善基础教育、医疗卫生、社会保障、商贸流通服务和支农服务等功能，加强与中心村之间的设施网络建设，吸引农民进城入镇。

2. **持续推进特色小镇建设。**依托华宁独特的资源条件，挖掘发展潜力，创新发展模式，加快建设特色小镇，大力培育特色产业，着力打造一批现代农业型、工业型、旅游型、商贸型、生态园林型特色城镇，带动农业现代化和农民就近城镇化。推广借鉴华宁盘溪橘乡小镇入选全省一流特色小镇，通红甸美丽乡镇建设和云南科普小镇·华溪创

建经验，全面推进盘溪橘乡小镇建设，完成盘溪棚户区改造，引导农业人口向城镇转移聚集，实现户籍人口管理向常住人口管理转变，不断提高城镇化水平。有序启动和推进华宁盘溪橘乡小镇、华宁象鼻温泉康养度假小镇、华宁国际陶艺小镇和华宁冲麦作家文创小镇等特色小镇建设，持续开展国家级、省级和市级特色小镇创建，争取更多特色小镇纳入奖补名单。努力打造形成一批少数民族风情浓郁、林果主导产业特色鲜明、交通便利、环境优美、服务配套、吸引力强、在省内外乃至国内外有一定知名度的特色旅游小镇，支撑"健康生活目的地牌"走在全省前列。

3. **加快拓展重点乡镇功能**。推进盘溪镇、青龙镇等重点乡镇发展，在用地保障、基础建设和产业发展方面给予优惠政策及配套扶持。开展全县特大镇功能设置试点，破解制约镇域经济发展的体制机制障碍，以下放事权、扩大财权、改革人事权及强化用地指标保障等为重点，赋予宁州镇、盘溪镇等特大镇部分县级管理权限，允许其按照相同人口规模城市市政设施标准进行建设发展。同步推进特大镇行政管理体制改革，减少行政管理层级、推行大部门制，降低行政成本、提高行政效率。依据云南省《关于深入推进经济发达镇行政管理体制改革的实施意见》，积极探索破解制约镇域经济发展的体制机制障碍，初步构建简约高效的基层管理体制，并在此基础上逐步扩大改革范围，在全县打造一批发展速度快、产业基础好、带动作用强的县域经济社会次中心，以镇域经济增长更好地激发县域经济发展活力。

四、做大做强"三张牌"，构建产城融合格局

围绕"生态、观光、休闲"主题，深挖"泉、橘、陶"内在价值，大力发展节能环保、生态农业、生态旅游等绿色产业，持续打响世界一流"三张牌"，促进产业发展和城镇建设良性互动，打造"功能完备、设施现代、环境优美、出行方便"产城融合的新格局。

1. **"绿色能源牌"**。做精做强以华宁陶瓷产业为代表的绿色清洁载能产业，"绿色能源牌"走在全市前列，按照省、市"做强陶文化，做大陶产业"的总体要求，依据《华宁陶瓷产业中长期发展规划（2016—2025）》和《华宁县陶瓷产业发展规划（2019—2025)》，举全县之力，把华宁陶打造成为全国著名品牌，把华宁打造成为国际陶都，推动华宁陶瓷产业成为"一县一业"高质量发展的范本。聚焦创新发展生活日用陶瓷、绿色发展建筑园林陶瓷、开放发展工艺美术陶瓷，融合发展陶旅新兴产业，共享发展陶瓷配套产业。通过实施市场主体培育工程、产业技术创新工程、品牌价值提升工程、陶瓷文化保护工程、资源开发保护工程、人才队伍培育工程和信息化数字化工程，持续做精做强华宁陶瓷产业，产业规模不断扩大。到2025年，陶瓷文化产业总产值力争达到70亿元，支柱产业地位更加巩固。产业结构不断优化，到2025年，工艺美术陶瓷产业产值达到10亿元、生活日用陶瓷产业产值达到20亿元、建筑园林陶瓷产业产值达到20亿元、陶瓷文化相关配套产业产值达到10亿元，陶旅新产业产值达到10亿元。

充分发挥和利用风电产业现有优势，调整优化能源生产结构，积极争取国家和省政府对华宁风电产业发展的政策支持，重点抓好风电产业的科学研发。稳步推进风能多元化利用与规模化发展，发展新能源技术综合应用的分布式能源微网。充分利用资源优

势，借助中国广核集团有限公司、中国电力建设集团昆明勘测院、火特新能源有限公司等国家重点新能源企业，加快推进华宁东区风电场（起则、火特）、西区风电场（龙虎山、白沙地）等风电项目建设，大力发展风力发电、光伏发电等新能源产业。以南盘江为重点，加快水电开发招商与建设，把华宁建成云南重要的绿色清洁能源产业基地。到2025年，预计绿色新能源产业总产值14亿元，年均增长25%以上。

2. "绿色食品牌"。做特做优以柑橘为代表的高原特色农业，"绿色食品牌"走在全市前列，按照"一县一业"的部署，重点发展华宁柑橘特色产业，以打造"开放型、创新型、高端化、信息化、绿色化"现代柑橘产业体系为目标，按照"大产业＋新主体＋新平台"发展模式，聚焦柑橘产业，全面落实"抓有机、创名牌、育龙头、占市场、建平台、解难题"6个方面举措，做大、做强、做优柑橘产业，构建完善的柑橘产业体系、生产体系和经营体系，把小农户引入"一县一业"发展大格局。打造好华宁柑橘、华宁大砂壳核桃、宁州香、阿穆尔鲟鱼4个绿色食品主导品牌。重点培育宁州香、黄师傅、滇回马氏、香哩哩等一批肉食品生产企业，云南维合、万豪实业、阿穆尔、鑫辰公司等一批以果蔬和水产品生产为主的外向型企业，昌盛工贸、盛衍种业等一批食用油和种子生产企业，鼓励企业做大做强，不断提高华宁农产品加工能力与水平，到2025年，预计全县农产品加工产值年均增长10%以上，达到22亿元。

3. "健康生活目的地牌"。提档升级以象鼻温泉为代表的旅游文化产业，"健康生活目的地牌"走在全市前列，按照泉橘陶"优势互补、融合发展"的思路，加快推进陶旅融合、温泉康养目的地、万亩橘园、磨豆山国际山地旅游综合体项目建设，不断厚植华宁文化旅游产业发展后劲，全力擦亮"泉乡、橘乡、陶乡"三张名片，把文化旅游产业打造成支撑县域经济的主导产业。

做好泉文章。依托华宁县丰富的"泉眼"资源，优先做好"热泉文章"，以温泉康养为主题，优先推动泉美天下——象鼻温泉旅游文化度假区、通红甸乡太极温泉、青龙镇温泉等项目建设，实现温泉康养产业跨越发展。以美丽县城建设为主线，做好县城周边"冷泉"建设，在县城西入口、高速路入口等地方建设好潭泉文化或地标建筑，增添县城美丽度、宜居度、打卡度。

做强陶文化。以打造"国际陶都"为总要求，在推动传统手工艺基础上，积极实行机械化生产，以提高陶瓷产品产能。抓好碗窑村陶文化项目招商引资、华宁县陶博物馆和陶产业园等项目建设，不断夯实陶产业发展基础。积极组织申报华宁陶制作技艺为国家级非物质文化遗产项目，不断夯实陶产业文化根基。

谱好柑橘曲。持续推动华溪镇、盘溪镇柑橘产业发展与三产深度融合，发挥好华溪下拖桌、盘溪新村柑橘厂（军旅文化）、百年滇越铁路、盘溪大龙潭等旅游资源优势，促进柑橘产业与乡村旅游融合发展。将"盘溪—华溪—象鼻温泉—碗窑村—磨豆山"精品自驾旅游线路"点"上的基础做实、"线"上的名气叫响，实现华宁县乡村旅游高质量跨越式发展。到2025年，预计接待游客突破192万人次，旅游总收入突破12亿元，年均增长10%以上。

唱好健康歌。持续做大生物医药与大健康产业，依托全县19632亩中药材种植，有序扩大三七、天门冬、金铁锁、桔梗、白术和滇重楼等优势中草药种植规模，积极与云南白药、昆药集团、龙津药业、云南鸿翔药业有限公司等省内外知名企业对接，推进华宁县中药材精深加工示范项目建设，延长中草药材产业链、完善中草药材价值链、提升中草药价值链，提高中草药精深加工水平，提升产品附加值。到 2025 年，预计生物医药与大健康产业年均增长 20％以上，综合产值达 5 亿元。

4. 打造产业发展平台，促进产业集群化发展。重点依托新庄工业片区、盘溪磷化工业片区、南盘江曲江低热河谷柑橘园区、中高海拔烤烟蔬菜种植区、高山康体休闲旅游区。新庄工业片区以发展先进装备制造和陶瓷建材产业为主，盘溪磷化工业片区以发展化工产业为主。南盘江曲江低热河谷柑橘园区发挥"特早熟柑橘"的优势，培育壮大华宁柑橘品牌，形成集生产、销售、展示、运输、储运等功能于一体的柑橘产业链。中高海拔烤烟、蔬菜种植区发展优质烤烟和生态蔬菜，依托澄华高速和弥玉高速，发展与产业相配套的仓储、物流业，建设重要的农产品基地。高山康体休闲旅游区强调保护优先，开发通红甸么波冲独特的喀斯特地貌和高山草甸，打造山地户外康体旅游区。

五、持续推进乡村振兴，打造华宁模式样板

按照"产业兴旺、生态宜居、乡风文明、治理有效、生活富裕"的总要求，全面把握、统筹谋划、突出重点、精准施策，以愚公移山、水滴石穿的韧劲持之以恒、久久为功推动农业全面升级、农村全面进步、农民全面发展，奋力打造具有鲜明特色的乡村振兴"华宁模式"。

1. 坚持以产业兴旺为重点，提升高原特色农业发展质量。要坚持质量兴农、绿色兴农，坚决打好"绿色食品"牌，以农业供给侧结构性改革为主线，加快构建高原特色现代农业产业体系、生产体系、经营体系，提高农业创新力和竞争力，确保华宁顺利进入全省 80 个高原特色农业强县建设盘子。加快以农田水利为重点的农业基础设施建设，大力推进农村土地整治、高标准农田建设、高效节水设施建设等项目，不断补齐农业基础设施短板。认真落实省、市高原特色农业三年行动计划，以烟、畜、果、菜、药为重点，积极探索"大产业＋新主体＋新平台"发展模式和"种植养殖＋深加工＋流通"全产业链发展，稳定保持主要农产品生产能力，提升农产品附加值，推动高原特色农业提质发展。加大先进农业技术推广应用，推动高原特色农业绿色化、优质化、特色化、品牌化发展，健全农产品标准体系，强化优势特色农产品品牌培育和保护，继续打造一批竞争力强的农业产业化知名品牌，积极争创省级农产品质量安全县。大力培育农业"小巨人"、龙头企业、专业合作社、家庭农场等新型农业经营主体，加快发展农村淘宝、直供直销电子商务等新业态，推进农业与旅游、文化、健康养老等产业深度融合，积极推进西沙映月田园综合体、高原特色水果经济园建设，促进农村一二三产融合发展。

2. 坚持以生态宜居为关键，全力推动乡村绿色发展。牢固树立和践行"绿水青山就是金山银山"的生态理念，恢复和提升农村生态，推动形成乡村绿色发展方式和生活方式。统筹山、水、林、田、湖、草系统治理，严格落实河（湖）长制和山林长制，建立健全生态保护生态红线管控制度，守住农村发展的绿水青山。强化农村突出环境问题综合治理，以创建水果、蔬菜等有机肥替代化肥试点国家级示范县为契机，积极推进农业面源污染综合治理、畜禽规模粪污资源化利用和大型养殖场沼气池项目建设，开展养

殖场进果园、进林地行动，严禁工业污染和城镇污染向农业农村转移，促进生态循环农业发展。坚决打好实施乡村振兴战略的第一场硬仗，着力推进农村人居环境整治三年行动，以省级重点示范村、"百村示范、千村整治"工程、美丽宜居乡村建设等为抓手，加快实施"七改三清"、农村生活垃圾生活污水治理、农村厕所革命等重点工作，切实解决农村环境"脏乱差"的问题，创建人居环境整治示范村。着力在交通沿线、景区周边、城市周边连片打造产业特色鲜明、人文气息浓厚、生态环境优美、多功能融合的美丽宜居乡村重点片区。增加农业生态产品和服务供给，立足丰富优质的生态资源，积极发展绿色食品，创建一批以橘园观光、农业体验等为主的特色生态旅游产业链，将乡村生态优势转化为发展生态经济的优势，让青山绿水真正成为兴村富民的金山银山。

3. **坚持以乡风文明为保障，不断繁荣兴盛农村文化。**强化农村思想道德建设，发挥好"双促双推中国梦"公民道德积分制、"善行美德光荣榜"等平台作用，大力弘扬和践行社会主义核心价值观，扎实开展中国特色社会主义和中国梦宣传教育，激发群众爱党、爱国、爱社会主义的热情。传承、发展、提升农村优秀传统文化，充分挖掘具有农耕特质、民族特色、地域特点的物质文化遗产，加大对古村落、古建筑、文物古迹、农业遗迹等文化遗产保护力度，培育具有较强民族地域特色的文化品牌，加强非物质文化遗产项目申报力度，让活态的乡土文化传下去。加强农村公共文化建设，深入实施文化惠民工程，发挥好农家书屋、综合文化站的作用，建设一批村级文化活动室、文化广场，不断繁荣乡村文化。加快推进农村移风易俗，加强村规民约建设，旗帜鲜明地反对铺张浪费、反对婚丧大操大办、抵制封建迷信、纠正人情攀比等不良行为，倡导新事新办、丧事简办、厚养薄葬，减轻群众人情负担，引导树立勤俭节约、诚信重礼的文明新风。

4. **坚持以治理有效为基础，推动农村和谐发展。**坚持自治、法治、德治相结合，建立健全党委领导、政府负责、社会协同、公众参与、法治保障的现代乡村治理体制，确保乡村社会充满活力、和谐有序。加强农村基层党组织建设，全面落实"基层党建巩固年"各项重点任务，加大软弱涣散党组织整顿力度，不断提升农村基层党组织的组织力。抓好村"两委"干部队伍建设，确保顺利完成村级组织换届，为乡村振兴提供坚实支撑。深化村民自治实践，积极推进以协商议事为核心的民主决策和民主管理，认真落实"一事一议""四议两公开"等基层议事制度，不断健全村级民主议事机制，不断提升乡村自治水平。强化乡村德治，积极培育富有地方特色和时代精神的新乡贤文化，强化道德教化作用，发挥好村规民约、村民理事会等在乡村治理中的积极作用，引导农民向上向善、孝老爱亲、重义守信、勤俭持家。加快平安法治乡村建设，以网格化服务管理和农村"雪亮工程"为抓手，强化社会治安综合治理，深入开展扫黑除恶专项斗争，严打整治突出违法犯罪活动，维护基层群众合法权益。加大农村普法力度，创新农村法治宣传教育方式，提高农民法治素养，增强农民尊法、学法、守法、用法意识。

5. **坚持以生活富裕为根本，提高农村民生保障水平。**要坚持人人尽责、人人享有，按照抓重点、补短板、强弱项的要求，围绕农民群众最关心、最直接、最现实的利益问题，真抓实干，不断提高群众生活水平。坚决打赢全面脱贫巩固提升攻坚战，把脱贫质量放在首位，扎实推进精准扶贫、精准脱贫、动态监测和防止返贫等工作。统筹配置城乡公共资源，优先发展农村教育事业，加快不安全校舍加固改造、教育信息化建设等工作，建好、建强乡村教师队伍，推动义务教育均衡发展。促进农村劳动力转移就业和农民增收，完善覆盖城乡的公共就业服务体系和就业扶持政策，鼓励吸引农民工转移就业，加快农业人口市民化，切实保障转户居民在农村原有权益不受侵犯，在城镇相关权益得到落实。加快推动城乡基础设施互联互通，加快供水、环保、电力、物流、信息、广播电视等基础设施建设，管好、护好"四好农村路"。强化农村公共卫生服务，加大基层医疗卫生基础设施建设，加强农村妇幼、老人、残疾人等重点人群健康服务，深入开展乡村爱国卫生运动，提高农民健康水平。提高农村社会保障水平，认真落实城乡居民基本医疗保险、大病保险制度，统筹推进城乡居民基本养老保险制度，建立城乡社会救助体系，完善最低生活保障制度，做好农村社会救助兜底工作。

第七节 华宁县"十四五"时期新型城镇化发展的政策保障

一、推进农业转移人口市民化

基于农业转移人口市民化进程中"转得出、留得下、过得好"的问题导向，分类推进农业转移人口市民化，让农民转得"放心"，落实户籍变动与农村"三权"脱钩，让农民转得"安心"，推进基本公共服务全覆盖，让农民转得"贴心"。

1. **分类推进农业转移人口市民化，解决什么样的"人"市民化的问题。**推动华宁县及周边原有居民市民化，统筹推进城中村、城边村、城郊接合部、城镇建成区、棚户区改造和"村改居"工作，推动原有居民全部市民化；鼓励稳定就业、生活的城镇非户籍人口市民化，按照"进得来、留得下、有保障、能发展"的工作思路，推进有意愿和有能力的外来务工人员、返乡农民工等在城镇落户。引导搬迁撤并的部分农村居民市民化，坚持易地扶贫搬迁、生态宜居搬迁、重大项目建设搬迁、村庄集聚发展搬迁与新型城镇化结合，积极开展美丽乡村建设示范行动，引导和推动搬迁撤并农村人口向县城、集镇聚集。精准识别进城常住的建档立卡农村贫困人口，降低落户门槛，提高落户便利性，维护落户人口农村权益，促进有能力在城镇稳定就业、生活的农村贫困人口就近、就地落户城镇。

探索建立城乡统一的户口登记制度，全面推行流动人口居住证制度，在华宁县公安派出所设立公安一站式落户服务办证点，加快推进户籍制度改革和农业转移人口市民化，积极推动已在城镇就业，有能力并且有意愿的农业转移人口落户，配套落实基本公共服务全覆盖，健全完善住房保障机制，推进户籍变动与农村"三权"脱钩，使进城农民工权益得到进一步保护。

2. **全面保障农村进城人口权益，解决"人"的后顾之忧。**加快户籍变动与农村"三权"脱钩，不得以退出"三权"作为农民进城落户的条件，促进有条件的农业转移人口放心落户城镇。切实维护进城落户农民土地承包经营权、宅基地使用权、农房所有权、林权和农村集体经济收益分配权，保留其集体资金、资产、资源收益分配权，支持引导其依法、自愿、有偿转让农业产权。

3. **推进基本公共服务全覆盖，解决"人"过得好的问题。**优化配置城乡公共服务资源，实现基本公共服务均等化和全覆盖。保障符合条件的未落户农民工在流入地平等享受城镇基本公共服务。对吸纳农业转移人口较多城镇的公共服务能力建设给予政策支持，增强城镇公共产品供给能力。基本形成华宁县城乡义务教育资源均衡配置机制，按照人口动态监测情况布局城乡教育资源，落实"两为主、两纳入"要求，保障农民工随迁子女以流入地公办学校为主接受义务教育，以普惠性幼儿园为主接受学前教育，推进外出务工人员随迁子女在流入地免费接受中等职业教育。促进县域内医疗卫生服务一体化管理，将农业转移人口纳入社区卫生和计划生育服务体系，加强外出务工人员聚居地的疾病监测、疫情处理和突发公共卫生事件应对方式。把进城落户农民完全纳入城镇社会保障体系，做好基本医疗保险关系转移接续和异地就医结算工作，加快建立覆盖城乡的社会养老服务体系，关爱城市特殊困难群体。

二、完善城镇住房制度

建立购租并举的城镇住房制度，完善城镇住房保障体系，加快发展专业化住房租赁市场，建立多元化互为补充的住房保障体系，努力解决"人"住得好的问题。

1. **建立购租并举的城镇住房制度。**以满足新市民的住房需求为主要出发点，建立购房与租房并举、市场配置与政府保障相结合的住房制度，健全以市场为主满足多层次需求、以政府为主提供基本保障的住房供应体系。严格落实政府住房保障责任，通过鼓励用人单位自建以及依托市场租赁，实行公共租赁住房先租后售，建立农业转移人口住房公积金制度、购房税费减免、强化房贷金融支持等方式，解决转户进城的农业转移人口住房困难问题。把转户进城的农业转移人口住房问题纳入城镇住房建设规划和住房保障规划统筹安排解决，拓宽资金渠道，建立各级财政保障性住房稳定投入机制，调整布局结构，加大面向产业聚集区的公共租赁住房建设力度，并将城镇保障性住房建设延伸到乡镇。每年将至少1/3可分配公共租赁住房房源用于解决农业转移人口住房问题。外出务工人员集中的开发区和产业园区可建设单元型或宿舍型公共租赁住房，外出务工人员数量较多的企业可在符合规定标准的用地范围内建设外出务工人员集体宿舍。探索由集体经济组织利用农村集体建设用地建设公共租赁住房。

2. **完善城镇住房保障体系。**住房保障采取实物与租赁补贴相结合并逐步转向租赁补贴为主的方式。加快推广租赁补贴制度，采取市场提供房源、政府发放补贴的方式，支持符合条件的农业转移人口通过住房租赁市场租房居住。完善商品房配建保障性住房政策，鼓励社会资本参与建设。完善住房保障申请、审核、公示、轮候、复核制度，严格保障性住房分配和使用管理，健全退出机制，确保住房保障体系公平、公正和健康运行。

3. **加快发展专业化住房租赁市场。**推进住房租赁规模化经营，鼓励成立经营住房租赁机构，并允许其通过长期租赁或购买社会房源，直接向社会出租，或根据市场需求进行装修改造后向社会出租，提供专业化的租赁服务。支持房地产开发企业改变经营方式，从单一的开发销售向租售并举模式转变。鼓励有条件的房地产开发企业，在新建商品房项目中长期持有部分房源，用于向市场租赁，或与经营住房租赁的企业合作，建立开发与租赁一体化、专业化的运作模式。可以通过购买方式，把适合作为公租房或者经过改造符合公租房条件的存量商品房，转为公共租赁住房。

三、完善土地利用机制

规范推进城乡建设用地增减挂钩，建立城镇低效用地再开发激励机制，因地制宜推进低丘缓坡地开发，完善土地经营权和宅基地使用权流转机制，解决华宁县新型城镇化"地"的问题。

1. **规范推进城乡建设用地增减挂钩。**积极推进城乡建设用地增减挂钩工作。充分发挥增减挂钩政策在促进城乡统筹方面的优势作用，全面推行城乡建设用地增减挂钩政策。建立城镇建设用地增加与吸纳农村转移人口相挂钩机制，对吸纳农业转移人口多的城镇在城乡人居环境提升、城镇重大基础设施等项目用地方面给予优先支持。在符合土地利用总体规划的前提下，推进和规范增减挂钩工作，按时归还增减挂钩指标的地区，市级分解下达增减挂钩指标时给予倾斜支持。

2. **建立城镇低效用地再开发激励机制。**建立健全"规划统筹、政府引导、市场运作、公众参与、利益共享"的城镇低效用地再开发机制，盘活利用现有城镇存量建设用地，建立存量建设用地退出激励机制，允许存量土地使用权人在不违反法律法规、符合有关规划的前提下，按照有关规定经批准后对土地进行再开发。完善城镇存量土地再开发过程中的供应方式，鼓励原土地使用权人自行改造，涉及原划拨土地使用权转让需补办出让手续的，经依法批准，可采取规定方式办理并按照市场价缴纳土地出让价款。推进华宁县"三镇一乡一街道"老城区棚户区、旧厂房、城中村的改造和保护性开发，发挥政府土地储备对盘活城镇低效用地的作用，加强农村土地综合整治，健全运行机制，规范推进城乡建设用地增减挂钩，总结推广工矿废弃地复垦等做法，在政府、改造者、土地权利人之间合理分配改造的土地收益。

3. **完善土地经营权和宅基地使用权流转机制。**加快推进农村集体土地确权登记颁证工作，依法维护农民土地承包经营权，赋予农民对承包地占有、使用、收益、流转及承包经营抵押、担保权能，保障农户宅基地用益物权，改革完善农村宅基地制度，慎重稳妥推进农民住房财产权抵押、担保、转让，严格执行宅基地使用标准，禁止一户多宅。探索农户对土地承包权、宅基地使用权、集体收益分配权的自愿、有偿退出机制，支持引导其依法、自愿、有偿转让上述权益，提高资源利用效率，防止闲置和浪费。

四、创新投资融资机制

深化政府和社会资本合作，加大政府投入力度和强化金融支持，解决华宁县新型城镇化建设"钱"的问题。

1. **深化政府和社会资本合作（PPP）。**进一步放宽准入条件，健全价格调整机制和政府补贴、监管机制，广泛吸引社会资本参与城市基础设施和市政公用设施建设和运营。鼓励民间资本通过直接投资、与政府合作投资、政府购买服务以及购买地方政府债券等形式，参与城镇公共服务、市政公用事业等领域的建设。加快市政公用事业改革，完善特许经营制度和市政公用事业服务标准，促进市政公用服务市场化和服务项目特许经营。建立健全城市基础设施服务价格收费机制，让投资者有长期稳定的收益，加快华宁县 PPP 项目库项目尽快落地和实施。根据经营性、准经营性和非经营性项目不同特点，采取更具针对性的政府和社会资本合作模式，鼓励公共基金、保险资金等参与项目自身具有稳定收益的城市基础设施项目建设和运营。加快推进与云南省城乡建设投资有限公司 PPP 项目合作的洽谈，落实项目建设资金，加快项目落地实施，确保顺利评选。

2. **加大政府投入力度。** 坚持市场在资源配置中的决定性作用和更好发挥政府作用，明确新型城镇化进程中政府职责，优化政府投资结构，安排专项资金重点支持农业转移人口市民化有关配套设施建设。健全县、街道、乡镇、行政村政府间事权与支出责任相适应机制。编制公开透明的政府资产负债表，探索通过发行地方政府专项债券等多种方式拓宽城市建设融资渠道。重点依托玉溪市和华宁县城市建设投资公司，积极探索实施 PPP 和地方政府专项债结合，撬动社会资本投资，发挥协同加力效应创新华宁新型城镇化多元化融资模式。

3. **强化金融支持。** 争取中央、云南省和玉溪市级专项建设基金，扩大支持新型城镇化建设的覆盖面，安排专门资金定向支持华宁县美丽县城、特色小镇、田园综合体和美丽乡村的基础设施和公共服务设施建设。重点依托华宁县城市建设投资有限责任公司，探索利用财政资金和社会资金设立华宁县新型城镇化发展基金，整合政府投资平台设立新型城镇化投资、融资平台。进一步完善政府引导、市场运作的多元化投融资体制，建立透明规范的城市建设投融资机制，重点依托华宁县城市建设投资有限公司和华宁县城市建设综合开发公司，积极对接云南省城市建设投资集团有限公司（云南城投）、中国城投等市级、省级和国家级城投平台等战略投资者，采取银行贷款、委托贷款、永续债、公私合营（PPP）、打捆式开发、资源转换式开发等以及债转股、IPO 等直接融资方式，拓宽新型城镇化建设融资渠道。

五、加快推进城乡融合发展

突出以城带乡、以工促农，健全城乡融合发展体制机制，促进城乡生产要素双向自由流动和公共资源合理配置。

1. **全面推开农村集体经营性建设用地直接入市。** 在符合规划和用途管制前提下，允许农村集体经营性建设用地出让、租赁、入股，实行与国有土地同等入市、同权同价。积极创新探索整块用地直接入市、零星用地整理入市、城中村腾出入市等多种方式。建立农村产权流转交易市场，推动农村产权流转交易公开、公正、规范运行。允许农民集体妥善处理产权和补偿关系后，依法收回农民自愿退出的闲置宅基地、废弃的集体公益性建设用地使用权，按照国土空间规划确定的经营性用途入市。

2. **建立工商资本入乡促进机制。** 深化"放管服"改革，强化法律规划政策指导和诚信建设，打造法治化、便利化营商环境，稳定市场主体预期，引导工商资本为城乡融合发展提供资金、产业、技术等支持。完善融资贷款和配套设施建设补助等政策，鼓励工商资本投资适合产业化、规模化、集约化经营的农业领域。通过政府购买服务等方式，支持社会力量进入乡村生活性服务业。支持城市搭建城中村改造合作平台，探索在政府引导下工商资本与村集体合作共赢模式，发展壮大村级集体经济。建立工商资本租赁农地监管和风险防范机制，严守耕地保护红线，确保农地农用，防止农村集体产权和农民合法利益受到侵害。

3. **促进城乡公共设施联动发展。**推进实施城乡统筹的污水垃圾收集处理、城乡联结的冷链物流发展、城乡农贸市场一体化改造、城乡道路客运一体化发展、城乡公共文化设施一体化布局、市政供水供气向城郊村延伸、乡村旅游路和产业路建设等城乡联动项目，加快发展城乡教育联合体和县域医共体。

第五章　隆阳区"十四五"时期区域协调与城乡融合发展研究

实施区域协调发展战略是新时代国家的重大战略，是贯彻新发展理念、建设现代化经济体系的重要组成部分。党的十八大以来，隆阳区围绕促进区域协调发展与正确处理政府和市场关系，在建立健全区域合作机制、区域互助机制、区际利益补偿机制等方面，尤其是在缩小城乡居民可支配收入水平、促进城乡基本基础设施一体化、实现城乡基本公共服务均等化、夯实乡村经济多元化发展和改善城乡人居环境等方面积极探索并取得一定成效。但是，隆阳区域发展差距特别是城乡、城镇、乡村、坝区与山区发展差距依然较大，区域分化现象逐步显现，隆阳区内不同乡镇和区外不同市、县（区）的无序开发与恶性竞争依然存在，区域发展不平衡、不充分的问题仍然比较突出，区域协调发展的体制机制还不完善，难以适应新时代隆阳区实施区域协调发展战略的需求。

为此，深入分析隆阳区融入区域协调发展特别是城乡融合发展的主要经验成效，深入挖掘区域协调发展和城乡融合发展的体制性障碍、制度性缺失、政策性问题。在区域协调发展方面，重点围绕加快建设交通强市实现"五网"融合，保山坝、潞江坝与山区要素互通共享。前卫构建面向南亚、东南亚，辐射中心区域中心城市建设，融入保山市"一线两园"建设。联通边境公路、铁路、边境城镇空间网络。在城乡融合发展方面，重点围绕农村一二三产业融合、农村产权制度改革、农业农村发展要素供给、农业新型主体培育、居民收入均衡、公共服务均等方面，前瞻性和针对性地提出隆阳区"十四五"时期完善区域协调发展和城乡融合发展的体制机制和政策体系，对助推隆阳区现代化大城市建设和乡村振兴战略实施，实现全区各族人民同心筑梦的命运共同体发展之路具有重要意义。

第一节　隆阳区"十三五"时期区域协调与城乡融合发展的成效

一、城乡居民可支配收入水平逐步缩小

通过城乡各种资源要素的合理流动和优化配置，增强了城市对乡村的辐射带动作用和乡村对城市的促进作用，农村居民进城实现就近、就地就业，提高了农村居民工资性

收入水平。2015—2019 年，农村居民家庭工资性收入分别为 3 421.66 元、3 778.17 元、4 159.75 元、4 554.93 元和 5 143.01 元，经营性收入分别为 6 054.11 元、8 532.41 元、7 775.74 元、9 200.76 元和 9 953.57 元。进一步缩小了城乡差距、工农差距和地区差距，使城乡经济社会实现均衡、持续、协调发展，城乡常住居民可支配收入之比持续缩小。2015—2019 年，城乡居民人均可支配收入之比分别为 3.06：1、2.99：1、2.98：1、2.96：1 和 2.88：1，低于 2019 年云南省城乡居民人均可支配收入之比 3.04：1 的水平（图 5-1）。

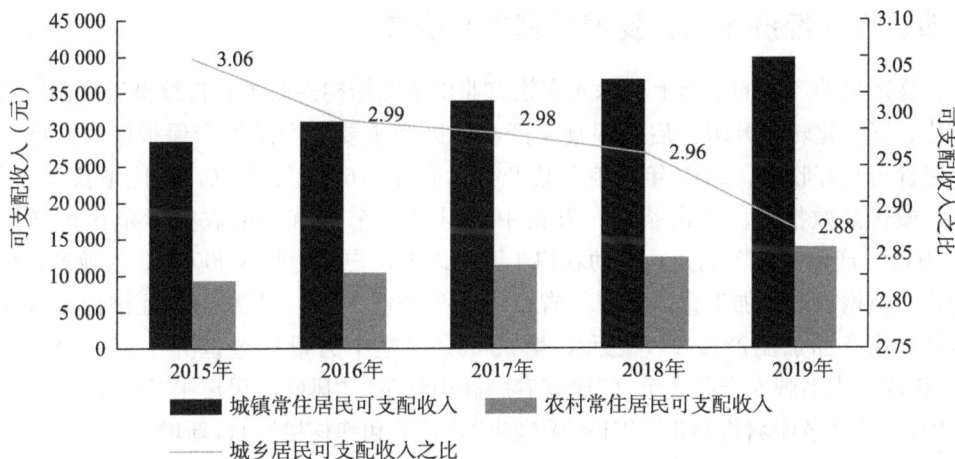

图 5-1 2015—2019 年城乡居民可支配收入之比趋势

二、城乡基本基础设施一体化不断发展

印发《隆阳区垃圾污水治理及厕所革命专项行动方案》和《隆阳区农村人居环境整治三年行动实施细则（2018—2020 年)》，通过统筹城乡基础设施布局和建设，使基础设施向农村进一步延伸，增强了城乡基础设施连接，推动了水、电、路、气等基础设施城乡联网、共建共享。特别是隆阳区现代化大城市建设，实现了城乡基本基础设施的统一设计规划、统一建设施工和统一维护管理，全区城乡基础设施一体化发展的水平不断提高。截至 2019 年底，危房改造有力推进，完成农村四类重点对象 C、D 级危房改造 10 018 户。2018 年，全区已有 232 个建制村（总数 289 个）、1 343 个自然村（总数 1 618 个）用水普及率达到 90%，行政村客运班车通达率达到 99.35%，电视、广播覆盖率达到 99.20%，垃圾有效治理和治理率达 80.3%、83%，5 个乡镇集镇已有生活污水处理设施，总体覆盖率达 29.4%，村庄污水处理率达 6.1%，2018 年户厕改造任务 15 364 座，目前全区上报新增完成无害化卫生户厕改造 10 327 座，完成率达 67.2%。

三、城乡公共服务均等化差距逐步缩小

建立健全城乡均等化公共服务体系，坚持以市场需求和就业为导向发展职业教育，加快发展农村学前教育，使农村基本公共服务标准和保障水平进一步提高、城

乡教育资源配置进一步优化、城乡义务教育更加均衡。树立全域规划理念，统筹经济社会发展规划、城乡规划、土地利用总体规划、生态和环境保护规划，促进一体化城乡发展规划编制、实施和管理体制的构建，实现了城镇建设与新农村建设良性互动。截至 2019 年，初中巩固率达 99.61%，九年义务教育巩固率达 100.49%，卫生技术人员 4 799 人，每千人口拥有卫生技术人员 11.74 人，实际开放床位 3 954 张，每千人拥有病床 4.03 张，乡村医生 1 010 人，村卫生室 315 个，电视广播覆盖率达 99.35%。

四、乡村经济多元化发展根基逐步夯实

在稳定粮油产量的基础上，深入实施农业供给侧结构性改革，持续推进隆阳区农业规模化、绿色化转型升级。启动粮食生产功能区和重要农产品生产保护区"两区"划定，粮食再获好收成。2019 年，粮食总产量达到 49 764.1 万千克，同比增长 1.79%，农业规模化高效推进。万亩茶园、万亩中药材等 5 个万亩规模农业示范区流转土地 4.14 万亩，产值突破 7 亿元，带动农户 1 万户以上，户均增收 3 000 元。农业产业化步伐加快，新增农产品加工企业 4 户、省市级龙头企业 15 户，4 家合作社被评为国家级示范社，农产品加工产值 114 亿元，增长 20%。集中力量打造世界一流"绿色食品牌"，创成云南名牌农产品 6 个（"康露春牌高山红茶""凤叶牌凤溪玉叶红茶绿茶""云天红牌甜柿""黄泥塘牌藕粉""比顿牌咖啡""百益和牌核桃"），新增"三品一标"认证产品 15 个，累计达 32 个。国家级田园综合体试点建设和中国农业公园创建有序推进，入选全国农村一二三产业融合发展先导区。特色经济作物调优调强，"两烟"生产提质增效。以肉牛为代表的畜牧业成效显著，2019 年，牛存栏 170 367 头，同比增长 2.88%，牛出栏 49 742 头，同比增长 10.5%，牛肉产量 5 804 吨，同比增长 9.51%。世界一流"绿色食品牌"魅力进一步彰显。2015—2019 年，隆阳区农业总产值和增速稳步增长（图 5-2）。

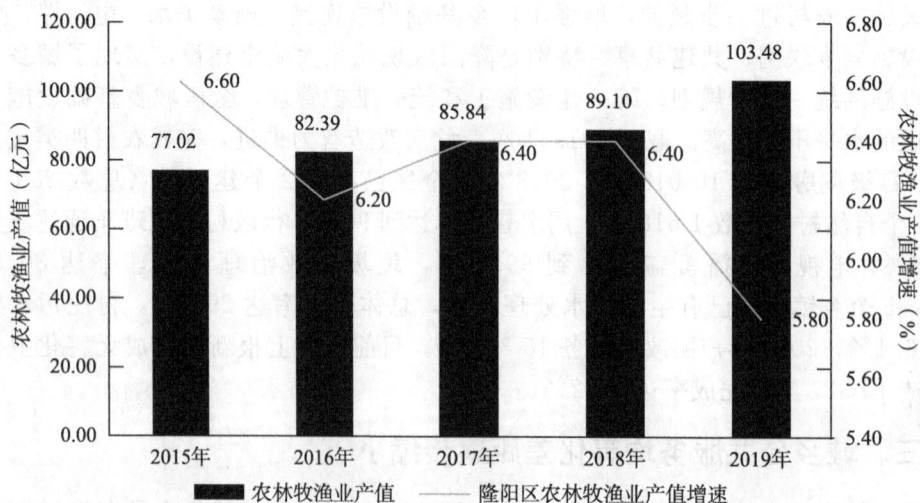

图 5-2 2015—2019 年隆阳区农业总产值及增速趋势

五、美丽乡村建设和人居环境持续改善

印发《关于贯彻乡村振兴战略的实施意见》文件，围绕旅游特色型、美丽宜居型、提升改善型、自然山水型、基本整洁型五类村庄，依托"三个万亩"生态廊道工程、"百村示范、千村整治"工程，实施农村"四治三改一拆一增"和"七改三清"环境整治行动及村容村貌提升改造，全市乡村人居环境持续改善。坝区人居环境提升工程全面启动，入列云南省农村人居环境整治示范县，美丽宜居乡村建设扎实有力，板桥下乌龙等5个村庄入列云南省农村人居环境整治示范村，瓦马河东《村规民约》入选民政部优秀村规民约。截至2020年初，全区创建6个特色鲜明、美丽宜居的国家森林乡村。

第二节　隆阳区"十三五"时期区域协调与城乡融合发展的问题

一、城镇化率整体水平较低，农民市民化任务艰巨

隆阳区是保山市的经济、政治、文化、交通的中心，是保山市区域经济增长极，但囿于吸引农民落户仍然存在政策偏差和体制门槛，人地挂钩、人钱挂钩等政策尚未完全落地，多元化成本分担机制不完善，区各级地方政府推进农民工市民化的积极性还有待提高。城市向进城务工人员，尤其向边缘、弱势群体提供基本公共服务的能力不足和质量不高的问题突出，进城常住农民难以享受与城市居民一样的教育、医疗、就业公共服务，致使农业转移人口就业能力偏低、收入水平较低。与进城务工农民"进得来、留得下、过得好"的目标还有较大的差距，常住居民城镇化水平仍然较低，农业转移人口市民化的任务依然繁重。2019年，全区城镇常住人口为40.88万人，常住人口城镇化率为41.65%，低于2019年全国、全省平均水平。

二、城乡发展不平衡、不协调，二元经济结构问题突出

隆阳区农村道路、水利灌溉基础设施发展水平严重滞后，农业布局分散、发展规模小、层次低，经济社会发展整体水平亟待提升，城乡基础设施差距大、公共服务不均等、产业发展不均衡和城乡居民收入差距大等城乡发展不平衡、不协调的问题突出。全区城乡的发展处于极化效应主导的城乡二元结构阶段，城乡发展水平还处于起步阶段，城乡二元结构成为制约全区城乡融合发展的主要障碍。2015—2019年，城镇常住居民可支配收入分别为28 415元、31 110元、33 941元、12 449元和13 843元，农村常住居民可支配收入分别为9 289元、10 392元、11 390元、12 449元和13 843元，尽管农村常住居民人均可支配收入增速快于城镇，但二者收入差距绝对值由2015年的19 126元拉大到2019年的260 037元，城乡可支收入比为2.88∶1，与全国平均水平2.69∶1还有较大差距。同时，城镇大多位于地势比较平坦的坝区，乡村大多位于山区，全区城乡经济社会发展的二元结构也突出地表现为山坝之间的差异。

三、城乡要素自由流动受阻，要素配置合理化仍需提升

隆阳区要素市场改革明显滞后，劳动力、资本和土地等要素在城乡之间的流动受到

诸多限制，严重制约城乡融合发展水平的提升。一是农民进城的门槛依然较高，农民家庭整体迁入城市的制度环境依然没有建立，特别是城市的住房、子女教育等成为农民在城市定居的最重要限制因素。二是城乡金融市场存在严重的藩篱，资金缺乏有效的双向流动，农村资金外流严重，对农业农村发展造成负面影响。三是土地财政和城乡二元土地市场刺激了城市蔓延扩张，土地城镇化速度快于人口城镇化速度，造成土地利用的低效率，农民难以共享城镇化红利，城市资本适度合理进入农村土地市场的机制也未建立起来。

四、城乡教育卫生短板突出，公共服务均等化任务艰巨

城乡基本公共服务标准差距依然较大，其中教育发展不均衡和卫生发展不均衡是主要短板。目前，多数农村未建幼儿园，适龄儿童未接受学前教育，师资力量相对薄弱，偏远山区教学质量与城区、坝区相比仍有很大差距。医疗资源城乡分布不均衡，农村地区相对薄弱。截至 2019 年，隆阳区城镇人口 40.88 万人，农村人口 57.27 万人，城镇卫生技术人员达 4 799 人，乡村医生为 1 010 人，城镇居民每千人口拥有卫技人员 11.74 人，农村居民每千人口拥有卫技人员仅为 1.76 人。

五、城乡融合资源支撑不足，土地资金要素约束突出

隆阳区耕地人均面积小、分布不均、耕地质量低、后备耕地资源少，隆阳区城市化飞速发展，建设用地需求量大，城镇建设用地供需矛盾尖锐。受土地利用及城市发展规划的限制，外来投资项目用地指标紧缺，新签约项目落地困难。2015—2018 年，全区耕地面积由 649 003 亩下降为 641 088 亩，人均耕地面积则由 0.70 亩下降为 0.68 亩。财政收支不平衡，财政赤字不断攀升，扩张型财政政策支撑城乡融合发展的空间不断缩小，2015—2019 年，财政收入由 211 883 万元增加至 323 912 万元，财政支出却由 554 218 万元增加至 652 697 万元。

第三节 隆阳区"十四五"时期区域协调与城乡融合发展的思路

一、指导思想

以习近平新时代中国特色社会主义思想为指导，全面贯彻党的十九大和十九届二中、三中全会精神，紧紧围绕统筹推进"五位一体"总体布局和协调推进"四个全面"战略布局，主动融入"一带一路"倡议和中缅经济走廊、新一轮西部大开发、长江经济带建设，抢抓云南自贸区德宏片区、大滇西旅游环线和基础设施"双十"重大工程建设的重大机遇，紧扣城乡融合区域协调发展的目标任务，统筹推进疫情防控和经济社会发展工作，在疫情防控常态化前提下，坚持和加强党的全面领导，坚持以人民为中心的发展思想，坚持稳中求进工作总基调，坚持新发展理念，坚持推进高质量发展，坚持农业农村优先发展，以协调推进乡村振兴战略和新型城镇化战略为抓手，以缩小城乡发展差距和居民生活水平差距为目标，以完善产权制度和要素市场化配置为重点，坚决破除体制机制弊端，促进城乡要素自由流动、平等交换和公共资源合理配置，加快形成工农互促、城乡互补、全面融合、共同繁荣的新型工农城乡关系，加快推进农业农村现代化。

紧扣"山水田园城市、历史文化名城、开放创新之城"三个定位，继续打好"三大攻坚战"，积极打造工业聚集、规模农业、生态城市、社会治理的先行区、主战区、示范区，全面加快滇西最具活力城市和隆阳人民幸福美好家园建设步伐。

二、基本原则

1. **坚持遵循规律、把握方向。** 顺应"山水田园之城、历史文化名城、开放创新之城"三城融合现代化大城市的大趋势，牢牢把握保山坝、潞江坝城乡融合发展正确方向，树立城乡一盘棋理念，突出以工促农、以城带乡，构建促进城乡规划布局、要素配置、产业发展、基础设施建设、公共服务优化、生态保护等相互融合和协同发展的体制机制。

2. **坚持整体谋划、重点突破。** 围绕乡村全面振兴和社会主义现代化国家建设目标，强化统筹谋划和顶层设计，增强改革的系统性、整体性、协同性，着力破除户籍、土地、资本、公共服务等方面的体制机制弊端，为城乡融合发展提供全方位制度供给。依托隆阳区现代化大城市核心区建设，在全市乃至全省率先成功创建城乡融合发展示范区。

3. **坚持因地制宜、循序渐进。** 充分考虑不同地区城乡融合发展阶段和乡村差异性，稳妥把握改革时序、节奏和步骤，激发基层首创精神，充分发挥地方积极性，分类施策、梯次推进，试点先行、久久为功，融入保山市"一线两园"建设，率先在保山坝和潞江坝实现城乡融合发展。重点依托大瑞高速和铁路实现沿线城乡融合发展，最终形成符合隆阳区实际、各具特色的改革路径和城乡融合发展模式。

4. **坚持守住底线、防范风险。** 正确处理改革、发展、稳定的关系，在推进体制机制破旧立新过程中，守住土地所有制性质不改变、耕地红线不突破、农民利益不受损底线，守住生态保护红线，守住乡村文化根脉，高度重视和有效防范各类政治经济社会风险。

5. **坚持农民主体、共享发展。** 深化以"耕地承包权、宅基地使用权和集体经营收益权"为主的产权制度改革，发挥农民在乡村振兴中的主体作用，充分尊重农民意愿，切实保护农民权益，调动亿万农民积极性、主动性、创造性，推动农业全面升级、农村全面进步、农民全面发展，不断提升农民获得感、幸福感和安全感。

三、主要目标

到2022年，城乡融合发展体制机制初步建立。城乡要素自由流动制度性通道基本打通，城市落户限制逐步消除，城乡统一建设用地市场基本建成，金融服务乡村振兴的能力明显提升，农村产权保护交易制度框架基本形成，基本公共服务均等化水平稳步提高，乡村治理体系不断健全，经济发达地区、都市圈和城市郊区在体制机制改革上率先取得突破。

到2035年，城乡融合发展体制机制更加完善。城镇化进入成熟期，城乡发展差距和居民生活水平差距显著缩小。城乡有序流动的人口迁徙制度基本建立，城乡统一建设用地市场全面形成，城乡普惠金融服务体系全面建成，基本公共服务均等化基本实现，乡村治理体系更加完善，农业农村现代化基本实现。

到21世纪中叶，城乡融合发展体制机制成熟定型。城乡全面融合，乡村全面振兴，全体人民共同富裕基本实现。

第四节　隆阳区"十四五"时期区域协调与城乡融合发展的重点任务

一、聚焦"五网"互联互通建设，推动区域要素互通共享

建立健全隆阳城乡要素合理配置的体制机制，促进保山坝、潞江坝与山区要素互通共享。坚决破除妨碍城乡要素自由流动和平等交换的体制机制壁垒，促进各类要素更多向乡村流动，在乡村形成人才、土地、资金、产业、信息汇聚的良性循环，为乡村振兴注入新动能。

1. 建设高效立体现代交通体系。聚焦"滇西综合交通枢纽"目标，统筹各种运输方式，着力打造隆阳区内通外达的立体综合交通枢纽格局，建成"铁水公空"辐射八方的综合交通枢纽，构建便捷、智慧、富民、绿色、安全、美丽的交通运输体系。加快推进大瑞铁路建设，建成澜沧江特大桥，确保大柱山隧道平导贯通、线上工程开工建设。高效推进保泸、昌保高速建设，建成东绕城、保施高速。加快推进保山机场改扩建，力争开通上海、天津等4条省外航线，确保旅客吞吐量突破115万人次。加快推进澜沧江水运瓦窑码头、兰津古渡码头规划建设。

2. 加强水、电、气、路管网一体化建设与管护。结合160平方千米现代化大城市建设，提高保山坝供水能力，建成甫家、邱家河2个PPP水源工程，确保喜坪河瓦房段、东河西邑段2个中小河流治理项目全面完工，完成脱贫攻坚饮水保障工程，配合市级推进保山坝水生态工程，确保保山坝大型灌区开工建设，新建一批高效节水灌溉工程和山区"小水网"工程。全面完成中心城市地下综合管廊试点建设，启动综合管廊二期及配套道路PPP项目建设，继续推进城市"双修"，补齐市政基础短板。完成500千伏永昌输变电一期建设，推进垃圾焚烧发电、220千伏大寨变电站接入系统工程建设，加快"智慧电网"建设步伐。强化天然气利用推广，力争用气量达1 500万立方米以上。

3. 优化中心城市交通网络体系。积极融入和服务全市"一圈一环一线"和全省"大滇西旅游环线"建设，"旅游资源＋基础设施"双管齐下，着力打造隆阳区全域旅游，做好大滇西旅游环线隆阳境内小环线（潞江坝—百花岭—芒宽—界头—曲石—北海—腾冲市—龙江），着力打造"世界高黎贡山·世界自然遗产"旅游品牌，主要围绕"一圈一环一线"打造保山旅游品牌。"一圈"即打造自然保护区生态旅游圈，"一环"就是高黎贡山旅游环，"一线"则是红色经典旅游线。体验"一山（高黎贡山）、一江（怒江）、一坝（潞江坝）"的魅力，聆听百花岭的百鸟争鸣，品味香浓的小粒咖啡、感受多元的民俗文化、领略秀美的自然景观。全面做好高速、铁路、全景观光列车及观景平台、旅游厕所、游客服务中心、停车场、应急救援点、旅游营地、智慧终端、步道及服务区、旅游公路及其他附属设施前期可研、规划和设计工作。加快拱北路、腾冲路等城市主干道建设，拉开城市骨干路网，构建河图—东山森林公园—青堡路—辛街—杭瑞高速—保岫路—永昌路的城市交通网络。加快推进隆阳区中心城市轨道交通建设。加快推进隆阳区中心城市有轨电车项目，打通城乡交通"大动脉"。以有轨电车走廊作为中心城市南北

走廊的发展主轴，以车站作为城市的发展节点，进行产业园区、商业、居住、办公、公共设施等土地高强度混合开发和合理空间布局，有效串联起"板桥镇—河图—永昌—青华—汉庄镇—辛街乡"隆阳区城市南北走廊，加速推进保山坝区城乡一体化进程。

4. **积极布局"新基建"投资建设。** 为满足隆阳区新能源汽车产业、电子信息产业、生物医药和大健康产业、智慧文化旅游产业、现代物流产业和数字产业等战略新兴产业发展需要，积极开展5G网络基建、特高压、城市轨道交通、新能源汽车充电桩、大数据中心、工业物联网等"新基建"可研论证和筹建建设。配合加快全国云存储仓库、华为保山大数据中心、云南省电子政务保山灾备中心建设，支持5G网络布局和发展，为开放创新提供"网上支持"。加快云计算、大数据、互联网、物联网等新一代信息基础设施建设，推进以隆阳区为中心、连接省内外、辐射滇西城镇群的光纤骨干网建设，提高网络传输能力和覆盖率。

二、聚焦滇西区域一体化，推动区域职能分工协作

聚焦滇西区域一体化目标，促进隆阳区区际、区内联动协调发展，加快形成"融入滇中、东西联动、南北互济、协调发展"的空间格局。

1. **促进与南亚、东南亚协调发展。** 隆阳区是中国进入印度洋便捷的陆上通道，具有建设面向南亚、东南亚辐射中心的重要的区位优势和口岸及通道条件。依托孟中印缅国际大通道重要节点的区位优势，抓住"中国—东盟自由贸易区、中缅经济走廊和孟中印缅经济走廊"合作的战略机遇，加强与缅甸乃至南亚、东南亚在工业、商贸物流、跨境旅游等方面的协作发展，把隆阳区建设成为云南面向南亚、东南亚辐射中心的重要现代化大城市。打造"昆明—保山—曼德勒—印度洋海港"经贸通道，形成"立足隆阳、面向缅甸，辐射孟加拉国、印度和印度洋"的开放创新经济发展格局，把隆阳建设成为孟中印缅经济走廊的重要节点城市。

2. **积极与省内相邻地区协调发展。** 随着中缅、孟中印缅国际大通道、滇西旅游大环线的打通，隆阳向东可以快速通过大理连接楚雄、昆明，与滇中经济圈取得联系，向北依托保泸高速加强与怒江的联系，向西南依托大瑞铁路和高速加强与德宏的联系，向南依托云泸铁路加强与临沧的联系，进而形成"融入滇中、东西联动、南北互济、协调发展"的大区域协同发展格局。根据隆阳的实际情况，在南北向上可以加强与怒江、德宏、临沧的经济联系、商贸往来与资源协作开发，由于隆阳与怒江、德宏、临沧区域具有交通的相同之处，同样都具有生物资源丰富、同样都拥有较好的临边口岸，（保山有腾冲猴桥口岸）怒江有片马口岸（省级）、德宏有瑞丽口岸、畹町口岸，临沧有孟定清水河口岸，四者直接对外区域都为缅甸，应在产业上错位选择、共同协作、联动发展。在东西向上可以进一步深化与大理的经济联系、商贸往来与资源协作开发，并通过加强东部与大理的联系，带动隆阳东北部地区资源的开发与经济发展，调动滇中楚雄、昆明发达地区的力量，充分利用滇中地区已有的体制、资本、信息、人才优势，大力推进产业转移和市场辐射。同时，滇中地区也可以更好地利用保山、大理、临沧、德宏、怒江丰富的矿产、水利、旅游资源、廉价的劳动力和广阔的市场，促进大滇西与滇中优势互补，增强发展后劲，实现大滇西与滇中区域协调发展。

3. 促进与市内相邻县市协调发展。 分工协作做强东西翼城镇发展区。保山市东翼城镇发展区隆阳区与施甸县、昌宁县一体化协同发展战略。主要依托轻轨1号线、东绕城和西绕城高速公路，促进永昌、九隆、兰城、河图、青华、永盛核心城区与板桥镇、汉庄镇、辛街镇一体化发展。主要依托木棉花美丽公路和S320省道，形成"一山、一环"，促进大潞江坝一体化发展（潞江—芒宽一体化）；依托G065、G320、大瑞铁路和高速，促进隆阳区、蒲缥、潞江镇三区联动，统筹实现保山坝与潞江坝区域协同一体化发展；主要依托保施高速、S229和S312，打造隆阳区到施甸县"一小时"经济圈，促进保山市隆阳区与施甸县、昌宁县东翼城镇协调发展。在南侧主要依托"隆阳区—蒲缥镇—潞江镇—镇安镇—腾冲市"的保腾高速和S317省道，在北侧依托"潞江镇—百花岭隧道—曲石—腾冲市"，形成围绕高黎贡山南北协同共进格局，促进以保山市中心城区为核心的东翼城镇发展区与以腾冲市中心城区为核心的西翼城镇发展区统筹融合发展。

三、聚焦现代化大城市建设，推动城乡公共服务普惠共享

建立健全隆阳区域城乡基本公共服务普惠共享的体制机制。依托"三城融合"现代化大城市建设，加快推动公共服务向周边农村延伸、社会事业向农村覆盖，健全全民覆盖、普惠共享、城乡一体的基本公共服务体系，推进城乡基本公共服务标准统一、制度并轨。

1. 建立城乡教育资源均衡配置机制。 优先发展农村教育事业，建立以城带乡、整体推进、城乡一体、均衡发展的义务教育发展机制。鼓励省级政府建立统筹规划、统一选拔的乡村教师补充机制，为乡村学校输送优秀高校毕业生。推动教师资源向乡村倾斜，通过稳步提高待遇等措施增强乡村教师岗位吸引力。实行义务教育学校教师"县管校聘"，推行县域内校长教师交流轮岗和城乡教育联合体模式。完善教育信息化发展机制，推动优质教育资源城乡共享。多渠道增加乡村普惠性学前教育资源，推行城乡义务教育学校标准化建设，加强寄宿制学校建设。

2. 健全乡村医疗卫生服务体系。 建立和完善相关政策制度，增加基层医务人员岗位吸引力，加强乡村医疗卫生人才队伍建设。改善乡镇卫生院和村卫生室条件，因地制宜完善医疗废物收集转运体系，提高慢性病、职业病、地方病和重大传染病防治能力，加强精神卫生工作，倡导优生优育。健全网络化服务运行机制，鼓励县医院与乡镇卫生院建立县域医共体，鼓励城市大医院与县医院建立对口帮扶、巡回医疗和远程医疗机制。全面建立分级诊疗制度，实行差别化医保支付政策。因地制宜建立完善的全民健身服务体系。

3. 健全城乡公共文化服务体系。 统筹城乡公共文化设施布局、服务提供、队伍建设，推动文化资源重点向乡村倾斜，提高服务的覆盖面和适用性。推行公共文化服务参与式管理模式，建立城乡居民评价与反馈机制，引导居民参与公共文化服务项目规划、建设、管理和监督，推动服务项目与居民需求有效对接。支持乡村民间文化团体开展符合乡村特点的文化活动。推动公共文化服务社会化发展，鼓励社会力量参与。建立文化结对帮扶机制，推动文化工作者和志愿者等投身乡村文化建设。划定乡村建设的历史文化保护线，保护好农业遗迹、文物古迹、民族村寨、传统村落、传统建筑和灌溉工程遗产，推动非物质文化遗产活态传承。发挥风俗习惯、村规民约等优秀传统文化基因的重要作用。

4. 完善城乡统一的社会保险制度。 完善统一的城乡居民基本医疗保险、大病保险

和基本养老保险制度。巩固医保全国异地就医联网直接结算。建立城乡居民基本养老保险待遇确定和基础养老金正常调整机制。做好社会保险关系转移接续工作，建立以国家政务服务平台为统一入口的社会保险公共服务平台。构建多层次农村养老保障体系，创新多元化照料服务模式。

5. **统筹城乡社会救助体系。** 做好城乡社会救助兜底工作，织密兜牢困难群众基本生活安全网。推进低保制度城乡统筹，健全低保标准动态调整机制，确保动态管理下应保尽保。全面实施特困人员救助供养制度，提高托底保障能力和服务质量。做好困难农民重特大疾病救助工作。健全农村留守儿童和妇女、老年人关爱服务体系。健全困境儿童保障工作体系，完善残疾人福利制度和服务体系。改革人身损害赔偿制度，统一城乡居民赔偿标准。

四、聚焦"美丽乡村"建设，推动城乡基础设施一体化

把基础设施建设重点放在乡村，坚持先建机制、后建工程，加快推动乡村基础设施提档升级，推进隆阳城乡基础设施统一规划、统一建设、统一管护。通过统筹城乡基础设施布局和建设，使基础设施向农村进一步延伸，增强城乡基础设施连接，推动水、电、路、气等基础设施城乡联网、共建共享。

1. **围绕做好做美村庄，创建隆阳全域美丽乡村。** 按照"整体规划、分步实施、先行试点、以点带面"的原则，围绕"生活美、环境美、风尚美、和谐美"，开展"四美"乡村建设，以隆阳现代化大城市"三个万亩"生态廊道工程建设为抓手，统筹推进保山坝隆阳区、板桥镇、汉庄镇、辛街乡等城镇周边及腹地美丽乡村规划、建设与管护。以新型城镇化辐射带动全域美丽乡村创建，促进隆阳城乡融合发展。借鉴推广隆阳区蒲缥镇王头寨社区王头寨自然村的4A级美丽乡村创建经验和板桥镇北汉庄社区大汉庄自然村和隆阳区潞江镇莫卡村掫浒自然村3A级美丽乡村创建经验，形成可复制、可推广、可借鉴的"美丽乡村"建设新模式，做到区级有示范、乡镇有试点、村庄有实践。积极推进5A级、4A级和3A级美丽乡村创建，到2025年，力争尽可能多的示范点进入全省3000个美丽乡村盘子，并积极推进争取乡村振兴示范点工程进入省级、国家级试点工作。

2. **建立城乡基础设施一体化规划机制。** 以保山坝区域为整体，统筹规划城乡基础设施，统筹布局道路、供水、供电、信息、广播电视、防洪和垃圾污水处理等设施。统筹规划重要市政公用设施，推动向城市郊区乡村和规模较大中心镇延伸。推动城乡路网一体规划设计，畅通城乡交通运输连接，加快实现县、乡、村（户）道路联通，城乡道路客运一体化，完善道路安全防范措施。统筹规划城乡污染物收运处置体系，严防城市污染上山下乡。因地制宜统筹处理城乡垃圾污水，加快建立乡村生态环境保护和美丽乡村建设长效机制。加强城乡公共安全视频监控规划、建设和联网应用，统一技术规范、基础数据和数据开放标准。

3. **健全城乡基础设施一体化建设机制。** 明确乡村基础设施的公共产品定位，构建事权清晰、权责一致、中央支持、省级统筹、市县负责的城乡基础设施一体化建设机制。健全分级分类投入机制，对乡村道路、水利、渡口、公交和邮政等公益性强、经济性差的设施，建设投入以政府为主。对乡村供水、垃圾污水处理和农贸市场等有一定经

济收益的设施，政府加大投入力度，积极引入社会资本，并引导农民投入。对乡村供电、电信和物流等经营性为主的设施，建设投入以企业为主。支持有条件的地方政府将城乡基础设施项目整体打包，实行一体化开发建设。

4. **建立城乡基础设施一体化管护机制。**合理确定城乡基础设施统一管护运行模式，健全有利于基础设施长期发挥效益的体制机制。对城乡道路等公益性设施，管护和运行投入纳入一般公共财政预算。明确乡村基础设施产权归属，由产权所有者建立管护制度，落实管护责任。以政府购买服务等方式引入专业化企业，提高管护市场化程度。推进城市基础设施建设运营事业单位改革，建立独立核算、自主经营的企业化管理模式，更好行使城乡基础设施管护责任。

五、聚焦乡村三次产业融合，推动乡村经济多元化发展

建立健全隆阳乡村经济多元化发展的体制机制。围绕发展现代农业、培育新产业新业态，完善农企利益紧密联结机制，实现乡村经济多元化和农业全产业链发展。

1. **做大绿色食品产业基地，提高农业规模化发展水平。**依托潞江坝全国农业示范区，着力实施产业兴村强县行动，抓实粮食生产功能区和重要农产品生产保护区划定，加快推进全国绿色有机农业示范基地创建，争取将隆阳区具有比较优势的特色蔬菜、热带水果、咖啡、茶叶、核桃等产业申报为中国特色农产品优势区，并据此积极开展全国第三批国家农业绿色发展先行区创建与申报工作。坚持以市场为导向，走"一村一品"和"一县一业"特色之路，不断巩固提升传统产业，加快发展新兴产业，培育扶持绿色食品产业基地建设，调优做强隆阳绿色食品产业基地。到 2025 年，预计绿色和有机农产品生产基地达 100 万亩以上。实施质量兴农战略。优化农业生产结构和区域布局，推动农业由增产导向转向提质导向，加快农业绿色化、优质化、特色化、品牌化发展，到 2025 年，预计新增"三品一标"认证产品 50 个以上，构筑起农产品质量序列的金字塔体系。

2. **做大做强新型农业经营主体，提高绿色食品精深加工水平。**重点打造咖啡、茶叶、核桃、果蔬、畜产品（肉牛和生猪等）等高原特色农产品加工业和酿酒及饮料制造业，打造高原特色生物资源精深加工全产业链。依托 18 家省市级咖啡龙头企业，加快咖啡生产线建设，提升改造精品咖啡加工和速溶咖啡生产，提高焙炒豆约、速溶咖啡粉、挂耳咖啡等咖啡精深产品加工水平，积极发展咖啡饮料、咖啡方糖、咖啡伴侣等关联产品和创新开发咖啡果皮茶、咖啡花茶等"咖茶"融合产品，组织制定精品咖啡加工标准，促进保山小粒咖啡精品咖啡种植和生产标准化，不断提高咖啡深加工水平和附加价值。到 2025 年，预计咖啡加工产值年均增长 20% 以上，咖啡加工产值达到 50 亿元。积极培育种植大户、家庭农场、合作社、龙头企业新型农业经营主体，引导龙头企业采取兼并、重组、参股、收购等方式组建大型企业集团，内连外引打造本土农业"小巨人"，每年新认定市级龙头企业 6 户以上、省级龙头企业 2 户以上，积极开展农业龙头企业上市培育行动。到 2025 年，预计培育销售收入上亿元的龙头企业 50 户以上，全区农产品加工总产值达 400 亿元以上、年均增长 20%，农产品加工业产值与农业总产值之比达 3∶1。

3. **发挥农业多功能性，做大农旅融合发展。**以"新模式、新农村、新体验、新旅游"四新理念为思路，重点保护、开发和发展大潞江坝高黎贡山、怒江干热河谷"百里

木棉花美丽公路"沿途乡村旅游资源,依托隆阳区国家级、省级和市级旅游扶贫重点村、旅游特色村、民族文化旅游村、森林乡村等美丽乡村创建,聚焦休闲农业、观光农业、采摘农业、体验农业、创意农业等农旅深度融合和健康养老新产业、新业态培育,以精品民宿客栈建设为着手,以乡村旅游"吃住行游购娱"六大要素改善为导向,积极探索"特色产品＋庄园＋文创"三产融合模式,大力开发农业多种功能,延长产业链、提升价值链、完善利益链。聚焦咖啡、火龙果、芒果、澳洲坚果、柑橘等原生绿色高原特色农产品,打造一批在全省、全国乃至世界具有一定知名度的诸如"中国咖啡第一村(新寨村)"等"中字号""云字号"乡村旅游金字招牌,提高隆阳乡村旅游体验性、知名度和美誉度,以农促旅、以旅带游,促进全区全域乡村旅游高质量发展。到2025年,预计全区乡村旅游总收入达90亿元以上。

第五节 隆阳区"十四五"时期区域协调与城乡融合发展的政策保障

一、统筹区域经济体制改革,促进区域要素合理配置

区域之间一致的市场经济体制环境是实现区域经济协调发展的最基本的前提。应从体制机制上消除限制区域之间要素自由流动的制度根源,消除阻碍要素合理流动的区域壁垒。加大区域的开放程度,建立全域公平公正的体制机制环境,使要素在市场供求机制、价格机制下自由、合理流动和优化配置,经济主体才能按照市场规律的要求,自主发展、公平竞争,依据比较优势合理配置资源,实现利益最大化。

加快"保施一体化"发展进程,将昌宁打造成为保山中心城市卫星城,推进"腾隆一体化"发展。协同推进国资国企改革,着力构建国资运营、监管和国企发展"1＋1＋X"新模式,整合资源促进国有企业做优做强。持续推动电力体制改革,按照"用电量决定股权比例、股权比例决定用电价格"的原则,做好保山电力公司增资扩股工作。稳步实施投融资体制改革,落实好"51＋49"混合所有制、"10＋3"PPP、"专项债＋融资""1＋5"共建共享平台等投融资方式。分类推进事业单位改革,完成承担行政职能事业单位、从事生产经营活动事业单位的改革任务,推进从事公益服务事业单位改革,加快形成新的管理运行机制。深化医疗、医保、医药联动改革,改进城乡居民医保支付方式,完善药品采购和使用制度。

二、持续优化营商政策环境,补足补强全产业链发展

全面落实《优化营商环境条例》,切实整改市委营商环境专项巡察反馈的问题,开展营商环境提升十大行动,持续推进"放管服"改革,加快实现"一网一门一次"目标,加大"一部手机办事通"推广应用力度,推动更多政务服务事项实现"掌上办""指尖办"。深入推进工程建设审批制度改革,大力简化企业投资项目审批程序,加快推进项目可研、林地和土地报批、规划审批、环境影响评估等关键前期手续,开辟绿色审批通道,持续打造低税费成本、低融资成本、低物流成本、低要素成本、低制度性管理

成本的"五低"投资环境。围绕绿色食品、绿色能源、生物医药大健康、现代物流、水电硅材一体化等重点领域，特别是针对疫情防控期间暴露的食品与消费品制造业发展、电商发展、农贸市场和冷链物流建设方面的短板，抢抓数字经济新业态发展机遇，重点包装专项债项目，谋划一批招商引资项目，有针对性地组织好招商引资工作。瞄准好以商强商，注重互联网招商、视频会议招商，着力引进经济支撑力强、产业关联度大、科技含量高的项目，补齐产业链缺环，抓好招商项目全程跟踪服务，力促签约项目落地。确保全年招商引资到位资金增长10%。

落实国家积极财政政策和稳健货币政策，盘活国有资产资源，加大土地清理力度。围绕增值税、消费税、资源税培植财源，全力挖掘增收潜力，逐步夯实地方税基。防范化解风险领导小组办公室要做好统筹协调，严格落实好《隆阳区2020年防范化解债务风险工作方案》，妥善处理好防范化解金融风险和稳增长之间的平衡。积极引导金融机构加大信贷投放支持实体经济，促进货币信贷合理增长，确保金融服务畅通。要加大对制造业、小微企业、民营企业等重点领域的信贷支持力度，全面落实综合融资成本压降要求。建立高效快速信贷审批通道，切实为全市重点工程和重点项目提供资金保障，助推全区经济平稳健康发展。

三、落实农业支持保护政策，确保农业农村优先发展

按时足额兑现中央农业支持保护补贴资金，积极争取中央农业机械购置补贴资金，加快推进甘蔗、咖啡等作物的保险试点工作，完成甘蔗、咖啡、水稻、玉米等保险任务。完善农业支持保护制度。以市场需求为导向，深化农业供给侧结构性改革，走质量兴农之路，不断提高农业综合效益和竞争力。全面落实永久基本农田特殊保护制度，划定粮食生产功能区和重要农产品生产保护区，完善支持政策。按照增加总量、优化存量、提高效能的原则，强化高质量发展导向，加快构建农业补贴政策体系。发展多种形式农业适度规模经营，健全现代农业产业体系、生产体系、经营体系。完善支持农业机械化政策，推进农业机械化全程全面发展，加强面向小农户的社会化服务。完善农业绿色发展制度，推行农业清洁生产方式，健全耕地、草原、森林、河流、湖泊休养生息制度和轮作休耕制度。

四、持续深化农业农村改革，多措并举增加农民收入

持续深化农村改革工作。一是做好农村土地承包经营权确权登记颁证扫尾工作。二是按照《中共隆阳区委隆阳区人民政府关于稳步推进农村集体产权制度改革的实施意见》《隆阳区人民政府办公室关于稳步推进农村集体产权制度改革试点工作方案的通知》要求，稳步推进农村集体产权制度改革工作。认真做好板桥镇板桥社区、丙麻乡丙麻社区、杨柳乡鱼和村3个村（社区）试点工作。三是加快推进农村土地"三权分置"工作。多措并举促增收，围绕农民增收目标，强化集成技术推广应用，提质增效，稳步增加农民经营性收入，切实培训好、转移好农村劳动力，突破农民工资性收入，深入贯彻落实党的强农、惠农政策，加快推进种植业保险，不断增加农民转移性收入。强化土地依法有序流转，增加农民财产性收入。